KB267705

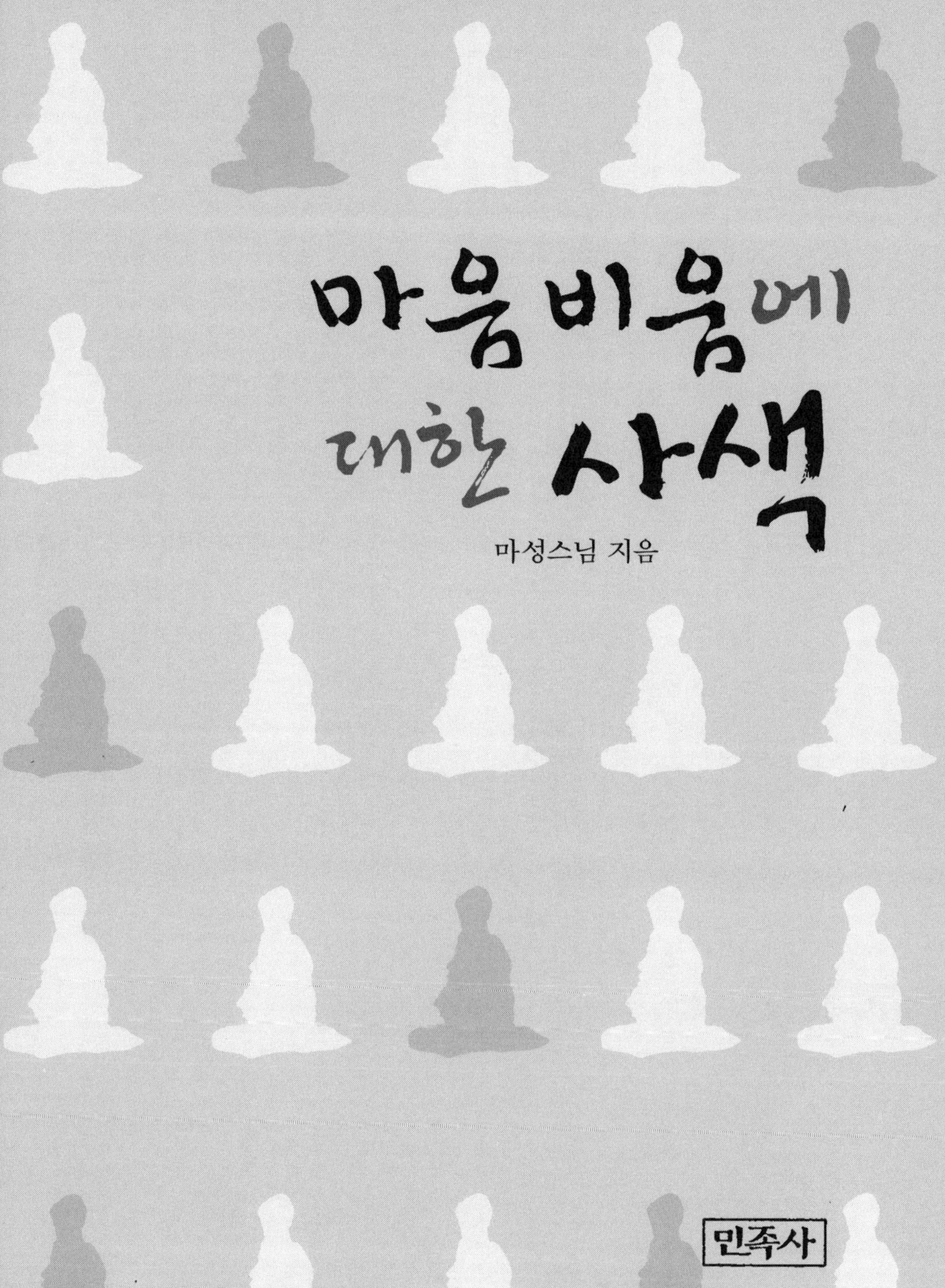

마음 비움에
대한 사색
마성스님 지음
민족사

sabbe sattā bhavantu sukhitattā.
(삿베 삿다 바완뚜 수키땃따)

모든 존재가 행복하기를 기원합니다

이 책은 필자가 2006년 12월 31일까지 여러 지면을 통해 발표했던 글들을 모은 것입니다. 필자의 학술 논문이나 서평과 논평문 및 특정 주제의 연재물을 제외한 비교적 짧은 글들의 모음집입니다. 주로 신문이나 잡지 혹은 인터넷에 발표했던 단편적인 칼럼이 대부분입니다.

학자들은 이러한 글들을 '잡글'이라고 부릅니다. 그렇다고 해서 '잡글'이 전혀 쓸모없다는 의미는 아닙니다. 아무도 읽지 않는 논문보다 오히려 몇 배나 더 큰 파급 효과를 낳기도 합니다. 어떤 글은 한 편의 논문에서 그 핵심 요지만 간추려 소개한 것도 있고, 어떤 글은 장안의 화제가 된 것도 있습니다. 또한 어떤 글은 현재 인터넷에서 널리 유통되고 있는 것도 있습니다.

이 책에 실린 글 가운데 가장 오래된 것은 20여 년 전에 쓴 것도 있고, 가장 최근의 글은 며칠 전에 탈고한 것도 있습니다. 이떤 글은 지금 읽어도 대견스럽게 느껴지는 것도 있습니다. 반면 어떤 글은 원고 마감 시간에 쫓겨 충분히 다듬지 못한 글들도 있습니다. 하지만 크게 고치지 않았습니다. 왜냐하면 이미 지면을 통해 발표했던 글들이기 때

문입니다. 그리고 독자들이 이 책을 읽을 때, 필자가 그 글을 쓸 당시의 상황을 감안해 달라는 뜻에서 글의 말미에 발표했던 지면과 일자를 밝혀 놓았습니다.

이 책은 총 10장(章)으로 나누었습니다. 이러한 장의 구별은 별로 큰 의미가 없습니다. 각 장에서는 가능한 한 서로 비슷한 주제의 글들을 모으려고 하였습니다. 하지만 그 장의 주제와 꼭 일치하지 않는 글들도 있습니다. 여기에 수록한 글들은 각 편마다 독립된 것이기 때문에 목차에서 골라 읽어도 상관이 없습니다. 그리고 꼭 첫 장부터 읽을 필요도 없습니다. 처음부터 어떤 계획 아래 체계적으로 집필한 것이 아니기 때문입니다.

이 책은 필자가 지금까지 살아온 삶의 흔적이기도 하지만 미래를 위한 기록이기도 합니다. 그렇기 때문에 개인적으로는 매우 소중한 글들입니다. 그러면서도 이 책은 한 수행자의 정신적 발자취인 동시에 한국의 모든 불자들에게 보내는 메시지도 담겨져 있습니다. 그렇기 때문에 이 책은 나름대로 그 의미가 있다고 생각합니다.

특히 이 책에는 한국불교와 출가 수행자에게 보내는 쓴소리가 큰 비중을 차지하고 있습니다. 그리고 재가자와 일반인들의 신행에 도움을 주기 위해 쓴 글들도 실려 있습니다. 그러므로 이 책은 불교지도자에서부터 초심자에 이르기까지 모든 이들이 한번쯤 꼭 읽어보아야 할 사항들이 많이 수록되어 있습니다. 아무쪼록 여기 실린 글 가운데 단 한 편이라도 독자들의 삶에 보탬이 된다면 필자로서는 더 이상 바랄 것이 없겠습니다.

끝으로 이 책이 세상에 나올 수 있도록 배려해 주신 민족사 대표 윤창화 사장님과 편집진들의 노고에 감사드립니다.

그리고 생전에 끝내 이 책의 출판을 보지 못하고 돌아가신 저의 어머니 구귀남(具貴南) 보살님의 영전(靈前)에 이 책을 바칩니다.

2007년 4월 9일

팔리문헌연구소에서

마성(摩聖) 합장

차례

머리말   … 5

제1장 먼지를 털고 때를 닦자

현재의 삶에 충실하라   … 17

현선일야(賢善一夜)의 게(偈)   … 22

간소한 생활과 심오한 사색   … 30

먼지를 털고 때를 닦자   … 34

디지털 시대에 아날로그로 살기   … 38

어둠에서 밝음으로   … 42

사람을 판단하는 기준   … 47

옛 인연을 잊도록   … 53

칭찬과 비난   … 59

현상과 본질   … 64

제2장 수행의 의미와 공덕

명상의 상업화 경계해야   … 71

수행을 위한 선행 조건   … 74

수행은 최상의 건강 관리법 ··· 79

다섯 가지 장애[五蓋] ··· 83

정진은 붓다의 마지막 유훈(遺訓) ··· 87

정진은 불사(不死)의 길 ··· 91

운전과 수행 ··· 95

결제(結制)의 현대적 의미 ··· 99

수증일여(修證一如) ··· 104

오근(五根)에 의한 수행법 ··· 108

제3장 정치와 종교의 관계

정치와 종교의 관계 ··· 115

정당한 전쟁은 없다 ··· 119

이라크 전쟁을 지켜보면서 ··· 122

분노 없는 저항 ··· 126

간디가 말한 일곱 가지 사회악 ··· 130

나의 슬픈 군대 이야기 ··· 135

자살과 안락사 ··· 140

시왕법(十王法) ··· 144

차례

제4장 한국불교에 바란다

자기중심적 불교관에서 벗어나야 … 149

깨달음이란 진리에 대한 눈뜸이다 … 153

동북공정과 한국불교사 … 159

자급자족만이 살길이다 … 164

선(禪) 우월주의와 한국불교 … 168

간화선과 위빠사나의 같은 점과 다른 점 … 171

대승불교는 진행형이다 … 177

죽은 자를 위한 공간 … 181

사찰의 기능과 역할 … 184

제5장 출가자가 갖추어야 할 조건

출가자의 본업과 부업 … 191

스님들의 건강 문제 … 196

인욕은 수행의 척도 … 201

보살도의 의미와 그 실천적 수행 … 205

전도의 길 … 213

자항십훈(慈航十訓) … 218

제6장 재가자가 갖추어야 할 조건

재가자가 갖추어야 할 조건 ··· 225

기복(祈福)과 작복(作福) ··· 232

괴로움의 원인은 집착 ··· 237

세상에 공짜는 없다 ··· 241

4S의 원리 ··· 245

만학도 예찬 ··· 249

아름다운 사람 ··· 252

아난다 존자의 장점 ··· 255

오늘도 큰 기적이 있었구나 ··· 258

제7장 진리의 수레바퀴

참으로 소중한 존재 ··· 265

좋은 만남 ··· 267

인간의 운명 ··· 269

불교의 경제관 ··· 271

불방일의 의미 ··· 273

불교의 이상 사회 ··· 275

차례

부처님 만나는 길 … 277

산사(山寺)를 그리며 … 279

정보화 시대 … 282

좋은 생각 … 285

신비적인 현상 … 288

제8장 일반인을 위한 붓다의 가르침

부부(夫婦)의 도 … 293

놀기만 한다 … 295

가정교육의 부재 … 297

직업과 귀천 … 299

빚 없는 삶 … 301

진리만이 이긴다 … 303

자호호타(自護護他) … 305

제9장 봉축 법회와 불교 의례

비움과 나눔의 날 … 309

부처님의 승리 … 312

봉축 행사를 마치고 … 316

윤달과 예수재의 참뜻 … 319

우란분재의 참뜻 … 322

근기(根機)에 따른 불교 의례 … 326

타종의 불교적 의미 … 330

제10장 부처님 마을

법회유감(法會有感) … 337

호법선신(護法善神) … 340

찬탄삼보(讚嘆三寶) … 343

결가부좌(結跏趺坐) … 346

부처님 마을 … 350

불국토 사상 … 354

불가(佛家)의 편지 … 357

불살생(不殺生)의 교훈 … 360

포교의 길 … 363

우리의 일상생활을 자세히 관찰해 보면, 근심과 걱정의 대상이 의외로 이미 지나간 일이거나 앞으로 닥쳐올 미래의 일임을 알 수 있다.

현재의 삶에 충실하라 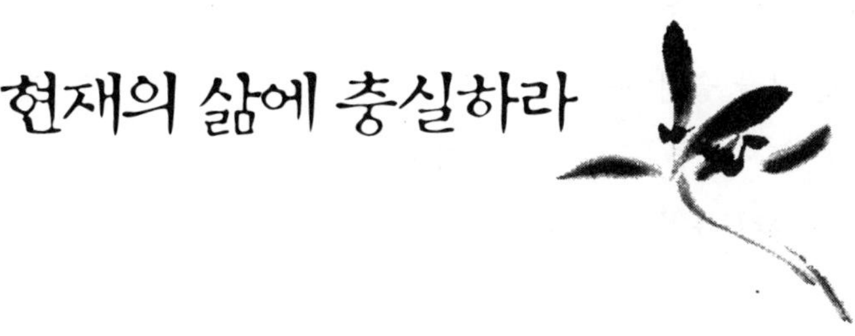

한때 부처님께서 숲 속에 머물고 계실 때의 일이다. 하늘사람이 세존께 다가와서 시구(詩句)로 다음과 같이 여쭈었다.

숲에 살면서
고요한 청정의 수행자
하루 한 끼를 들면서도
어떻게 해서 얼굴빛이 맑고 깨끗합니까?

세존께서 다음과 같이 시로써 말씀하셨다.

지나간 일을 슬퍼하지 않고
아직 오지 않은 일에 애태우지 않으며

현재의 삶을 지켜 나아가면
그의 얼굴빛은 맑고 깨끗하리.

아직 오지 않은 일에 애태우며
지나간 일을 슬퍼하는
어리석은 사람들은 그 때문에 시든다네
낫으로 잘린 푸른 갈대처럼.

남전의 『상응부경전』에 나오는 말씀이다. 나는 이 게송을 책상 앞에 붙여 놓고 어떤 문제에 봉착할 때마다 소리 내어 읊는다. 그러면 어느새 근심과 걱정은 반으로 줄어든다. 그 이유는 지금 당장 당면한 문제가 아닌 것을 가지고 괴로워하고 있다는 사실을 나 스스로 깨닫게 되기 때문이다.

우리의 일상생활을 자세히 관찰해 보면, 근심과 걱정의 대상이 의외로 이미 지나간 일이거나 앞으로 닥쳐올 미래의 일임을 알 수 있다. 이 경전의 말씀과 같이 지난 일을 슬퍼하지 않고 미래의 일에 애태우지 않는다면 우리의 괴로움은 훨씬 절감될 것이다.

사실 우리가 괴롭다고 말하는 것 가운데 죽음과 관련된 것보다 더 절망적이고 감내하기 힘든 것도 없다. 부처님은 인간의 힘으로는 도저히 어쩔 수 없는 죽음과 같은 문제에 봉착했을 때에도 과거의 일로 고심하지 말라고 가르치고 있다.

어떤 재가 신도가 외아들의 죽음을 당하자 7일간 식음을 전폐하고 슬픔에 젖어 있었다. 이 소식을 전해 들은 부처님은 그녀의 집을 찾아

   ● 마음비움에 대한 사색

가 슬픔을 없애 주려고 『경집(經集)』의 「화살경」을 설했다.

　"(생략) 이렇듯 세상 사람들은 죽음과 늙음으로 인해서 해를 입는다. 그러므로 슬기로운 이는 세상 사람들이 가는 길을 알고 슬퍼하지 않는다.

　그대는 온 사람의 길을 모르고, 또 간 사람의 길을 모른다. 그대는 생사(生死)의 양극을 보지 않고 부질없이 슬피 운다.

　울고 슬퍼하는 것으로써는 마음의 고요함을 얻을 수 없다. 다만 그에게는 더욱더 괴로움이 생기고 몸만 여윌 따름이다.

　스스로 자신을 해치면서 몸은 여위고 추하게 된다. 그렇다고 해서 죽은 사람이 다시 살아나지 않는데, 울고 슬퍼하는 것은 무익한 일이다.

　근심을 버리지 않는 사람은 점점 더 고뇌를 받게 된다. 죽은 사람 때문에 운다는 것은 근심에 사로잡힌 것이다.

　그러므로 성자의 말씀을 듣고 목숨이 다한 죽은 사람을 보았을 때에는 '그는 이미 내 힘이 미치지 못하게 되었구나!' 라고 깨달아 슬픔과 탄식으로부터 떠나라.

　이를테면 집에 불이 난 것을 물로 꺼 버리듯 지혜롭고 총명한 사람, 잘 알고 잘하는 사람은 걱정이 생겼을 때는 이내 지워 버린다. 마치 바람이 솜을 날려 버리는 것과 같다.

　번뇌의 화살을 뽑아 버리고 거리낌 없이 마음의 고요를 얻는다면 모든 걱정을 초월하여 근심 없는 자, 고요한 자가 될 것이다."

　이와 같이 부처님은 죽음과 같은 절망적인 상황에 처했을 때에도 그것은 피할 수 없는 엄연한 현실임을 자각하여 슬픔과 탄식으로부터 가능한 한 빨리 벗어나라고 충고하고 있다. 그렇게 해야만 마음의 평정을 되찾을 수 있기 때문이다.

한편 부처님은 미래에 대해서도 미리부터 걱정하지 말라고 당부하고 있다. 그런데 입시생을 둔 학부모 중에는 '혹시 우리 아들딸이 입학시험에 떨어지면 어떻게 하나!' 이런 일로 잠을 못 이룬다고 한다. 그리고 매년 신년 초가 되면 일년의 신수를 미리 알아보기 위해 점쟁이 집 문턱을 드나든다. 이런 것도 아직 오지 않은 걱정거리를 스스로 만드는 격이다. 모두 부질없는 일이며 삶을 값지게 하는 데 아무런 도움도 되지 못한다.

이와는 약간 다른 경우이지만 부처님은 현세의 즐거움을 버리고 내세의 즐거움을 추구하라고 한 적이 없다. 어떤 사람은 열반을 죽어서 얻는 것으로 알고 있다. 하지만 열반은 살아 있는 동안 지금 그리고 여기서 획득되는 것이며, 사후에 기대되는 낙원이 아니다.

초기불교에서는 죽어서 하늘에 태어나는 것, 즉 생천(生天)을 이상으로 한 것이 아니라 현법(現法)에서 깨달음을 획득하는 것을 궁극의 목표로 삼았다. 이것을 현법열반(現法涅槃)이라고 한다. 현법열반(diṭṭha-dhamma-nibbāna)은 죽어서 얻는 것이 아니라 이 몸을 가진 상태에서 무지와 탐욕을 벗어나 해탈하기만 하면 곧바로 얻을 수 있는 것이다.

이처럼 부처님은 불확실한 미래의 즐거움보다 현세의 즐거움을 추구하라고 강조했다. 여기서 말하는 현세의 즐거움은 곧 현법열반을 의미한다. 부처님이 현법열반을 강조한 것은 '현재의 삶에 충실하라' 는 가르침으로 이해할 수 있다.

 ● 마음비움에 대한 사색

그런데 대부분의 사람들은 지나간 일과 아직 오지 않은 일에 애태우며, 현세의 즐거움을 버리고 내세의 즐거움을 추구하고 있다. 부처님의 말씀을 빌리면, 어리석은 사람들은 이 때문에 시들어 간다. 마치 낫으로 잘린 갈대처럼.

'현재의 삶에 충실하라'는 부처님의 교훈을 미래를 대비하지 말라는 말로 오해해서는 안 될 것이다. 오늘 하루를 충실히 생활하면 이미 미래를 대비하는 일이 되는 것이다. 따라서 우리에게 비록 내일 죽음이 닥쳐온다 할지라도 오늘 하루의 삶을 충실히 사는 것이 인간으로서 최선을 다하는 삶이다. 그런 사람은 부처님과 같이 하루에 한 끼를 먹더라도 그 얼굴빛이 맑고 깨끗할 것이다.

◉ 『佛敎』 제483호(1996년 1월호)

2

이 게송의 주제는 헛되이 과거를 추억하거나 미래를 기대할 것이 아니라, 다만 현재
의 한순간 한순간에 충실해야 한다는 것이다. 그렇다고 해서 현재에 집착하라는 것
으로 이해해서는 안 된다.

현선일야(賢善一夜)의 게(偈)

필자가 개인적으로 가장 애송하는 게송 가운데 하나가 초기
경전에 나오는 저 유명한 현선일야(賢善一夜)의 게(偈)이다. 이 게송
은 팔리 중부경전(中部經典) 제131경(經)에서 제134경까지의 네 경전
과 한역의 중아함경 제165경에서 제167경까지의 세 경전에 수록되어
있다. 이처럼 여러 경전에 반복해서 이 게송이 설해져 있는 것으로 미
루어 부처님께서 매우 강조하였음을 알 수 있다.

먼저 중부경전(Majjhima-nikāya)의 제131경 『일야현선경(一夜賢善
經, Bhaddekaratta-sutta)』에 나오는 게송의 전문을 한글로 옮기면 다
음과 같다.

과거를 좇지 말고,
미래를 원치 마라.

마음비움에 대한 사색

과거는 이미 지나갔고,
미래는 아직 오지 않았다.

다만 현재의 법을
그때그때 관찰하고
초조하지 않고 흔들림 없이
그를 요달해 알아 닦고 익혀라.

다만 오늘의 할 일을 열심히 하라.
누가 내일의 죽음을 알리요.
진실로 저 죽음의 대군과
만나지 않으리라는 보장은 없다.

이와 같이 살며,
열심히 밤낮으로 태만하지 않는 자,
사람들은 그를 일컬어
一夜賢者 · 寂靜者 · 寂默者라고 부른다.

이 팔리 경전에 대응하는 한역 중아함경 제43권 『온천림천경(溫泉林天經)』의 내용은 다음과 같다.

신막념과거(愼莫念過去)　부디 과거를 생각지 말고,
역물원미래(亦勿願未來)　또한 미래를 원하지 마라.

과거사이멸(過去事已滅)　　과거의 일은 이미 멸했고,
미래복미지(未來復未至)　　미래는 아직 이르지 않았다.

현재소유법(現在所有法)　　현재에 있는 모든 일에 대해서도
피역당위사(彼亦當爲思)　　그것에 대하여 생각해야 하나니
염무유견강(念無有堅强)　　어느 것도 단단하지 않다고 생각하라.
혜자각여시(慧者覺如是)　　슬기로운 사람은 이렇게 아느니라.

약작성인행(若作聖人行)　　만일 성인의 행을 행하는 이라면
숙지수어사(熟知愁於死)　　누가 죽음에 대해 근심하리.
아요불회피(我要不會彼)　　나는 결코 그것을 만나지 않으리니,
대고재환종(大苦災患終)　　큰 고통·재앙은 여기서 끝나리라.

여시행정근(如是行精勤)　　이와 같이 꾸준히 힘써 행하여
주야무해태(晝夜無懈怠)　　밤낮으로 쉬지 않고 게으르지 말지니.
시고상당설(是故常當說)　　그러므로 이 바데카랏타게를
발지라제게(跋地羅帝偈)　　언제나 마땅히 설해야 하느니라.

　위 한역 게송의 마지막 구절 '발지라제게(跋地羅帝偈)'를 한글대장
경에서는 '바데카랏타게' 라고 번역하였는데, 이런 번역으로는 원래의
뜻을 파악할 수가 없다. 팔리어 원문은 밧데까랏따(Bhaddekaratta)이
다. 이 말은 세 단어의 합성어이다. 즉 Bhadda＋eka＋ratta이다.
Bhadda〔Sk. bhadra〕는 길조의, 운 좋은, 존엄한, 훌륭한, 길상(吉

　　　⬤ 마음비움에 대한 사색

祥), 현선(賢善) 등의 뜻이고, eka는 하나[一]라는 의미이며, ratta는 밤, 야(夜)의 뜻이다. 따라서 밧데까랏따는 '길조의 하룻밤', '현선일야(賢善一夜)' 혹은 '일야현선(一夜賢善)'이라고 번역된다.

부처님께서 설한 이 현선일야의 게송을 비구들이 보다 쉽게 이해할 수 있도록 대가전연(大迦旃延, Mahākaccāna) 존자가 다시 자세히 분석적으로 설명한 것이 경전에 수록되어 있다. 대가전연 존자의 해석을 요약하면 대략 다음과 같다.

첫째, 어떻게 비구는 과거를 생각하는가. 비구들이여, 비구는 실로 눈이 있어서 마음으로 좋아하는 빛깔을 보고는 빛깔을 사랑하는 욕심과 어울리는 마음이 생겨 그 근본을 움켜잡는데, 그 근본은 곧 과거인 것이오. 그는 과거를 알기 때문에 욕심에 염착(染着)하고 과거를 알아 욕심에 염착함으로 말미암아 곧 그것을 즐기게 되며, 그것을 즐긴 뒤에는 곧 과거를 생각하게 되오. 이와 같이 귀·코·혀·몸·뜻에 있어서도 또한 그러하오. … 비구들이여, 이와 같이 비구는 과거를 생각하는 것이오.

둘째, 어떻게 비구는 과거를 생각하지 않는가. 비구는 실로 눈이 있어서 마음으로 좋아하는 빛깔을 보고는 빛깔을 사랑하는 욕심과 서로 어울리는 마음이 생겨 즐기고 그 근본을 움켜잡는데, 그 근본은 곧 과거인 것이오. 그는 과거를 알고도 욕심에 염착하지 않으며, 과거를 알고도 욕심에 염착하지 않음으로 말미암아 곧 그것을 즐기지 않고, 그것을 즐기지 않은 뒤에는 곧 과거를 생각하지 않게 되는 것이오. 이와 같이 귀·코·혀·몸·뜻에 있어서도 또한 그러하오. … 비구들이여, 이와 같이 비구는 과거를 생각하지 않는 것이오.

셋째, 어떻게 비구는 미래를 원하는가. 비구는 눈과 빛깔과 눈의 식(識)이 있는데, 그는 미래를 아직 얻지 못했으므로 그것을 얻고자 하여 마음으로 원하게 되고, 마음으로 원함으로 말미암아 곧 그것을 즐기게 되며, 그것을 즐긴 뒤에는 곧 미래를 원하게 되오. 이와 같이 귀·코·혀·몸·뜻에 있어서도 또한 그러하오. 비구들이여, 이와 같이 미래를 원하는 것이오.

넷째, 어떻게 비구는 미래를 원하지 않는가. 비구는 눈과 빛깔과 눈의 식이 있는데, 그는 미래를 얻지 못했더라도 그것을 얻으려고 마음으로 원하지 않고, 마음으로 원하지 않음으로 말미암아 곧 그것을 즐기지 않게 되며, 그것을 즐기지 않음으로 말미암아 곧 미래를 원하지 않게 되오. 이와 같이 귀·코·혀·몸·뜻에 있어서도 또한 그러하오. 비구는 이와 같이 미래를 원하지 않는 것이오.

다섯째, 어떻게 비구는 현재의 법에 집착하는가. 비구는 눈과 빛깔과 눈의 식이 있는데, 그는 현재를 알기 때문에 욕심에 염착하고, 현재를 알아 욕심에 염착함으로 말미암아 곧 그것을 즐기게 되며, 그것을 즐긴 뒤에는 곧 현재의 법에 집착하게 되오. 이와 같이 귀·코·혀·몸·뜻에 있어서도 또한 그러하오. 비구는 이와 같이 현재의 법에 집착하는 것이오.

여섯째, 어떻게 비구는 현재의 법에 집착하지 않는가. 비구는 눈과 빛깔과 눈의 식이 있는데, 그는 현재를 알더라도 욕심에 염착하지 않고, 현재를 알고도 욕심에 염착하지 않음으로 말미암아 곧 그것을 즐기지 않게 되며, 그것을 즐기지 않은 뒤에는 곧 현재의 법에 집착하지 않게 되오. 이와 같이 귀·코·혀·몸·뜻에 있어서도 또한 그러하오.

  ● 마음비움에 대한 사색

비구는 이와 같이 현재의 법에 집착하지 않는 것이오.

이와 같이 가전연이 동료 비구들을 위해 자세히 설명하였다는 말을 세존께서 들으시고 다음과 같이 찬탄하시었다.

"착하고 착하다. 그는 내 제자 중에서 눈이 있고 지혜가 있으며, 법이 있고 이치가 있는 사람이다. 무슨 까닭인가. 스승이 제자들을 위해 이 이치를 간략히 말해 널리 분별하지 않은 것을 그 제자는 이런 글귀와 이런 글로써 그것을 널리 설명하였다. 가전연이 설명한 것과 같이 너희들은 마땅히 받아 가져라. 무슨 까닭인가. 이 관찰의 이치를 설명한 것이 응당 그러하기 때문이니라."

부처님께서는 이렇게 말씀하시었다. 모든 비구들은 부처님 말씀을 듣고 기뻐하여 받들어 행하였다고 한다.

앞에서 인용한 팔리 경전과 한역 경전의 게송을 비교할 때 표현에 약간의 차이는 있지만, 그 핵심 내용은 똑같다. 이 게송의 주제는 헛되이 과거를 추억하거나 미래를 기대할 것이 아니라, 다만 현재의 한순간 한순간에 충실해야 한다는 것이다. 그렇다고 해서 현재에 집착하라는 것으로 이해해서는 안 된다. 이 가르침은 과거와 미래는 물론 현재에도 집착하지 않는 무아(無我)의 실천을 강조한 것이다.

지금까지 살펴본 바와 같이 과거와 미래에 대해 집착하지 말라는 것은 우리가 쉽게 이해할 수 있다. 하지만 현재에도 집착하지 말라는 가르침은 일반인이 이해하기 어렵다. 현재의 삶에 충실하라고 하니까 현재의 바깥 경계〔外境〕에 집착하라는 것으로 오해하기 쉽다. 현재의 외경을 인식 경험하고 있는 경우에도, 그것에 집착해서는 안 된다고 경전에서는 경고하고 있다. 특히 『대의석(大義釋)』에서는 이에 대해 명쾌하게 해석하고 있다.

"눈으로 색을 보아도 탐할 것을 탐하지 않으며, 성낼 것을 성내지 않으며, 혼미한 데에 속지 않으며, 노여워할 것에 노여워하지 않으며, 더럽힐 것을 더럽히지 않으며, 교만히 할 것에 교만하지 않는다.

귀로 소리를 들어도, 코로 냄새를 맡아도, 혀로 맛을 느껴도, 몸으로 부딪치는 것에 닿아도, 의식으로 법을 인식해도 탐할 것을 탐하지 않으며, 성낼 것에 성내지 않으며, 혼미한 데에 속지 않으며, 노여워할 것에 노여워하지 않으며, 더럽힐 것을 더럽히지 않으며, 교만히 할 것에 교만하지 않는다.

보이는 것은 보이는 대로 하고, 들리는 것은 들리는 대로 하고, 깨달아지는 것은 깨달아지는 대로 하며, 인식되는 것은 인식되는 대로 하여, 보이는 것에 집착하지 않고, 들리는 것에 집착하지 않고, 깨달아지는 것에 집착하지 않고, 인식되는 것에 집착하지 않는다.

보이는 것에 얽매이지 않고, 의존하지 않고, 속박되지 않고, 그것에서부터 벗어나고 풀려나 무애자재(無碍自在)의 마음을 가지고 산다. 들리는 것, 깨달아지는 것, 인식되는 것에 얽매이지 않고, 의존하지 않고, 속박되지 않고, 그것에서부터 벗어나고 풀려나 무애자재의 마음을 가지고 산다."

이러한 경지가 곧 깨달음을 이룬 선사(禪師)들의 삶일 것이라고 생각한다. 모든 불교도들의 이상이기도 하다. 따라서 불교의 초심자는 우선 과거와 미래의 일로 자신을 괴롭히지 말고, 현재의 삶에 충실하라고 권하는 바이다. 그렇다고 현재에 너무 집착하여 또 다른 윤회의 업(業)을 지으라는 것은 결코 아니다.

　현재 자신에게 주어진 상황에서 열심히 생활하되, 그물에 걸리지 않
는 바람처럼 모든 집착과 번뇌로부터 자유로울 때 비로소 대자유인이
될 수 있는 것이다. 이것은 모든 불교도들이 바라는 이상이다. 현재의
삶에 충실하라. 그러면 생사에도 걸림이 없을 것이다.

진리를 탐구하는 사람이라면 먼저 생활이 간소하지 않으면 안 된다. 그런 다음 심오한 사색을 통해 삶의 기술을 완성해야만 한다.

간소한 생활과 심오한 사색

몇 해 전 서울에서 매우 바쁘게 생활하고 있을 때였다. 당시 나는 개인적으로 학업 중이었으며, 직장 격인 학교 행정을 도맡아 처리해야만 했고, 스님으로서 사찰의 소임도 맡지 않을 수 없었다. 그야말로 일인 삼역(一人三役)의 과중한 업무로 몸과 마음이 몹시 지쳐 있었다. 그러던 어느 날 '이런 생활이 과연 출가자의 바른 삶인가' 라는 회의가 생겼었다.

며칠간의 고심 끝에 '간소한 생활과 심오한 사색' 이 조화를 이루어야만 비로소 학업과 업무의 능률을 올릴 수 있다는 결론을 얻게 되었다. 그때의 생각을 한마디로 표현한 것이 바로 지금의 나의 생활신조가 된 '생활은 간소하게, 사색은 심오하게' 라는 글귀이다. 이 글귀는 순전히 혼자서 오랫동안 궁리한 끝에 창안한 것이었기에 나름대로 긍지와 자부심을 갖고 있었다.

그런데 얼마 전 이 글귀와 같은 내용을 영국의 시인 윌리암 워즈워드(William Wordsworth, 1769-1850)의 시구(詩句)에서 발견하게 되었다. 그 순간 나는 전기에 감전된 듯한 충격을 받았다. 워즈워드는 "살림은 소박하게, 생각은 고상하게(Simple living and high thinking)"라고 읊었다. 어쩌면 이렇게 똑같은 문장으로 표현했을까라는 감탄과 함께 나 개인의 생각이 곧 만인의 공통된 생각임을 확인하는 계기가 되었다.

하지만 구체적으로 워즈워드가 생각했던 것과 나의 생각이 완전히 일치하는지는 알 수 없다. 다만 나의 생활신조는 불교의 수행 체계인 삼학(三學)에 그 근거를 두고 있다.

'간소한 생활'은 삼학 가운데 윤리적 규범인 계(戒, sīla)를 지킨다는 뜻이고, '심오한 사색'은 정신적 수행인 정(定, samādhi)을 닦는다는 의미이다. 그래야만 비로소 사물의 있는 그대로의 모습을 바로 볼 수 있는 지혜, 즉 여실지견(如實智見, yathābūtañāṇadassana)을 얻을 수 있기 때문이다.

그런데 '심오한 사색'은 '간소한 생활'이 전제되어야만 가능하다. 바꾸어 말하면, 생활이 간소하지 못하면 결코 고상한 사색을 이룰 수가 없다.

태국의 선지식이었던 붓다다사(Buddhadasa, 1906-1993) 스님은 계·정·혜 삼학을 '삶의 기술(The art of life)'이라고 표현했나. 그의 견해에 의하면, 삶의 기술은 세 가지를 갈고 닦는 것으로 완성된다고 했다. 우선 도덕적 청정을 수행하고[戒], 다음으로 마음을 고요히 안정시켜 수행하는 데 적절하도록 단련하며[定], 마지막으로 모든 사물의 존재 방식에 대한 명확한 통찰과 풍부한 지혜[慧]를 계발시키는 것이라고 했다.

또한 붓다는 『자비경(Metta-sutta)』에서 "만족할 줄 알아서 욕심과 잡일을 줄이고 생활을 간소하게 해야 한다. 감관은 고요히 하고 총명하여 마음이 흐트러지지 않고 탐욕이 없어야 한다"라고 말했다. 이처럼 붓다는 제자들에게 기회 있을 때마다 간소한 생활을 강조했다.

왜냐하면 출가자는 자기 스스로 밖으로 향하는 감각들을 제어해야만 하기 때문이다. 원래 육근(六根)은 그 대상인 육경(六境)을 찾아다닌다. 즉 눈은 형상을, 귀는 소리를, 코는 냄새를, 혀는 맛을, 몸은 감촉을, 마음은 마음의 대상을 좇는다. 이처럼 육근이 육경에 끌려다니다 보면 내면의 청정을 유지할 수가 없다.

그런데 '간소한 생활'이란 다른 말로 신변(身邊)이 잘 정돈된 무소유(無所有)의 삶을 말한다. 특히 출가자의 신변은 언제나 잘 정돈되어 있어야 한다. 몸가짐은 물론 그가 머물고 있는 처소의 주변도 언제나 청결해야만 한다. 원래 청소는 더러움을 쓸고 닦는 가장 기본적인 일이지만 마음의 때를 쓸고 닦는 일과 연결되어 있기 때문에 예로부터 수행은 청소에서부터 시작되었다.

그러므로 주변 환경이 잘 정돈되어 있지 못하고 생활이 복잡한 사람은 그 인격까지 의심해 볼 필요가 있다. 모든 것이 질서 정연하게 잘 정돈되어 있지 않다는 것은 그만큼 그 사람의 마음의 뜰이 어지럽게 널려 있다는 말이다. 그런 상태에서는 마음의 평정을 찾을 수 없고, 마음의 평정 없이는 지혜가 나올 수 없다.

한편 무소유(ākiñcañña)란 전혀 아무 물건도 소유하지 않는다는 것

● 마음비움에 대한 사색

이 아니라 불필요한 물건을 소유하지 않는다는 뜻이다. 초기교단에서 출가자가 소유할 수 있는 물건은 여덟 가지로 한정되어 있었다. 이것을 팔리어로 앗따 빠릭카라 (attha-parikkhāra)라고 하는데, 여덟 가지 필수품〔八要具〕이라는 뜻이다.

여덟 가지 필수품은 ① 안따라와사까(antaravāsaka, 安陀會), ② 웃따라상가(uttarāsaṅgha, 鬱多羅僧), ③ 상가띠(saṅghātī, 僧伽梨), ④ 빳따(patta, 鉢盂), ⑤ 삭발용 면도칼 혹은 가위, ⑥ 옷을 깁는 데 쓰는 바늘과 실, ⑦ 허리띠, ⑧ 물 여과기 등이다. 물 여과기는 여행할 때 물을 여과해 마셔야 하기 때문에 남방 스님의 필수품이다. 우리나라에서는 ①에서 ④까지를 삼의일발(三衣一鉢)이라고 부른다.

물론 당시 인도의 사회적 배경과 지금의 환경은 매우 다르다. 하지만 예나 지금이나 출가자는 최소한의 생활에 필요한 물건만으로 만족해야 한다. 그런데 지금의 스님들은 너무나 많은 물건들을 소유하고 있다. 출가자가 물질적으로 너무 풍요를 누리고 있기 때문에 도를 구하는 마음이 퇴색되어 가고 있는 것은 아닌지 되돌아볼 일이다.

그러므로 모름지기 진리를 탐구하는 사람이라면 먼저 생활이 간소하지 않으면 안 된다. 그런 다음 심오한 사색을 통해 삶의 기술을 완성해야만 한다.

◉ 『茶爐經卷』 제87호(1995년 12월호)

4

며칠간 집을 비운 사이에 먼지가 쌓이듯, 어느 정도 수행이 무르익었더라도 잠시만 방심하면 퇴보하고 만다. 죽는 날까지 먼지를 털고 때를 닦아야 하는 이유가 바로 여기에 있다.

먼지를 털고 때를 닦자

청소(淸掃)란 '깨끗이 소제함'이라는 뜻이다. 청소의 다른 말인 소제(掃除)는 '털고 쓸고 닦아서 깨끗이 함'을 말한다. 한마디로 '먼지를 털고 때를 닦는 것'을 청소라고 한다. 이 청소와 수행의 원리는 동일하다. 이른바 먼지를 털고 때를 닦는다는 점에서는 둘 사이에 아무런 차이가 없다.

그래서 처음 수행의 길에 들어서면 제일 먼저 청소부터 시킨다. 옛 선사들은 몇 년 동안 제자에게 아무것도 가르치지 않고 오직 청소만 시켰다. 그 전통은 현재의 행자 교육에도 그대로 남아 있다. 그 사람이 청소를 통해 수행의 원리를 스스로 터득하도록 하기 위해서다.

『사분율』 49권 법건도(法揵度) 제18에서는 마당을 청소하는 방법까지 구체적으로 언급되어 있다. 즉 ① 바람을 거슬러〔逆風〕 빗질해서는 안 된다. ② 바람이 가는 방향〔順風〕으로 빗질해야 한다. ③ 마당에

　●　마음비움에 대한 사색

난 발자국을 모두 지워야 한다. ④ 오물〔사람이나 동물의 배설물〕을 모두 제거해야 한다. ⑤ 마당을 쓸고 난 뒤 도구들을 제자리에 되돌려 놓아야 한다. 이러한 다섯 가지 방법으로 청소하면 큰 복덕을 얻는다.

이와 반대일 경우는 바른 청소라고 할 수 없다. 그리고 만약 윗사람이 바람과 먼지가 닿는 곳에 앉아 있으면, 먼저 자리를 피해 달라고 말해야 한다. 그렇지 않고 먼지가 날아가 윗사람의 옷을 더럽히게 하면 법에 어긋난다고 가르치고 있다. 이처럼 사소하게 보이는 빗질하는 방법까지 율장에 규정되어 있다. 이것은 수행자의 삶에 있어서 청소가 중요한 부분을 차지하기 때문이다.

흔히 '수행'이라고 하면 아주 특별한 것이라고 생각하기 쉽다. 즉 명상 등에 전념하는 것만이 수행이라고 생각하는 사람들이 많다. 그러나 수행은 생활을 떠나서 존재하는 것이 아니다. 수행이 곧 생활이고, 생활이 곧 수행이어야 한다. 생활과 수행은 둘로 구분할 수 있는 것이 아니다.

특히 생활의 일부인 청소가 곧 수행의 전부임을 일깨워 주는 유명한 일화가 있다. 주리반특가(周利槃特迦)의 수행 이야기가 바로 그것이다. 이 이야기는 『증일아함경』 제11권 제20「선지식품」에 나오는데, 너무나 유명하여 모르는 사람이 거의 없다. 반특가 형제는 모두 길에서 태어났다. 형은 총명했으나 동생은 어리석었다. 형이 먼저 출가하여 부처님의 제자가 되었다. 나중에 출가한 동생은 너무나 둔해 승단에 잘 적응하지 못했다.

어느 날 형은 아우 주리반특가에게 "만일 세율을 지키지 못하겠거든 속세로 돌아가라"라고 했다. 주리반특가는 이 말을 듣고 밖으로 나와 울고 있었다. 그때 부처님이 그를 발견하고 그 연유를 물었다. 부처님은 그에게 비를 잡게 하고 '소세(掃彗)'라는 글을 가르쳐 주었다. 그 글귀는 '때를 없애는 것[除垢]'이라는 뜻이었다. 그는 처음에는 그 간단한 글귀조차 외울 수가 없었다.

그러나 그는 점차 청소를 하면서 생각했다. '무엇을 없애는 것[除]이라 하고, 무엇을 때[垢]라고 하는가. 때란 재나 흙이나 기왓장이나 돌이요, 없앰이란 깨끗하게 하는 것이다' 라고. 그리고 '세존께서 무슨 까닭으로 이것을 나에게 가르치는가. 나는 그 뜻을 생각하리라' 라고. 또한 그는 '결박은 때요, 지혜는 없애는 것이다. 나는 지금 지혜의 비로써 이 결박을 쓸어 버리자' 라고 생각하였다.

그리하여 주리반특가는 오온(五蘊)이 이루어지고 사라지는 것을 생각하였다. 즉 '이것은 물질이요, 이것은 그 원인이며, 이것은 그 사라짐이다. 이것이 이른바 느낌·생각·지어감·의식이 이루어지고 사라지는 것이다.' 그는 이 오온을 생각하며 욕루(欲漏)에서 마음이 해탈하고 유루(有漏)와 무명루(無明漏)에서 마음이 해탈하고 이내 해탈의 지혜를 얻었다. 그래서 나고 죽음은 이미 다하고 범행은 이미 서고 할 일은 이미 마쳐 다시는 윤회의 몸을 받지 않을 줄을 여실히 알았다. 결국 그는 비로 마당을 쓸면서 아라한과를 증득하였던 것이다.

경전에서는 "마음을 다스려 항복받고자 하면 티끌과 더러움을 영원히 버려야 한다"라고 하였다. 또한 "티끌을 멀리하고 더러움을 멀리하여야 청정한 진리의 눈[法眼]을 얻는다"라고 하였다. 여기서 말하는 티끌과 더러움이란 '마음의 때', 즉 번뇌를 의미한다.

청소가 주변의 먼지와 더러움을 털고 닦는 것이라면, 수행은 마음의 때를 털고 닦는 것이다. 그런데 실제로 먼지를 털고 때를 닦는 청소라는 행위를 통해 마음의 때를 제거하게 된다. 앞에서 살펴본 주리반특가의 경우가 그 대표적인 예다.

예로부터 '마음의 번뇌'를 '거울의 때'에 비유하였다. 북방의 신수(神秀)는 거울〔마음〕에 때〔번뇌〕가 끼지 않도록 부지런히 닦아야 한다고 말했다. 반면 남방의 혜능(慧能)은 거울〔마음〕에는 본래 때〔번뇌〕가 끼지 않기 때문에 닦을 필요가 없다고 말했다.

나는 전자의 경우가 보다 현실적이고 설득력 있는 가르침이라고 생각한다. 왜냐하면 실제로 거울에는 때가 끊임없이 끼기 때문이다. 먼지는 매일같이 쓸고 닦아도 어느 틈에 날아와 앉는다. 한번 청소한 뒤 다시 청소할 필요가 없다면 얼마나 좋겠는가?

그러나 뇌사 상태의 식물인간이 아닌 한 우리의 마음은 순간순간 일어났다 사라진다. 즉 찰나생(刹那生) 찰나멸(刹那滅)한다. 며칠간 집을 비운 사이에 먼지가 쌓이듯, 어느 정도 수행이 무르익었더라도 잠시만 방심하면 퇴보하고 만다. 죽는 날까지 먼지를 털고 때를 닦아야 하는 이유가 바로 여기에 있다.

그리고 먼지를 털고 때를 닦는 것도 중요하지만, 그보다는 먼지가 일어나지 않도록 미리 단속하는 것은 더욱 중요하다. 먼지를 줄이는 최선의 방법은 소유물을 줄이는 것이다. 주변에 잡동사니가 쌓이면 먼지는 더욱 많이 생기기 때문이다. 인간은 주변 환경의 영향을 직접적으로 받는다. 깨끗한 환경은 마음까지 깨끗하게 만들어 준다. 나는 오늘도 구석진 곳에 쌓인 먼지를 닦으면서 나의 나태함을 경책한다.

◉ 『호두 마을』 2006년 9 · 10월호, pp.22-25

5

우리의 삶은 꼭 디지털만이 최상은 아닌 듯하다. 때로는 아날로그 방식으로 사는 것이 건전한 정신과 건강한 육체를 유지하는 데 더 큰 도움이 되기 때문이다.

디지털 시대에 아날로그로 살기

정보 기술과 통신의 발달로 우리의 생활환경은 너무나 많이 변했다. 지금은 우리의 생활 깊숙이 디지털 문화가 들어와 있다. 일반 가정에서 사용하는 생활 도구도 거의 대부분 디지털화되었다. 디지털(digital)의 반대 개념은 아날로그(analogue)이다. 아날로그와 디지털의 차이를 상징하는 대표적인 물건이 바로 시계다. 아날로그시계는 문자판에 바늘로 시간을 나타내는 시계를 말한다. 반면 디지털시계는 바늘 없이 숫자로 시각을 표시하는 시계를 일컫는다.

우리가 원하든 원하지 않든 간에 이미 아날로그 시대는 지나갔다. 아날로그 시대는 하나의 일 혹은 한 가지 기능만을 처리하면 되었다. 이를테면 시계는 시계로서의 기능만 다하면 그만이었다. 그러나 디지털 시대는 시계이면서 휴대폰이고, 휴대폰이면서 카메라의 기능도 담당한다. 다시 말해서 휴대폰 하나로 인터넷과 오락은 물론 음악도 감

  ● 마음비움에 대한 사색

상하고 사진도 찍을 수 있게 되었다.

그러나 아무리 뛰어난 성능을 지닌 값비싼 휴대폰일지라도 아날로그 세대에게는 거의 무용지물이나 다름없다. 다양한 기능들을 제대로 활용할 줄 모르기 때문이다. 나는 아직도 아날로그 세대에서 벗어나지 못하고 있다. 휴대폰으로 문자를 보내는 방법을 익힌 것도 최근의 일이다. 운전 경력도 아직 3년이 되지 않았다. 주변의 사람들은 나를 '기계치(機械癡)'라고 부른다. 그만큼 기계를 다루는 데 익숙하지 않기 때문이다. 그래서 불편한 점이 한두 가지가 아니다.

컴퓨터를 사용한 지는 꽤 오래되었다. 하지만 아직도 워드프로세스 기능 외에는 별로 아는 것이 없다. 원고도 먼저 종이에 초고를 작성한 뒤 컴퓨터에 입력시키는 수준이다. 남의 도움을 받지 않으면 홈페이지 관리도 제대로 하지 못하는 실정이다.

아날로그와 디지털의 차이는 나이와 전혀 상관이 없는 것 같다. 비록 나이가 많아도 디지털 문화에 잘 적응하는 사람이 있고, 나이가 어려도 디지털 문화에 잘 적응하지 못하는 사람이 있다. 나보다 나이 많은 사람으로부터 동영상과 음악 파일이 첨부된 메일을 받으면 나는 왠지 세상의 흐름에서 밀려나는 것 같다. 도저히 급변하는 디지털 문화를 따라갈 수 없다는 절망감을 느낀다.

아날로그와 디지털은 단순히 시대적 변화를 뜻하는 것은 아니다. 아날로그 시대의 사고와 디지털 시대의 사고에 차이가 있음도 엿볼 수 있다. 즉 사고의 발상 자체가 다르다. 디지털 시대에는 아날로그 시대의 고정관념이 파괴된다. 그래서 디지털 시대의 사고를 가진 사람은 무한대의 창의성을 계발할 여지가 상대적으로 높다.

　그렇다고 해서 아날로그와 디지털이 행복의 지수를 의미하는 것은 아니다. 아날로그로 산다고 해서 그 사람의 삶이 불행한 것은 아니다. 반대로 디지털 문화에 잘 적응한다고 해서 꼭 행복한 것은 아니다. 어느 쪽 삶이 바른 것이라고 단정할 수는 없다. 때로는 아날로그 방식으로 사는 것이 더 불교적일 수도 있다. 이것이 디지털 문화에 잘 적응하지 못하는 나 스스로를 위로하는 말이다.

　예전에는 사찰에서 안내문을 발송하려면 일일이 봉투에 주소와 우편번호를 기입해야 했다. 그러나 지금은 컴퓨터에 입력된 주소로 대량 우편물을 간편하게 발송할 수 있게 되었다. 효율적인 측면에서 보면 비교할 수 없을 정도로 업무량이 간편해졌다. 손으로 직접 빨래하던 시절을 생각해 보면 세탁기로 말미암아 편리해진 것은 사실이다.

　하지만 그때보다 지금이 행복하냐고 묻는다면 자신 있게 그렇다고 대답할 수가 없다. 현대인들은 오히려 그때보다 더 바쁘게 살아가고 있다. 우리의 삶은 꼭 디지털만이 최상은 아닌 듯하다. 때로는 아날로그 방식으로 사는 것이 건전한 정신과 건강한 육체를 유지하는 데 더 큰 도움이 되기 때문이다.

　그런데 이제는 디지털 시대를 지나 유비쿼터스 시대를 향해 달리고 있다고 한다. 유비쿼터스(ubiquitous)란 라틴어로 '편재하다'라는 의미이다. 즉 '언제 어디서나 있다'는 뜻이다. 이것은 사용자가 컴퓨터나 네트워크를 의식하지 않는 상태에서 장소에 구애받지 않고 자유롭게 네트워크에 접속할 수 있는 환경을 의미한다. 이를테면 집 밖에서 손에 찬 시계를 이용해 인터넷에 접속해 날씨를 알아보고 집안에 있는 난방기의 온도를 원격으로 조절하는 것이 가능해진다. 이와 같은 일은

　　　　　　　　　● 마음비움에 대한 사색

더 이상 공상과학 영화에서나 접할 수 있는 환상이 아니라고 한다.

유비쿼터스 시대가 열리게 되면 자동차·가정·실외 등의 다양한 공간에서의 정보 기술 활용이 늘어나고 네트워크에 연결되는 컴퓨터 사용자의 수도 늘어나는 등 정보 기술 산업의 규모와 범위는 더욱 커지게 될 전망이라고 한다. 유비쿼터스는 농업 혁명, 산업화 혁명 그리고 정보 통신 혁명에 이어 새로운 패러다임이라고 한다. 유비쿼터스는 단순히 혁신 기술만을 말하는 것이 아닌 모든 현실 공간의 사물과 가상공간이 하나로 어우러져 조화를 이루는 그러한 혁명을 뜻한다.

유비쿼터스는 단순히 컴퓨팅 환경을 개선하는 것에만 그치는 것이 아니라 인류의 사회 문화까지 송두리째 바꿔 놓을 것으로 예상하고 있다. 유비쿼터스의 핵심 기술은 삶의 질을 높일 것이라고 학자들은 예측하고 있다. 앞으로 점차 기술력이 발달함에 따라 유비쿼터스라는 유토피아가 형성될 것이라고 전망하고 있다.

그러나 유비쿼터스 시대가 와도 여전히 인간의 괴로움은 남아 있을 것이다. 인간의 근본적인 삶의 형태는 완전히 바뀔 수 없기 때문이다. 나는 아무리 세상이 빨리 변해도 현재와 똑같은 아날로그 방식을 고수할 것이다. 아날로그 방식이란 곧 간소한 생활(simple life)을 의미한다. 간소한 생활을 통해 괴로움에서 벗어날 수 있다고 붓다께서 말씀하셨기 때문이다.

◉ 『지혜의 말씀』 제308호(2006년 3월), pp.8-10

6

현재는 비록 어두운 환경에 처해 있다 할지라도 자신의 끊임없는 노력에 의해 밝음으로 가는 사람의 삶이야말로 가장 값진 것이라 할 수 있다.

어둠에서 밝음으로

한때 세존께서 사왓티(舍衛國)에 머물고 계실 때, 꼬살라(拘薩羅) 나라의 왕 빠세나디(波斯匿王)에게 다음과 같이 말했다.

대왕이시여, 세상에는 네 종류의 사람이 있습니다.

네 종류란 무엇이냐?

① 어둠에서 어둠으로 가는 사람[從冥入冥],

② 어둠에서 밝음으로 가는 사람[從冥入明],

③ 밝음에서 어둠으로 가는 사람[從明入冥],

④ 밝음에서 밝음으로 가는 사람[從明入明]이 그것입니다.

남전의 『상응부경전』과 한역 『잡아함경』 권42와 『별역 잡아함경』 권4에 나오는 말씀이다. 이 경전에서는 네 가지 종류의 사람에 대한 구

마음비움에 대한 사색

체적인 생활양식을 자세히 소개하고 있다. 경전에 묘사된 네 가지 유형을 대략적으로 알아본다.

"대왕이여, 어떤 사람이 어둠에서 나와 어둠으로 들어가는가. 이른바 어떤 사람은 비천한 가문에 태어나서 빈궁하고 단명하며 모양은 파리한데, 거기다가 천한 업을 익혀 남에게 천하게 부림을 당하면 이것을 어둠이라 하오. 이 어둠 속에 살면서 다시 몸의 악행을 행하고 입과 뜻의 악행을 행하면, 그 인연으로 몸이 허물어지고 목숨이 끝난 뒤에는 반드시 나쁜 세상에 나서 지옥에 떨어지오. 이것을 어둠에서 어둠으로 들어가는 것이라 하오.

어떤 사람이 어둠에서 밝음으로 들어가는가. 이른바 어떤 사람이 천한 가문에 태어나 남을 위해 온갖 천한 업을 하면 이것을 어둠이라 하오. 그러나 그 사람이 어둠 속에서 몸의 선행을 행하고 입과 뜻의 선행을 행하면, 그 인연으로 몸이 허물어지고 목숨이 끝난 뒤에는 좋은 세상에 나서 천상에 화생(化生)하오. 이것을 어둠에서 밝음으로 들어가는 것이라 하오.

어떤 사람이 밝음에서 어둠으로 들어가는가. 이른바 어떤 사람이 부(富)하고 즐거운 집에 태어나서 여러 가지 재물과 종들과 하인이 많고, 널리 친구들을 모으며, 단정하고 총명하며 지혜로운 몸을 받으면 이것을 밝음이라 하오. 그러나 그가 밝음 속에서 몸의 악행을 행하고 입과 뜻의 악행을 행하면, 그 인연으로 몸이 허물어지고 목숨이 끝난 뒤에는 나쁜 세상에 나서 지옥에 떨어지오. 이것을 밝음에서 어둠으로 들어가는 것이라 하오.

어떤 사람이 밝음에서 밝음으로 들어가는가. 이른바 어떤 사람이 부하고 즐거운 집에 태어나서 형상이 단정하고 엄숙하면 이것을 밝음이라 하오. 이 밝음 속에서 몸의 선행을 행하고 입과 뜻의 선행을 행하면, 그 인연으로 몸이 허물어지고 목숨이 끝난 뒤에는 좋은 세상에 나서 천상에 화생하오. 이것을 밝음에서 밝음으로 들어가는 사람이라 하오.”

이 경전의 내용만으로도 부처님이 무엇을 말하고자 하는가를 충분히 파악할 수 있을 것이라 믿는다. 하지만 필자는 이것을 좀더 이해하기 쉽게 네 가지 유형의 사람을 우리 주변에서 찾아보고자 한다.

첫째, 어둠에서 어둠으로 가는 사람이 있다. 태어나면서부터 불행하게 태어나 결국 범죄의 소굴에 떨어져 벗어나지 못하는 사람을 말한다. 예컨대 극도로 가난한 집안이나 비정상적인 가정에서 태어나는 경우가 이에 속한다. 어떤 사람은 미혼모 혹은 부모의 부정에 의해 태어났기 때문에 부모가 누구인지 자신의 출생에 관해 알 수 없다. 이렇게 태어난 사람들은 처음부터 버림받거나 돌보아 주는 사람 없이 굴러다니다가 자신도 그 속에 물들어 밑바닥 인생을 사는 경우가 허다하다. 이런 사람은 자신의 부모가 행한 것처럼 자기도 또 다른 불행의 씨를 잉태시켜 악순환이 반복된다. 흔히 구제 불능의 사람이라고 하는 것이 이 경우에 해당된다.

둘째, 어둠에서 밝음으로 가는 사람이 있다. 그 자신의 출생은 첫 번째와 같지만 자신의 의지에 의해 훌륭한 사람으로 성장해 가는 사람이다. 비록 불행한 가정에 태어났지만 그 환경을 탓하지 않고 온갖 어려움을 극복하고 성공한 입지전적인 사람이 이에 속한다. 간혹 이런 사람의 미담이 보도되기도 한다. 가장 이상적인 인간형이다.

  ● 마음비움에 대한 사색

셋째, 밝음에서 어둠으로 가는 사람이 있다. 훌륭한 가문에 부족한 것이라고는 하나도 없는 집안에 태어났지만, 그 좋은 환경을 활용하지 못하고 타락의 길로 가는 사람이다. 요즘 사회에서 비난의 대상이 되고 있는 속칭 오렌지족과 야타족이 이에 속한다. 이들 부유한 집안의 자제들은 부족한 것이 없기 때문에 더 이상 노력할 필요성을 느끼지 못한다. 그들의 관심은 오직 오늘 하루를 어떻게 즐겁게 보낼 것인가에만 쏠려 있다. 그러다 보니 이들은 쉽게 술과 마약 등의 유혹에 빠진다. 결국 이들은 향락적인 쾌락을 추구하다 폐인이 되고 만다. 필자는 이런 유형의 사람을 가장 나쁜 사람이라고 본다.

넷째, 밝음에서 밝음으로 가는 사람이 있다. 좋은 가문에 태어나 좋은 교육을 받아 이 사회를 움직이는 훌륭한 자리에 오르는 사람이다. 예를 들면 부잣집 자제로 태어나 부모님의 사랑과 후원을 받아 남보다 앞선 교육과 선진 학문을 익혀 가장 빠른 시간에 가장 좋은 위치에 오르는 엘리트 계층이 이에 속한다. 모든 사람들이 갈망하는 케이스다.

위에서 소개한 네 가지 종류의 사람 중에서 가장 최상의 사람은 '밝음에서 밝음으로 가는 사람'이다. 하지만 우리는 밝음에서 밝음으로 가는 사람에게 찬사와 격려를 보내지 않는다. 왜냐하면 그들은 이미 처음부터 모든 조건과 좋은 환경을 갖추고 있었기 때문이다.

반면 현재는 비록 어두운 환경에 처해 있다 할지라도 자신의 끊임없는 노력에 의해 밝음으로 가는 사람의 삶이야말로 가장 값진 것이라 할 수 있다. 부처님의 가르침은 어쩌면 이 부류의 사람을 위해서 설해진 것이라고 볼 수 있다.

이 경전에 담겨 있는 참뜻은 인간은 출생 성분에 따라 구별되는 것이 아니라, 자신의 노력 여하에 따라 얼마든지 훌륭한 사람이 될 수 있다는 가능성을 제시한 것이다. 부처님은 다른 경전에서도 인간은 출생성분에 따라 천한 사람이 되는 것이 아니라, 오직 자신이 행한 행위에 의해 천한 사람이 되기도 하고 성자가 되기도 한다고 했다.

이처럼 인간의 출생은 본래 평등한 것이다. 하지만 자신의 능력에 따라 높은 위치에 있는 인간이 될 수도 있고, 낮은 위치에 있는 인간이 될 수도 있다. 그렇다고 해서 한번 정해진 인간의 위치가 절대적인 것은 아니다. 자신의 노력 여하에 따라 인간은 점차 향상될 수도 있고 점차 타락될 수도 있는 가변적(可變的)인 존재인 것이다.

만약 인간이 올바른 길로 나아간다면 부처에까지 이를 수도 있지만, 퇴보를 거듭한다면 점점 더 파멸의 구렁텅이로 빠져들 수도 있다. 어둠에서 밝음을 향해 뛰고 있는 모든 사람들에게 아낌없는 찬사와 박수를 보내는 까닭이 바로 여기에 있다. 밝음에서 어둠으로 갈 것이냐, 어둠에서 밝음으로 갈 것이냐는 오로지 자신에게 달려 있다.

⊙ 『佛敎』 제484호(1996년 2월호)

 ● 마음비움에 대한 사색

수행자가 갖추어야 할 덕목인 지계, 청정, 견고, 지혜는 정치 지도자가 갖추어야 할 도덕성, 청렴성, 신념과 추진력, 그리고 판단력이라고 할 수 있을 것이다.

사람을 판단하는 기준

 한 사람의 인물 됨됨이를 정확히 판단한다는 것은 여간 어려운 일이 아니다. 그 사람이 어떤 가치관과 성품을 갖고 있는지 완전히 파악하기 위해서는 많은 시간이 요구된다. 만일 어떤 사람에 대해 잘 알지도 못한 채 성급하게 중책을 맡겼을 경우 후일 크게 낭패를 당할 수도 있다. 필자는 몇 해 전 어떤 사람을 잘못 추천하여 오랫동안 마음고생을 했던 경험을 갖고 있다.

대부분의 사람들은 그 사람과 오래 지내 본 일도 없으면서 한두 번 만났거나 손 한번 잡아 본 것으로 그 사람에 대해 잘 알고 있다고 말한다. 이런 정도의 관계만으로는 그 사람을 완전히 이해할 수 없기 때문에 대개의 경우 잘못된 판단을 내릴 확률이 높다.

그러면 사람을 판단하는 기준은 무엇일까? 부처님께서는 님진의 『상응부경전』에서 올바른 수행자를 판단하는 기준에 대해 말씀하신 적이 있다.

한때 세존께서 사왓티 성 동쪽에 있는 녹자모(鹿子母) 강당에 계실 때의 일이다. 세존께서는 홀로 명상하시다가 일어나 문밖의 낭하에 계셨다. 그때 꼬살라 나라의 왕 빠세나디가 세존께 다가와 인사를 드리고 한쪽에 물러앉아 있었다.

그때 마침 일곱 명의 결발 행자와 일곱 명의 자이나교도, 일곱 명의 벌거벗은 행자와 일곱 명의 한 옷 걸친 행자와 일곱 명의 편력행자가 겨드랑이 아래의 털이나 손톱이나 몸의 털을 기른 채로 수행 도구를 가지고 세존에게서 멀지 않은 곳을 지나고 있었다.

이때 꼬살라 나라의 왕 빠세나디는 자리에서 일어나 웃옷을 한쪽 어깨에 걸치고 오른쪽 무릎을 땅에 대고 이들 수행자들에게 합장하며 예경을 올렸다. 그후 이들 수행자들이 지나간 뒤에 빠세나디 왕은 세존께 가까이 가서 다음과 같이 여쭈었다.

"세존이시여, 이들은 거룩한 이이거나 거룩한 길에 도달한 이들 가운데 어느 쪽입니까?"

"대왕이시여, 당신은 세속인으로 애욕을 즐기고 많은 이들에게 시달리며 살고 있고 까시 나라에서 생산되는 전단을 경험하고 화환과 향수와 도료를 사용하며 금은을 받아 가지고 있습니다. 그러므로 당신은 '그들이 거룩한 이인가 또는 거룩한 길에 도달한 이인가' 를 알기가 어렵습니다."

"대왕이시여, 그들이 계율(戒律)을 갖고 있는가 하는 것은 같이 살아 보아야 알 수 있습니다. 그것도 오랫동안 같이 살아야 알지 짧은 동안에는 알 수가 없습니다. 주의 깊게 살아야 알지 주의 깊지 않으면 알 수가 없습니다. 지혜롭게 살아야 알지 우둔하다면 알 수가 없습니다."

"대왕이시여, 그들이 청정(淸淨)한가 하는 것은 같이 대화를 해보아야 알 수 있습니다. 그것도 오랫동안 대화를 해야 알지 짧은 동안에는 알 수가 없습니다. 주의 깊게 대화를 해야 알지 우둔하다면 알 수가 없습니다."

"대왕이시여, 그들이 견고(堅固)한가 하는 것은 재난을 만났을 때 알 수가 있습니다. 그것도 오랫동안 재난을 만났을 때 알지 짧은 동안에는 알 수가 없습니다. 주의 깊게 재난을 살펴보아야 알지 주의 깊지 않으면 알 수가 없습니다."

"대왕이시여, 그들이 지혜(智慧)가 있는가 하는 것은 논의를 통해서 알 수가 있는 것입니다. 그것도 오랫동안 논의함으로써 알지 짧은 동안에는 알 수가 없습니다. 주의 깊게 논의를 해보아야 알지 우둔하면 알 수가 없습니다."

부처님께서 이렇게 말씀하시고 나서 다음과 같은 시구를 읊으셨다.

> 사람은 아름다운 모습으로 잘 알려지는 것이 아니며,
> 잠시의 별견으로 믿어지는 것이 아니네.
> 잘 몸을 삼가는 사람의 모습을 지니고
> 삼가지 않는 사람들이 세상을 돌아다니기 때문이네.
> 유사품이나 흙으로 빚은 귀걸이처럼
> 어떤 이들은 시종을 거느리고 돌아다닌다.
> 그들은 안으로는 더럽고 밖으로는 아름답다네.

위에서 인용한 남전의 『상응부경전』에 대응하는 한역은 『잡아함경』 권42에 나오는 『형상경(形相經)』이다. 그러나 팔리본과 한역은 그 내용에 있어서 약간의 차이가 있다. 한역에서는 왕이 그들 수행자들을 아라한이라고 믿고 예경하였다. 이에 대해 부처님께서는 빠세나디 왕을 질책하는 것으로 묘사되어 있다.

"당신은 그만두시오. 당신은 그들이 아라한인지 아라한이 아닌지도 모르오. 남의 마음을 아는 지혜를 얻지 못하였기 때문이오. 우선 친근하여 그 계행(戒行)을 관찰해서 오래되면 알 것이니 그리 빨리 단정하지 마시오. 자세하고 똑똑히 관찰해서 함부로 사모하지 마시오. 지혜를 써야 하고 지혜를 쓰지 않아서는 안 되오. 모든 고난을 겪어야 스스로 분별할 수 있고, 사귀고 헤아려서 참과 거짓이 곧 분별되고 보고 말하고 알기를 분명히 하여 오래된 뒤라야 알아지는 것이니 갑자기 분별하려고 할 것이 아니오. 모름지기 깊이 생각하고 관찰하시오."

두 경전의 서술 방식은 다르지만 핵심은 겉으로 드러난 형상만으로 그 사람을 판단하지 밀라는 것이다. 다만 남전에서는 보다 구체직으로 사람을 판단하는 기준을 제시하고 있다. 즉 훌륭한 수행자인가를 알기 위해서는 계율을 잘 지키는가, 청정한가, 견고한가, 지혜가 있는가를 확인해 보아야 한다는 요지이다. 그것도 짧은 기간이 아닌 오랫동안 함께 살아 보거나, 오랫동안 대화를 나누거나, 어떤 재난을 당했을 때 어떻게 처리하는가를 지켜보거나, 오랫동안 논의를 통해서 그 사람의 인물됨을 살펴보아야 한다는 것이다.

이처럼 한 사람을 정확히 이해하기 위해서는 네 가지 경우의 검증을 거친 후라야 어떤 결론을 내릴 수 있다. 겉으로 드러난 것만으로는 부

　●　마음비움에 대한 사색

족하다. 겉포장만으로는 내용물을 알 수 없는 것과 같은 이치이다. 따라서 형상만으로 섣불리 판단하는 것은 절대 금물이다.

위선자들은 일시적으로 선행을 흉내 낼 수 있으며, 또 겉으로는 거룩한 위의를 나타낼 수도 있다. 간혹 우리 주변에는 실제로 아무런 수행력도 갖추지 못했으면서 큰 도인인 체 행사하는 사람들이 있다. 빠세나디 왕처럼 이런 사람에게 예배하고 공경하는 것은 어리석은 짓이다.

이 경전의 말씀은 비록 수행자를 판단하는 기준이지만 훌륭한 지도자를 판단하는 기준으로도 활용될 수 있다. 수행자가 갖추어야 할 덕목인 지계, 청정, 견고, 지혜는 정치 지도자가 갖추어야 할 도덕성, 청렴성, 신념과 추진력, 그리고 판단력이라고 할 수 있을 것이다.

훌륭한 지도자의 첫 번째 조건은 도덕적 청렴성이다. 그 사람이 아무리 말을 잘한다고 하더라도 도덕적으로 정직하지 못하다면 지도자로서는 부적격자이다. 지도자는 모름지기 도덕적 청렴성을 바탕으로 일관된 신념대로 밀고 나가는 추진력이 있어야 하며, 또한 미래를 예측할 수 있는 비전을 제시해야만 믿을 수 있다.

오는 4월에는 국회의원을 뽑는 총선이 있게 된다. 이들은 자신이야말로 가장 도덕적으로 청렴하고, 신념과 추진력, 그리고 비전을 갖고 있는 훌륭한 지도자라고 말할 것이다. 그러나 그런 화려한 말에 현혹되어서는 안 될 것이다. 그들은 안으로는 더럽고 썩었지만 밖으로는 화려하고 아름답게 꾸밀 수도 있기 때문이다.

한편 남이 그 사람이 좋다고 말한다고 해서 아무런 검증 없이 믿어서도 안 될 것이다. 남의 말만 듣고 부화뇌동하는 것은 현명한 사람이 취

할 태도가 아니다. 지혜로운 사람은 부처님께서 제시한 훌륭한 수행자
를 판단하는 기준을 잣대로 후보자들의 인물 됨됨이를 꼼꼼히 살펴본
후 판단해야만 할 것이다.

◉ 『佛敎』 제485호(1996년 3월호)

과거는 좋은 일이든 나쁜 일이든 가능한 한 빨리 잊어버리고, 아직 이르지 않은 미
래에 대해서도 원하지 말라는 것이 부처님의 가르침이다.

옛 인연을 잊도록 

 불교에서 설법을 듣고자 하면, 먼저 스승께 예배한 후 간절
한 마음으로 '법을 설해 주십시오' 라고 세 번 청하는 것이 관례로 되어
있다. 스승은 제자 혹은 대중의 청법(請法)을 받고서야 비로소 법을
설한다. 이러한 청법 의식(請法儀式)은 다른 종교에서는 찾아볼 수 없
는 불교만의 고유한 전통이다.

부처님이 처음 깨달음을 이룬 직후 자신이 깨달은 진리를 다른 사람
들에게 설할 것인가를 망설이고 있을 때, 범천이 부처님께 법을 설해
주시기를 간청하였기 때문에 비로소 법을 설하기로 결심하였다. 이것
이 그 유명한 범천권청(梵天勸請)의 설화이다. 불교의 청법 의식은 이
범천권청에서 비롯된 것이다.

이러한 청법의 전통은 한국불교에서도 그대로 지켜지고 있다. 현재
일반 법회에서 실시되고 있는 청법 의식은 두 가지가 병행되고 있다.

하나는 한문 게송으로 된 청법게(請法偈)이고, 다른 하나는 현대 음악으로 작곡된 청법가(請法歌)이다. 요즘은 후자의 청법가를 주로 부르고 있는 실정이다. 먼저 청법게의 내용부터 살펴보자.

차경심심의(此經甚深意)　이 경의 깊고 깊은 뜻을
대중심갈앙(大衆心渴仰)　대중들은 목마르게 갈구합니다.
유원대법사(唯願大法師)　오직 원컨대 대법사님께서는
광위중생설(廣爲衆生說)　중생들을 위해 널리 법을 설해 주소서.

다음은 청법가의 가사 1절을 여기에 옮겨 본다.

덕 높으신 스승님 사자좌에 오르사
사자후를 합소서 감로법을 주소서.
옛 인연을 잊도록 새 인연을 맺도록
대자비를 베푸사 법을 설하옵소서.

이 청법가는 춘원 이광수가 짓고, 이찬우 씨가 곡을 붙인 것이다. 춘원은 원래 기독교 신자였는데 뒤에 불교로 개종하였다. 그래서 그의 초기 작품에는 기독교 사상이 많이 들어 있고, 후기 작품에는 불교 사상이 저변에 깔려 있다. 특히 『원효대사』와 같은 소설은 그가 불교로 개종한 이후 터득한 불교의 심오한 사상을 담고 있는 대표적인 작품이다.

청법가는 춘원이 효봉 스님으로부터 불교를 배울 때 재래 불가의 청

 ● 마음비움에 대한 사색

법계를 본받아 지은 것이다. 필자는 청법가의 가사가 재래의 청법게보다 더 잘 다듬어진 훌륭한 글이라 믿고 있으며, 이보다 더 좋은 청법가는 앞으로도 나오기 어려울 것이라고 생각한다.

이처럼 훌륭한 청법가의 가사 일부를 최근 바꿈으로써 본래의 뜻이 크게 훼손되고 있다. 원래의 가사는 "옛 인연을 잊도록 새 인연을 맺도록"인데, "옛 인연을 이어서 새 인연을 맺도록"으로 누군가가 고쳤다. 아마 표현을 부드럽게 한다고 '잊도록'을 '이어서'로 바꾼 것으로 생각된다. 하지만 이것은 큰 과오를 범한 것이 아닐 수 없다.

왜냐하면 옛 인연과 새 인연이 상징하는 의미를 무시하였기 때문이다. 청법가에서 말하는 옛 인연은 춘원이 과거에 믿었던 기독교를, 새 인연은 새로 귀의한 불교를 상징한 것이라고 볼 수 있다. 이런 측면에서 보면 '옛 인연을 이어서'라는 것은 절대로 성립될 수 없다.

사실 청법가의 핵심 구절인 "옛 인연을 잊도록 새 인연을 맺도록"은 불교의 근본 사상을 현대어로 표현한 것이라 볼 수 있다. 불교의 정의(定義)로 알려져 있는 칠불통계게(七佛通誡偈)의 내용을 살펴보면 곧바로 알 수 있다.

제악막작(諸惡莫作)　　모든 나쁜 짓을 저지르지 않으며,
중선봉행(衆善奉行)　　모든 착한 일을 받들어 실천하고,
자정기의(自淨其意)　　스스로 자기의 마음을 청정하게 하라.
시제불교(是諸佛敎)　　이것이 모든 부처님의 가르침이다.

이 게송의 앞부분 제1구 제악막작(諸惡莫作)은 옛 인연을, 제2구 중

선봉행(衆善奉行)은 새 인연에 비유할 수 있다. 이럴 경우 옛 인연은 잊어야 하는 것이고, 새 인연은 맺어야 하는 것이다. 이러한 예는 『소심경(小心經)』에 나오는 삼시게(三匙偈)에서도 찾을 수 있다.

원단일체악(願斷一切惡)　일체의 악은 모두 끊기 원이며,
원수일체선(願修一切善)　일체의 선은 모두 닦기 원합니다.
원공제중생(願共諸衆生)　원컨대 모든 중생이 다 함께
동성무상도(同成無上道)　위없는 도를 함께 이루어지이다.

이 게송의 제1구 '원단일체악(願斷一切惡)' 즉 '일체의 악을 끊는다'는 것은 곧 옛 인연을 끊는다는 것이고, 제2구 '원수일체선(願修一切善)' 즉 '일체의 선을 닦는다'는 것은 새 인연을 맺는다는 것을 의미한다.

또한 "옛 인연을 잊도록 새 인연을 맺도록"은 사정근(四正勤)의 가르침을 간단 명료하게 표현한 것으로 볼 수 있다. 사정근이란 '아직 일어나지 않은 선(善)을 생하게 하고, 이미 일어난 선은 늘게 하며, 아직 일어나지 않은 악(惡)을 생하지 않게 하고, 이미 일어난 악은 멸하게 한다'는 것이다.

의상(義相) 스님이 지은 '화엄일승발원문'에 나오는 "제악일단일체단(諸惡一斷一切斷) 제선일성일체성(諸善一成一切成)"도 옛 인연과 새 인연으로 비유될 수 있다.

이처럼 불교에서는 옛 인연이라고 하면 과거의 나쁜 습관·악우(惡友)·악업(惡業)·번뇌 등을 상징하고, 새 인연이라고 하면 현재와

 　마음비움에 대한 사색

미래의 좋은 습관·선우(善友)·선업(善業)·열반 등을 상징한다. 따라서 옛 인연은 마땅히 끊어야 하고, 새 인연은 마땅히 새로 지어야만 하는 것이다. 경전에서 나쁜 벗을 멀리 여의고 어질고 착한 벗을 가까이 하라고 한 가르침도 이러한 이유 때문이다.

바꾼 가사 내용에 의하면 옛 인연을 이어 가자는 것이다. 그런데 그 옛 인연을 이어서 어쩌자는 것인가. 어떤 사람은 좋은 인연〔善緣〕을 이어 가면 되지 않겠느냐고 반문할지 모른다. 하지만 과거는 좋은 일이든 나쁜 일이든 가능한 한 빨리 잊어버리고, 아직 이르지 않은 미래에 대해서도 원하지 말라는 것이 부처님의 가르침이다. 중아함경(中阿含經) 제43권, 『온천림천경(溫泉林天經)』에 의하면,

신막념과거(愼莫念過去)　　부디 과거를 생각지 말고,
역물원미래(亦勿願未來)　　또한 미래를 원하지 마라.
과거사이멸(過去事已滅)　　과거의 일은 이미 멸했고,
미래복미지(未來復未至)　　미래는 아직 이르지 않았다.

그럼에도 불구하고 대부분의 사람들은 옛 인연을 이어서 새 인연을 맺으면 될 것이라고 생각한다. 하지만 부처님의 가르침에 의하면, 옛 인연과의 단절을 통해 새 인연을 맺을 수 있다는 것이다. 지금까지 살펴본 바와 같이 '옛 인연을 이어서'와 '옛 인연을 잊도록'은 하늘과 땅만큼이나 그 의미가 다르다.

춘원 이광수는 참으로 만나기 어려운 불법을 효봉 스님과의 인연으로 만나게 되었다. 청법가는 이렇듯 춘원이 스승인 효봉 스님께 '모든

번뇌를 끊고 열반에 이를 수 있는 큰 법문'을 설해 주시기를 바라는 간
절한 구도의 마음에서 지은 것이다. 이러한 춘원의 구도심이 깃든 청
법가의 깊은 뜻을 헤아리지 못한 후학의 부주의로 본래의 의미가 훼손
되고 있는 것은 안타까운 일이다.

◉ 『부처님 마을』 제115호(1997년 10월)

 ● 마음비움에 대한 사색

용기 있는 사람은 비록 지금 당장은 비난받는 일일지라도 그것이 진실이거나 보다
많은 사람들에게 도움이 되는 것이라면 그 잘못을 지적한다.

칭찬과 비난

부처님께서 '칭찬과 비난'에 관해 직접 언급한 경전이 있
다. 팔리삼장의 『범망경(梵網經, Brahmajāla Sutta)』은 이 주제로부터
이야기가 시작된다.

한때 부처님께서 5백 명가량의 제자들로 이루어진 커다란 제자 승단
과 함께 라자가하와 날란다 사이에 있는 큰길을 지나고 있었다. 이때
방랑 종교인 수피야와 브라흐마닷타라는 청년 제자도 함께 라자가하와
날란다 사이에 있는 큰길을 지나고 있었다.

그런데 방랑 종교인 수피야는 여러 가지로 붓다를 헐뜯고, 법을 헐
뜯고, 승단을 헐뜯었다. 이에 반해 그 제자인 브라흐마닷타는 여러 가
지로 붓다를 찬미하고, 법을 찬미하고, 승단을 찬미하였다.

이러한 외도의 스승과 제자 간의 대화를 듣게 되었던 비구들은 그 사
세한 자초지종을 부처님께 그대로 전했다. 비구들의 보고를 다 듣고

난 뒤, 부처님은 제자들에게 다음과 같이 말했다.

"비구들이여, 다른 사람들이 나를 헐뜯고, 법을 헐뜯고, 승단을 헐뜯는다고 하더라도, 그때 너희들에게는 적대감이 있어서도 안 되고 불평이 있어서도 안 되고 마음에 불쾌감이 있어서도 안 된다. 비구들이여, 다른 사람들이 나를 헐뜯고, 법을 헐뜯고, 승단을 헐뜯는다고 하여, 그때 만약 너희들이 뜻을 잡지 못하고 흔들린다면 그것은 너희들에게 장애가 된다.

비구들이여, 다른 사람들이 나를 헐뜯고, 법을 헐뜯고, 승단을 헐뜯는다고 하여, 그때 만약 너희들이 뜻을 잡지 못하고 흔들린다면 실로 너희는 다른 사람들의 이야기가 잘되었는지 잘못되었는지를 바로 알 수 있겠느냐?"

"못하옵니다. 세존이시여!"

"비구들이여, 다른 사람들이 나를 헐뜯고, 법을 헐뜯고, 승단을 헐뜯는다면, 그때 너희는 사실이 아닌 것을 사실이 아니라고 해명해 주기만 하면 된다. 즉 '이러한 이유로 이것은 사실이 아니다. 이러한 이유로 이것은 그렇지 않다. 우리에게 이러한 것은 없다. 이것은 우리에게서 볼 수 없는 것이다' 라고 해명해 주면 되는 것이다.

그리고 비구들이여! 다른 사람들이 나를 찬미하고, 법을 찬미하고, 승단을 찬미하더라도 그때 너희는 기뻐해서도 안 되고, 안심해서도 안 되고, 마음으로 고양되어서도 안 된다. 비구들이여, 다른 사람들이 나를 찬미하고, 법을 찬미하고, 승단을 찬미한다고 하여, 그때 만약 너희들이 기뻐하거나 안심하거나 고양된다면 그것은 너희들에게 장애가 된다.

비구들이여, 다른 사람들이 나를 찬미하고 법을 찬미하고 승단을 찬미한다면, 그때 너희들은 사실을 사실이라고 구체적으로 인정해 주기만 하면 되는 것이다. 즉 '이러한 이유로 이것은 사실이다. 이러한 이유로 이것은 그렇다. 이것은 우리에게 있는 것이다. 이것은 우리에게서 볼 수 있는 것이다' 라고 인정해 주면 되는 것이다."

이 경전에서 부처님께서는 칭찬을 받았다고 우쭐해서도 안 되며, 비난을 받았다고 화를 내거나 의기소침해서도 안 된다고 제자들에게 가르치고 있다. 특히 비난을 받았을 때 흥분하여 이성을 잃으면 사실을 정확히 판단할 수 없기 때문에 냉정해져야 한다는 것이다. 그런 다음 사실의 진실을 그대로 정확히 전달해 주라고 타이르고 있다.

부처님은 당시의 불합리한 제도와 잘못된 믿음에 대해 강하게 비판했다. 부처님의 출현으로 말미암아 기득권을 갖고 있던 바라문들의 반발은 이루 말로 표현할 수 없을 정도로 강했다. 초기경전 도처에 부처님을 비방하는 대목과 대론을 요청한 일이 수없이 많이 있다. 어떤 경우는 터무니없이 부처님을 곤경으로 몰아넣기 위한 모함도 여러 차례 있었다. 그 중 하나가 『자야망갈라 가타(승리와 길상의 노래)』에 나오는 다음의 대목이다. "찐짜라는 외도의 여인이 자신의 배에 바가지를 넣고 사문 고따마의 자식을 임신했다고 많은 대중 앞에서 고발 비난했을 때, 부처님께서는 고요히 침묵으로 그녀를 조복 승리하였다." 부처님의 인격에 흠집을 내기 위해 꾸며낸 이야기이다. 그러나 부처님은 조금도 동요하지 않았다. 오히려 침묵으로 그녀를 항복시켰던 것이다.

부처님은 기회 있을 때마다 제자들에게 비난과 칭찬에 어떻게 대치해야 하는지에 대해서 말씀했다. 『숫따니빠따(經集)』에 남아 있는 두 게송은 이에 관한 가르침이다.

"홀로 행하고 게으르지 않으며, 비난과 칭찬에도 흔들리지 않고, 소리에 놀라지 않는 사자처럼, 그물에 걸리지 않는 바람처럼, 진흙에 더러워지지 않는 연꽃처럼, 남에게 이끌리지 않고 남을 이끄는 사람, 현자들은 그를 성인으로 안다."(제213게)

"남들이 입에 침이 마르도록 칭찬하거나 욕을 하더라도 수영장에 서 있는 기둥처럼 태연하고, 애욕을 떠나 모든 감관(感官)을 잘 가라앉힌 사람, 현자들은 그를 성인으로 안다."(제214게)

강이나 연못 등 사람들이 목욕을 하는 곳에 네모나 팔모의 기둥이 있어, 그 기둥에 대고 몸을 문지르며 씻는다. 이 기둥은 귀한 사람이 오거나 천한 사람이 오거나 조금도 우쭐거리지도 않고 비굴해하지도 않는다. 그와 같이 모름지기 수행자는 칭찬과 비난에 태연하고 담담해야 한다고 가르치고 있다.

사실 열렬한 지지자는 열렬한 반대자가 되기 쉽다. 지나치게 입에 침이 마르도록 칭찬하는 사람은 경계할 필요가 있다. 왜냐하면 나중에 입에 침이 마르도록 비난할 수도 있기 때문이다. 지나친 칭찬에 우쭐해서도 안 되고, 지나친 비난에 침울해서도 안 된다. 자신의 말과 행동이 진실이라면 시간이 지나면 모두 밝혀지게 된다. 그때가 되면 잘못된 오해는 풀리고 재평가받게 된다. 칭찬과 비난에 일희일비(一喜一悲)하는 사람은 소인배들이다. 참다운 수행자는 악의에 찬 비난에는 인욕으로써 욕됨을 참는다.

어떤 사람은 그것이 분명히 잘못된 것임을 알면서도 말하지 않는다. 당장 비난을 받지 않기 위해서이다. 그러나 용기 있는 사람은 비록 지금 당장은 비난받는 일일지라도 그것이 진실이거나 보다 많은 사람들에게 도움이 되는 것이라면 그 잘못을 지적한다. 불합리한 제도나 정책에 묵묵부답 침묵하는 사람은 비겁한 사람이다. 칭찬과 비난에 구애받지 않고 진실을 진실이라고 말할 수 있고, 거짓을 거짓이라고 말할 수는 용기 있는 사람이 되기를 바란다.

◉ 『昌原佛敎』 제45호(2002년 3월)

평등 속에서 차별을, 차별 속에서 평등을 볼 수 있어야 한다. 여기서 말하는 차별은
현상계에 속하고, 평등은 본질계에 속한다고 할 수 있다.

현상과 본질

이 세상에는 두 가지 종류의 진리가 있다. 하나는 일반적 진리이고, 다른 하나는 절대적 진리이다. 불교 술어로는 일반적 진리를 속제(俗諦, sammuti-sacca)라고 하고, 절대적 진리를 진제(眞諦, paramatha-sacca)라고 부른다. 속제는 겉으로 드러난 현상계를 설명하는 데 주로 쓰이고, 진제는 겉으로 드러나지 않은 본질계를 설명하는 데 주로 쓰인다.

하나의 진리를 설명함에 있어서도 현상적인 측면을 설명하는 경우와 본질적인 측면을 설명하는 경우 두 가지가 있다. 어떤 사람은 현상계의 설명을 통해 본질계로 나아가고자 시도한다. 반면 어떤 사람은 본질계의 설명을 통해 현상계로 나아가고자 시도한다. 이처럼 똑같은 사물을 설명함에 있어서도 그 사람의 취향에 따라 그 접근 방법이 다르다. 전혀 다른 방향에서 사물을 바라보기 때문에 완전히 다른 견해처

럼 보이지만, 동일한 결과에 도달하는 경우가 허다하다.

그런데 많은 사람들은 이러한 현상계와 본질계를 혼동하고 있다. 이를테면 속제를 설명하는데 전혀 엉뚱하게 진제로 반박하고, 진제를 설명하는데 완전히 정반대되는 속제로 반박하는 경우이다. 이와는 약간 다른 경우이지만 내방객에게 반갑게 일상적인 인사말을 건넸는데 상대편에서 선문답으로 응대할 때에는 참으로 난처하고 황당해진다. 이러한 언행과 행동은 현상계와 본질계를 구분하지 못하는 무지에서 나온 것이다.

지난번 필자의 논문에서 제기한 법사 제도에 관한 문제도 마찬가지이다. 필자는 현상적인 측면에서 출가자와 재가자의 관계, 즉 승속(僧俗)의 구분이 있어야 한다고 주장했다. 그런데 전혀 엉뚱한 반응이 나왔다. 반론자의 주장은 진리를 깨닫는 데 승속, 남녀, 연령, 결혼의 유무, 유발과 무발 따위는 아무런 상관이 없다고 했다. 본질적인 측면에서 보면 지극히 당연한 말이다. 그러나 현상과 본질은 엄격히 구분되어야 한다. 왜냐하면 우리가 몸담고 있는 이 세계는 본질이 아닌 현상에 의해 유지되고 있기 때문이다.

우리 주변에는 현상과 본질을 구분하지 못하고 일방적으로 남을 비방하는 사람이 있다. 그리고 입으로는 언제나 본질을 논하면서 행동으로는 진히 실천하지 않는 사람도 자주 목격하게 된다.

불탄일(佛誕日)에 형식적인 봉축 등을 달아서 무엇 하겠느냐며 마음의 등불을 밝혀야 한다고 주장하는 사람들이 이에 해당된다. 그 사람의 주장에 의하면 나날이 부처님 오신 날인데 무슨 새삼스럽게 부처님 오신 날이라고 야단법석을 떠느냐는 것이다. 본질적인 측면에서 보면 깨달음이 중요하지 형식적인 등불을 밝힌다는 것은 별다른 의미가 없을지도 모른다. 그러나 불자로서 그분의 오신 뜻을 되새기며 비록 종이로 만든 등일지라도 공양 올리고 그분을 경배하는 것이 불자 된 도리이다.

또 어떤 사람은 내 마음이 부처인데 무엇 때문에 등상불에 예배하느냐, 불교의 진리는 우리 마음속에 있는데 무엇 때문에 굳이 초파일에 절에 가느냐며 집에서 조용히 부처님을 생각하면 된다고 말하는 사람도 있다.

지나치게 맹목적인 신앙도 문제이지만, 지나치게 머리로만 신앙하는 것도 문제가 아닐 수 없다. 스스로 불자라고 말하면서도 정기적인 법회나 불교 행사에는 전혀 참여하지 않는 것도 올바른 불자의 태도라고 보기 어렵다.

부모님께 효도하는 것도 마찬가지다. 평소 부모님의 마음을 편안하게 해 드리고 자식 된 도리를 다하는 것이 곧 진정한 의미의 효도인 것이다. 그러나 어버이날 부모님의 가슴에 한 송이의 카네이션을 달아 드리는 것도 비록 형식적인 것이긴 하지만 이를 통해 효심을 표현하는 것이다.

남녀 간의 사랑도 마찬가지다. 남녀 두 사람이 진정으로 사랑하여 한 가정을 이루고 살면 된다. 두 사람 사이에 사랑이 있다면 그만이다. 그러나 결혼식이라는 형식을 통해 비로소 부부임을 만천하에 알리는 것이다. 이미 자식까지 둔 부부일지라도 이러한 형식을 거친 것과 거치지 않은 것에는 엄연한 차이가 있음을 알 수 있다.

선불교에서는 탈 형식, 초월적 논리를 강조한다. 본질적인 측면에서

　　● 마음비움에 대한 사색

보면 절대적 진리는 그러한 성향이 강하다는 것을 부정할 수 없다. 하지만 모든 진리는 형식을 통해 본질로 접근하는 것이 순서일 것이다. 그것이 세속적 진리와 부합하는 것이며 상식적이고 일반적인 것이다.

화엄철학에서 말하는 육상원융론(六相圓融論)의 원융문(圓融門)과 항포문(行布門)을 정확히 이해하지 않으면 안 된다. 육상(六相)이란 총상(總相), 별상(別相), 동상(同相), 이상(異相), 성상(成相), 괴상(壞相)을 말한다. 육상을 흔히 집에 비유하여 설명한다. 집 전체는 총상(總相)이며, 기둥, 서까래, 들보 등은 별상(別相)이다. 이 기둥, 서까래, 들보 등이 서로 모여서 하나의 집이 완성되는데, 각각의 재료가 서로 결합하여 어긋나지 않는 것은 동상(同相)이며, 이 기둥, 서까래, 들보 등이 각자의 형태와 종류로 인해 서로 구별되는 것은 이상(異相)이다. 또한 이 기둥, 서까래, 들보 등이 각각 모여서 집을 이루는 작용은 성상(成相)이며, 기둥, 서까래, 들보 등이 집을 성립하지만 각각 스스로의 법[自法]에 머물고 있음은 괴상(壞相)이다. 총상 · 동상 · 성상의 삼상(三相)은 원융문(圓融門)이고, 별상 · 이상 · 괴상의 삼상은 항포문(行布門)이다.

이와 같이 육상을 통시적(通時的)으로 볼 수 있는 안목을 가져야 한다. 총상(總相)과 별상(別相)을 정확히 구분할 수 있어야 한다. 총상에서 보면 인간은 누구나 평등하다. 왜? 사람이기 때문이다. 그러나 별상에서 보면 인간 중에서도 남자와 여자의 구별이 있고, 어른과 어린아이, 부모와 자식의 차별이 있다. 평등 속에서 차별을, 차별 속에서 평등을 볼 수 있어야 한다. 여기서 말하는 차별은 현상계에 속하고, 평등은 본질계에 속한다고 할 수 있다.

　　초기경전에서는 사물의 있는 그대로의 모습을 볼 수 있는 지혜, 즉 여실지견(如實知見)을 갖추어야 한다고 강조하고 있다. 이것은 곧 현상과 본질을 동시에 혹은 구분하여 볼 수 있는 혜안(慧眼)을 갖추어야 된다는 말로 이해할 수 있을 것이다.

◉ 『昌原佛敎』 제51호(2002년 10월)

 ● 마음비움에 대한 사색

제2장 수행의 의미와 공덕

일부에서는 명상을 웰빙과 연계시켜 새로운 산업으로 육성시키고 있다. 그야말로 명상이 상업화의 길로 치닫고 있는 것이다. 이러한 명상의 상업화는 경계해야 할 명상의 역기능이다.

명상의 상업화 경계해야

웰빙(well-being)의 사전적 의미는 행복이나 안녕이다. 최근에는 바쁜 일상과 인스턴트식품에서 벗어나 건강한 육체와 정신을 추구하는 라이프스타일이나 문화 코드로 새롭게 해석되고 있다.

웰빙족은 스트레스와 바쁜 일상생활을 벗어나 여유롭고 풍요로운 생활을 추구한다. 웰빙은 미국에서 시작된 것이다. 90년대 전문 직업인으로 도시에 모여 살며 고소득을 올리는 젊은이들의 문화를 지칭하던 여피(yuppie, young urban professionals) 문화가 주춤하면서 새롭게 등장한 삶의 방식이다. 이 웰빙은 여피들의 생활이 너무 외형적인 스타일에 치중하였던 것을 비판하면서 새롭게 등장한 것이다.

그런데 이러한 웰빙이 상업적 목적으로 우리나라에 소개되었다. 즉 '잘 먹고 잘 살자'는 뜻으로 받아들여셨던 것이다. 웰빙이 일부 계층의 고급 취향의 소비문화로 정착되고 있는 것이다. 이것은 웰빙의 본래 취지와는 정반대의 현상으로 치닫고 있다.

원래의 웰빙은 고급 레스토랑이나 이국 취향의 가구가 상징하는 도회적인, 스타일리스트의 삶이 아니라 적게 쓰고 적게 먹고 보다 정신적인 것과 자연 친화적인 삶을 추구하는 것이다. 요컨대 물질적 풍요 속에서 잃어버린 자연적 건강을 회복하자는 것이다.

비싼 유기농 야채나 수입 제품의 고급 취향이 웰빙이 아니다. 소비를 늘리는 것이 아니라 소비를 줄임으로써 나 자신과 자연의 본래 건강성을 회복하고, 물질의 획득이 아니라 정신적인 향상을 통해 행복을 추구하는 것이 바로 웰빙의 근본 취지인 것이다.

진정한 웰빙은 삶의 스타일이 아니라 삶에 대한 태도이다. 붓다의 가르침대로 실천하는 삶이야말로 진정한 웰빙의 정신이라고 할 수 있다.

최근에는 웰빙의 유행과 함께 명상에 대한 관심도 크게 고조되었다. 그러나 일부에서는 명상을 웰빙과 연계시켜 새로운 산업으로 육성시키고 있다. 그야말로 명상이 상업화의 길로 치닫고 있는 것이다. 이러한 명상의 상업화는 경계해야 할 명상의 역기능이다.

그런데 진정한 의미의 웰빙은 물질적 풍요와 함께 건강한 육체와 건전한 정신을 소유하지 않으면 안 된다. 따라서 웰빙은 육체와 정신의 균형적인 발전 없이는 기대하기 어렵다. 그렇기 때문은 명상은 웰빙을 위해서도 꼭 필요한 것이다.

현대인들이 명상에 관심을 가지는 것은 명상이 가져다주는 순기능이 너무나 많기 때문이다. 이를테면 명상은 개인의 육체적·정신적 스트레스를 해소시켜 줄 뿐만 아니라 육체적 건강과 정신적 발전을 가져

 ● 마음비움에 대한 사색

다준다.

또한 명상은 완전한 정신적 휴식을 통해 높은 단계의 행복을 맛볼 수 있게 해준다. 그뿐만 아니라 명상은 사회의 많은 병폐들을 해결하고 바람직한 방향으로 나아가는 데 도움을 주기도 한다.

특히 불교의 명상, 즉 위빠사나 수행(vipassanā-bhāvanā)은 크게 두 가지 이익을 가져다준다. 첫째는 위빠사나 수행을 통해 보다 높은 정신적 경지에 도달할 수 있다. 즉 불교의 궁극적 목표인 완전한 깨달음, 즉 열반을 속히 증득할 수 있다.

둘째는 위빠사나 수행을 통해 개인의 육체적 건강과 정신적 발전은 물론 자신의 능력을 향상시킬 수 있다. 일반인들이 불교의 명상에 깊은 관심과 매력을 느끼는 것은 후자의 현세적 이익, 즉 당장 눈앞에 나타나는 변화를 직접 체험할 수 있기 때문이다.

◉ 『경남도민일보』 2004년 8월 2일자, 13면

자신의 주변 환경은 물론 몸과 마음가짐까지도 최적의 상태로 만들어야만 한다.
그래야 다른 잡념 없이 수행에만 전념할 수 있게 된다.

수행을 위한 선행 조건

유럽불교의 특징 가운데 하나는 재가자 중심의 수행불교라
는 점이다. 유럽인들은 자신의 종교와는 상관없이 불교의 수행에 깊은
관심을 갖고, 이러한 수행 프로그램에 적극적으로 참여하고 있다. 최
근에는 이러한 사람들의 수가 급격히 증가하였다고 한다. 이러한 현상
은 매우 반가운 소식이 아닐 수 없다.

현재 미국을 포함한 서구에서는 다양한 명상법들이 널리 성행하고
있다. 그 중에서 위빠사나 수행은 불교 고유의 수행법이다. 이 수행법
은 원래 깨달음을 얻기 위해 붓다께서 직접 고안한 것으로 알려져 있
다. 그런데 이러한 수행법이 현대인의 정신적 · 육체적 건강 증진에도
크게 도움이 된다는 사실이 유럽에 소개되면서 크게 주목받게 되었다.

물론 명상을 통해 얻게 되는 부수적인 효과가 없는 것은 아니다. 이
미 그 효과가 과학적으로 증명되고 있다. 그러나 이러한 부수적인 효

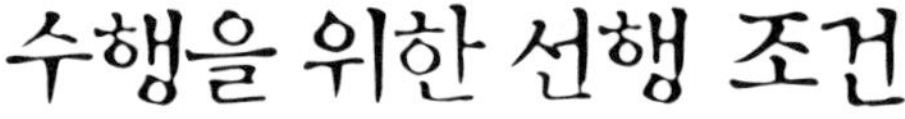 마음비움에 대한 사색

과를 얻기 위해 명상하는 것은 처음부터 그 목표가 잘못 설정된 것이기 때문에 권장할 일이 못 된다. 불교에 대한 근본적인 교리나 신앙심이 바탕 되지 않은 수행은 상업적으로 발전할 가능성이 농후하다. 실제로 서구에서는 명상이 상업화되어 있다.

한편 한국에서 위빠사나 수행이 각광을 받고 있는 것은 간화선에 대한 반작용 때문이라고 한다. 간화선의 요체는 화두에 있다. 화두는 간화선의 생명이기 때문이다. 그런데 오늘날과 같은 정보화 시대에는 화두에 대한 의심이 일어나지 않는다고 한다. 이것이 가장 큰 문제점으로 지적되고 있다. 사실 의심 없는 간화선은 이미 죽은 수행법이나 다름없다.

이러한 간화선에 대한 대안으로 떠오른 것이 바로 위빠사나 수행법이다. 그렇다고 해서 위빠사나 수행법에 함정이 없는 것은 아니다. 앞에서 지적한 바와 같이 처음부터 목적이 잘못 설정된 경우는 불교 발전에 전혀 도움이 되지 못한다는 사실도 간과해서는 안 될 것이다. 이러한 명상은 붓다의 본래 가르침에서 벗어날 염려가 있기 때문이다.

위빠사나 수행을 위해서는 선행되어야 할 조건들이 있다. 이것은 비단 위빠사나 수행뿐만 아니라 모든 수행에 다 적용되는 선행 조건이다. 불교의 모든 수행은 계(戒) · 정(定) · 혜(慧) 삼학(三學)의 체계로 이루어져 있다. 즉 선성과 지혜를 얻기 위해서는 지계가 그 전제 조건이 되어야만 한다. 간혹 계와 정이 없이도 관법(觀法)이 기능하다고 가르치는 사람도 있지만 이것은 매우 위험한 발상이다.

한때 우띠야(Uttiya)라는 존자가 병에 걸려 누워 있을 때, 붓다께서 문병을 갔다. 그때 우띠야는 세존께 다음과 같이 말했다.

"세존이시여! 제 병은 회복되지는 않고 점점 악화되고 있습니다. 오늘을 넘길지 내일을 넘길지 모르는 상태입니다. 그러니 죽기 전에, 네 번째의 깨달음인 아라한과를 얻어 모든 괴로움을 소멸시키기 위한 수행을 하고 싶습니다. 부디 제가 아라한과를 얻을 수 있도록 수행을 향상시킬 수 있는 짧은 가르침을 주시기 바랍니다."

그때 붓다께서는 우띠야에게 다음과 같이 일러주셨다.

"우띠야여, 너는 시작을 청정하게 해야 한다. 시작이 청정해지면 너는 그때 아라한과를 얻을 수 있을 것이다. 시작이란 무엇인가. 여기에서 시작이란 정화된 도덕적인 행위〔戒〕와 바른 견해〔正見〕를 말한다. 바른 견해란 인과의 법칙 또는 업의 법칙에 대한 믿음을 받아들이는 것이다.

우띠야여, 너는 도덕적인 행위와 바른 견해를 청정하게 해야 한다. 그러고는 정화된 도덕적 행위를 바탕으로 해서 네 가지 마음 챙김을 닦아야 한다. 이와 같이 수행하면 너는 괴로움의 소멸을 얻게 될 것이다."

이와 같이 붓다께서는 도덕적 행위의 청정, 즉 계청정(戒淸淨, sīla-visuddhi)을 강조하셨다. 왜냐하면 계청정은 위빠사나뿐만 아니라 마음 집중에서도 향상을 위한 기본적인 조건이 되기 때문이다. 도덕적 행위가 청정해질 때, 마음은 고요하고 맑아지며 행복해진다. 다시 말해서 도덕적 행위의 청정을 이루어야만 비로소 마음의 청정, 즉 심청정(心淸淨, citta-visuddhi)을 얻을 수 있게 된다는 것이다. 따라서 도덕적 행위의 청정은 수행자가 향상을 이루기 위해 갖추어야 할 선결 조건인 것이다.

   마음비움에 대한 사색

필자는 개인적으로 여기서 말하는 도덕적 행위의 청정에 수행 환경도 포함된다고 생각한다. 수행 환경이란 수행처 주변의 환경과 몸의 청결 상태 등을 말한다. 이를테면 주변이 어수선하고 몸에서 땀 냄새가 진동한다면 아무리 앉아 있어도 마음의 집중을 얻기 어렵다. 이것은 수행을 위한 준비가 필요하다는 의미이다. 물론 위빠사나 수행이 무르익으면 어느 곳 어느 때에나 가능하겠지만, 초보 단계에서는 외적인 영향을 더 많이 받는 것이 사실이다.

이러한 이유 때문에 초보 수행자에게는 주변 환경이 더 중요하다고 할 수 있다. 자신의 주변과 신변이 잘 정돈되어 있지 않으면 잡다한 생각이 일어나기 때문에 마음을 한곳에 집중할 수가 없게 된다. 즉 외형적인 환경이 내면의 평정을 방해하기 때문이다. 그러므로 본격적인 수행에 앞서 자신의 주변은 물론 몸과 마음가짐부터 깨끗이 할 필요가 있다. 이것이 곧 수행의 출발이다. 따라서 실제의 수행보다도 수행을 위한 준비 과정이 더욱 중요하다는 것이다.

이를테면 똑같은 사람임에도 불구하고 그 복장에 따라 자신의 마음가짐이 달라지는 것과 같다. 정장을 차려입었을 때와 작업복을 입었을 때의 마음가짐이나 행동이 달라지는 경우를 우리는 경험하게 된다. 이처럼 복장에 따라서도 자신의 마음가짐과 행동이 달라지는데, 어찌 외부의 환경에 전혀 영향을 받지 않을 수 있겠는가. 다른 종교에서 예배에 앞서 양치질하고 손과 얼굴을 씻는 행위도 모두 이러한 이유 때문이다.

이러한 준비 과정 없는 명상은 큰 효과를 기대하기 어렵다. 위빠사나 수행은 자신의 일거수일투족의 움직임을 하나도 놓치지 않고 있는 그대로 바라보는 것이다. 그러기 위해서는 자신의 주변 환경은 물론 몸과 마음가짐까지도 최적의 상태로 만들어야만 한다. 그래야 다른 잡념 없이 수행에만 전념할 수 있게 된다. 수행을 위한 이러한 모든 준비 과정이 곧 삼학의 계학(戒學)에 해당된다. 계가 갖추어지지 않으면 정과 혜를 얻을 수 없다는 것이 붓다의 가르침이다.

◉ 『호두 마을』 2006년 5 · 6월호, pp.22-25

● 마음비움에 대한 사색

불교의 수행법이 현대인의 정신적·육체적 건강 증진에 크게 도움이 된다는 사실이 유럽에 소개되면서 크게 주목받고 있다. 그리고 실제로 수행이 건강 증진에 도움이 된다는 사실이 과학적으로 증명되고 있다.

수행은 최상의 건강 관리법 

누구나 건강하게 오래 살기를 원한다. 그러나 이 지구상에는 원하지 않는 질병으로 고통을 받고 있는 사람들이 너무나 많다. 안타깝지만 어쩔 수 없는 일이다. 인간의 몸을 갖고 있는 한 그 누구도 질병으로부터 자유로울 수가 없기 때문이다. 어떤 질병은 인간의 의지와는 상관없이 불가항력적인 경우가 있다. 하지만 대개의 경우는 자신의 노력 여하에 따라 그 질병을 어느 정도는 사전에 예방하거나 차단할 수 있다.

지금은 의학의 발달로 어떤 질병은 어떤 원인에서 발병하게 된다고 밝혀져 있다. 그래서 그러한 질병에 걸리지 않기 위해서는 어떻게 생활해야 하는지도 널리 알려져 있다. 다시 말해서 어떻게 생활해야 건강한 삶을 영위할 수 있는지에 대해서 모두 다 잘 알고 있다. 이를테면 음주와 흡연, 그리고 마약과 같은 것이다.

그러나 범부들은 그것을 알면서도 실천에 옮기지 못하고 있다. 한마디로 자신의 잘못된 생활 습관 때문에 스스로 질병을 불러들이는 것이다. 모든 사람들이 건강하기를 원하지만, 건강하기를 원하는 만큼 건강관리에 만전을 기하지 않는다는 말이다. 필자도 이 부류에 속하는 사람이다.

붓다는 『양의경(良醫經)』에서 훌륭한 의사는 병의 상태, 병의 원인, 병의 치유, 병의 치료법을 잘 안다고 했다. 마찬가지로 여래는 위대한 의왕(醫王)으로서, 고(苦)·집(集)·멸(滅)·도(道)라는 사제(四諦)의 진리를 바르게 안다고 했다.

여기서 가장 중요한 것은 아는 것만으로는 충분하지 않다는 것이다. 병의 원인을 알았으면 그것을 치료하고 다시는 병에 걸리지 않도록 노력해야 하는 것이다. 그렇지 않으면 아무런 이익이 없다.

한편 인간의 육체와 정신은 불가분의 관계에 있다. 육체가 건강해야 건전한 정신을 소유할 수 있다고 말하는 사람이 있다. 반대로 정신이 건전해야 건강한 육체를 소유할 수 있다고 말하는 사람이 있다. 둘 사이의 선후 관계를 논하는 것은 달걀과 닭의 선후 관계를 논하는 것과 같이 무의미한 것이다. 불교에서는 건강한 육체와 건전한 정신을 동시에 유지하는 것이 최상의 길이라고 가르치고 있다.

대부분의 사람들은 육체적 건강에는 지나칠 정도로 깊은 관심을 기울인다. 그러나 정신적 건강에는 상대적으로 소홀히 하는 사람들이 많이 있다. 아무리 건강한 육체를 가지고 있다고 할지라도 정신적으로 문제가 있다면 온전한 사람이라 할 수 없다. 그리고 정신적으로 극심한 스트레스에 시달린다면 순식간에 몸은 망가지고 만다. 이런 측면에서 보면 육체적 건강보다도 오히려 정신적 건강이 더욱 중요한 것이다.

 ● 마음비움에 대한 사색

건강한 육체와 건전한 정신을 소유하고자 하는 사람은 먼저 계율을 지키고 수행하기를 권한다. 수행은 건강한 육체와 건전한 정신을 얻기 위한 최상의 방법이라고 알려져 있다. 불교의 수행법이 현대인의 정신적·육체적 건강 증진에 크게 도움이 된다는 사실이 유럽에 소개되면서 크게 주목받고 있다. 그리고 실제로 수행이 건강 증진에 도움이 된다는 사실이 과학적으로 증명되고 있다.

그런데 수행은 지계(持戒)가 선행되어야 한다. 일반적으로 계를 지킨다는 것은 '도덕적 행위'를 실천한다는 말이다. 지계를 다른 말로 '심신(心身)의 조절'이라고 말한다. 계율을 지킴으로써 건강한 신체와 건전한 정신을 유지할 수 있기 때문이다. 이처럼 몸과 마음을 조절하는 것을 지계(持戒)라고 한다. 최상의 컨디션을 유지하기 위해서는 신체적으로는 건강하고, 정신적으로는 안정되어 있어야 한다. 그래야만 어떠한 일도 완전하게 실행할 수 있게 된다.

흔히 계율은 자신을 얽어 매는 속박이라고 생각하기 쉽다. 하지만 계율은 자신을 보호하는 호법신장과 같은 것이다. 또한 계율은 자신의 모든 재앙을 소멸시키는 묘약이다. 그러므로 일상생활에서 기본적인 오계만 잘 지켜도 건강한 삶을 유지할 수가 있게 된다.

간혹 수행 도중에 병을 얻었다고 말하는 사람들이 있다. 이것은 잘못된 수행을 하였거나 아니면 어느 한곳에 치우친 수행을 했기 때문일 것이다. 올바른 수행을 했는데 건강을 잃었다는 것은 도서히 있을 수 없는 일이다. 그것은 잘못 수행한 그 사람의 허물이지 수행 자체에 잘못이 있는 것은 아니다. 잘못된 수행이란 몸과 마음의 균형이 파괴된 것을 말한다.

인간의 육체를 지탱하기 위해서는 음식물이 꼭 필요하다. 음식물이 인체에 직접 혹은 간접적으로 영향을 미치는 것은 사실이다. 그러나 음식물이 절대적인 것은 아니다. 그럼에도 불구하고 현대인들은 음식물에 너무 크게 의존하는 것 같다.

무슨 음식이든 그것을 고맙게 생각하고 먹는다면 몸에 이로움을 가져다줄 것이다. 그러나 아무리 좋은 음식이라도 나쁜 생각으로 먹는다면 독이 될 수도 있는 것이다. 그러므로 너무 좋은 음식을 먹어야 건강해진다는 생각도 버려야 할 것이다. 오히려 거친 음식이 더욱 좋은 음식이 될 수도 있기 때문이다.

붓다는 『숫따니빠따(經集)』에서 "일에 질서가 있어 혼란하지 않는 것, 이것이 더없는 행복이다"라고 말씀하셨다. 이것은 자신의 주변이 잘 정돈되어 있고 순서에 따라 업무를 처리하면 혼란스러울 것이 없다는 말씀이다. 우리의 일상은 똑같은 생활의 반복이다. 규칙적인 생활을 통해 안정을 유지할 수 있게 된다. 이것이 바로 몸과 마음을 바르게 관리하는 최선책인 것이다.

또한 붓다는 수행을 통해 곧은 마음이 되면 깊은 법의 이익과 깊은 이치의 이익을 얻고, 저 하늘 이익에 대한 기쁨을 얻게 된다고 했다. 기뻐하고 흐뭇해지고는 몸이 편하며, 몸이 편하고는 느낌이 즐거워지고, 느낌이 즐거워지고는 마음이 고요해진다. 마음이 고요해지면 그 어떤 장애 없이 법의 흐름에 들어가 하늘을 생각하는 힘에 배어 열반으로 나아가게 된다고 했다. 이와 같이 수행은 최상의 건강 관리법임을 알 수 있다.

◉ 『불광』 2006년 8월호, pp.48-51

수행이란 번뇌를 제거하여 마음의 청정을 얻기 위한 노력이라고 할 수 있다. 그런데 이러한 마음의 청정을 막는 장애물들을 잘 극복하지 않으면 타락한 수행자나 인생의 패배자가 되고 만다.

다섯 가지 장애[五蓋]

내가 처음 불교를 접했을 때 만났던 스님 중의 한 분은 오랫동안 나의 기억 속에 남아 있었다. 그는 선방의 수좌였다. 그의 형색은 언제나 거지와 같았지만 수행자로서의 기품과 멋이 넘쳤다. 그는 사시사철 누더기 한 벌로 생활했고, 그의 소유물은 빛바랜 바리때와 대금 한 자루가 전부였다.

어느 날 그의 처소를 방문했을 때, 그는 이불을 뒤집어쓰고 있었다. 왜 그렇게 있느냐고 물었다. 한 벌뿐인 누더기를 빨았는데 아직 마르지 않아서 옷이 마를 때까지 밖에 나가지 못하고 있다는 것이었다. 무소유의 진정한 수행자의 모델이 바로 그 스님이있다.

그런데 십여 년이 지난 뒤, 서울의 인사동 골목에서 그를 만났다. 그가 먼저 나를 알아보고 불러 세웠다. 사세히 보니 내가 언제나 동경해 왔던 그 스님이었다. 하지만 그의 모습은 승복 바지에 잠바를 걸치고 모자를 눌러쓴 비승비속(非僧非俗)의 차림새였다. 그에게서 옛날 선방 수좌의 고고했던 기품은 찾아볼 수가 없었다.

그는 예전에 자기가 사 두었던 서울의 달동네 나대지에 아파트가 들어서면서 많은 보상을 받았다고 했다. 그 돈으로 점포도 하나 사고 넓은 평수의 아파트도 소유하게 되어 별다른 어려움 없이 생활하고 있다고 말했다. 그후로 그 스님에 대한 아름다웠던 나의 환상은 모두 사라졌다.

또 다른 스님은 나와 한 문중이었기 때문에 오랫동안 매우 가깝게 지냈다. 그는 출가 후 줄곧 참선에만 전념한 선승이었다. 그러다가 어떤 기회에 퇴락한 고찰의 주지를 맡게 되었다. 그는 곧바로 대웅전 중창 불사를 시작했다. 그리하여 길이 남을 훌륭한 대웅전을 지었다. 그리고 도량의 변모도 잘 가꾸었다. 그는 불사를 회향하는 날, 다른 스님에게 주지 자리를 넘겨주고 자신은 토굴에 들어가 정진하였다.

그후 몇 년이 지난 뒤, 우연히 길에서 그를 만났다. 나는 반가워 최근의 근황에 대해 물었다. 그는 요즘 해외여행도 하고 골프를 치며 소일하고 있다고 말했다. 그는 나에게 골프 예찬론을 펼쳤다. 그의 고급차에는 값비싼 골프채와 각종 레저 용품들이 가득 차 있었다. 그후 나는 다시 그를 만나지 않았다. 서로 가는 길이 전혀 다르기 때문이다.

또 다른 어떤 스님은 '중 벼슬 닭 벼슬보다 못하다' 라고 스스로 입버릇처럼 말하면서도 보잘것없는 직위를 놓지 못하고 온갖 변명을 늘어놓는다. 그는 그 자리를 빼앗기지 않기 위해 지금도 노심초사하고 있다. 각종 행사장에서 내뱉는 그의 언행에 대해 남이 욕하는지에 대해서 자신은 전혀 모른다. 그는 추악한 권력승의 전형적인 모습으로 변

  ● 마음비움에 대한 사색

해 버렸다.

지금까지 내가 만났던 수많은 스님 중에 중도에 환속하거나 자살 또는 타락한 스님들을 많이 목격하였다. 그들도 처음에는 그렇게 될 것이라고 생각하지는 않았을 것이다. 그러나 자신도 모르는 사이 그렇게 타락해 버렸다. 끊임없이 자기를 관리하지 않으면 수행자의 삶에서 벗어나고 만다. 그래서 나는 늘 나를 단속하고 단속한다.

그런데 우리 주변에는 실제로 수행의 길을 가로막는 장애물들이 너무나 많다. 조금만 방심하면 숨어 있던 장애물들이 나타나 퇴보하게 만든다. 수행이란 번뇌를 제거하여 마음의 청정을 얻기 위한 노력이라고 할 수 있다. 그런데 이러한 마음의 청정을 막는 장애물들을 잘 극복하지 않으면 타락한 수행자나 인생의 패배자가 되고 만다.

불교에서는 정신적 발전 혹은 수행의 길을 막는 장애물들을 다섯 가지로 압축하였다. 이 '다섯 가지 장애'를 오개(五蓋, pañca-nīvaraṇa) 혹은 오장(五障, pañca-āvaraṇa)이라고 부른다. 즉 감각적 욕망(kāmacchanda, 欲愛)·악의(vyāpāda, 瞋恚)·게으름과 나태(thīna-middha, 昏沈)·불안과 근심(uddhacca-kukkucca, 掉擧)·회의적인 의심(vicikicchā, 疑心) 등이 그것이다.

이 다섯 가지는 어떤 종류의 명백한 이해, 사실상 어떤 종류의 진전에도 장애가 되는 것으로 간주된다. 이 다섯 가지에 압도되거나 그것들을 어떻게 벗어나는지 알지 못할 때, 우리는 옳음과 그름 혹은 선과 악을 이해할 수 없게 된다. 이 다섯 가지는 수행을 방해하는 다섯 가지 심리 상태라고도 표현한다. 이러한 심리 상태에서는 불교도로서 바른 삶으로 나아가려는 우리의 노력을 가로막거나 아예 노력 자체를 수포로 만들어 버리곤 한다.

이러한 다섯 가지 장애는 수행에 있어서 정신적인 발전은 물론 세속적인 발전의 문마저도 닫아 버린다. 붓다는 원래 이것들을 명상 수행 과정에서의 주된 장애라고 가르쳤다. 하지만 조금만 반성적으로 사유해 보면 이것들이 세속적인 일에서도 마찬가지로 성공을 가로막는다는 사실을 알 수 있다.

경전에서는 다섯 가지 장애 중에서 감각적 욕망과 악의는 계(戒)를 방해하고, 게으름과 나태는 혜(慧)를 방해하고, 불안과 근심은 정(定)을 방해하고, 회의적인 의심은 사제(四諦)를 의심하는 것으로 해탈(解脫)과 해탈지견(解脫知見)을 방해한다고 했다. 따라서 완전한 내적 깨달음에 필요한 선정과 근행정(近行定, upācāra-samādhi)을 이루기 위해서는 반드시 이 다섯 가지 장애를 먼저 물리쳐야 한다고 가르치고 있다.

이러한 다섯 가지 장애들은 우리가 성숙해 가는 과정 속에서 부딪치는 가장 큰 걸림돌이다. 이것들은 우리의 마음에서 이해심과 행복을 빼앗아 버리고 불필요한 고통을 안겨 준다. 이 다섯 가지 장애는 수행뿐만 아니라 세속의 업무에도 적용되는 가르침이다. 어떤 일에도 집중하지 못하고 방황하는 것도 모두 이 다섯 가지 장애 때문이다.

다른 경전에서는 이 다섯 가지 장애는 다섯 가지 능력〔五力, pañca-balāni〕으로써 그것을 극복할 수 있다고 한다. 오력이란 신력(信力)·정진력(精進力)·염력(念力)·정력(定力)·혜력(慧力) 등이다. 이러한 다섯 가지 능력을 계발하고 지속적으로 노력해 간다면 누구나 자신의 해로운 영향력을 점차 줄여 나갈 수 있을 것이다.

◉ 『호두 마을』 2006년 11 · 12월호, pp.22-25

 ● 마음비움에 대한 사색

우리 인생은 목표를 향해 끊임없이 앞으로 나아가는 하나의 과정에 불과하다. 그 목적지에 도달하거나 도달하지 못하거나 하는 것은 별로 중요하지 않다. 정진하는 자세가 중요한 것이다.

정진은 붓다의 마지막 유훈(遺訓)

불교는 닦음과 깨달음의 종교이다. 불교에서는 '어떻게 닦을 것이며 어떻게 깨달을 것인가' 라는 '닦음과 깨달음' 의 문제를 중요하게 여긴다. 이 닦음과 깨달음의 이론을 수증론(修證論)이라 한다. 깨달음 이전의 닦음이든 깨달음 이후의 닦음이든 모든 수행 과정상의 닦음 자체를 정진바라밀(精進波羅蜜)이라고 한다.

불교에서 말하는 정진은 육바라밀 중의 하나로서 이 세상에서 가장 수승한 불법의 진리를 닦아 이를 널리 세간에 펴고자 하는 집중적인 노력을 말한다. 다시 말해서 정진은 깨달음을 향한 노력인 동시에 위없는 진리를 향해 쉼 없이 나아간다는 의미를 갖고 있다.

우리가 세속의 생활을 영위함에 있어서도 그 뜻하는 바를 관철하기 위해서는 피나는 노력이 뒤따라야 한다. 하물며 깨달음을 성취하고자 함에 있어서야 어찌 정진하지 않고 목적하는 바를 이룰 수 있겠는가?

그래서 부처님께서는 『열반경』에서 "게으름은 온갖 악의 근본이요, 부지런함은 온갖 선의 근원이다"라고 강조했던 것이다.

정진을 의미하는 팔리어 단어로 위리야(viriya), 와야마(vāyāma), 앗빠마다(appamāda) 등이 있다. 위리야(viriya)는 '원기', '노력', '정진', '힘' 등의 뜻을 갖고 있다. 와야마(vāyāma)는 '고투하다', '노력하다', '힘쓰다'라는 동사 와야마띠(vāyamati)에서 나온 말이다. 또한 앗빠마다(appamāda)라는 단어는 '주의 깊음', '열심', '진지함', '불방일(不放逸)'이라는 의미를 가지고 있다. 이 세 단어는 모두 '게으르지 않고 열심히 노력한다'는 뜻을 가지고 있다.

불교에서 정진이라는 말이 차지하는 비중은 매우 높다. 경전 도처에서 부처님은 기회 있을 때마다 제자들에게 정진을 강조했다. 깨달음의 일곱 가지 요소[七覺支, bojjhaṅga] 가운데 하나가 정진각지(精進覺支, viriya-sambojjhaṅga)이고, 여덟 가지 성스러운 길[八正道] 가운데 하나가 정정진(正精進, sammā-vāyāma)이다. 한편 수행의 다섯 가지 장애(五蓋, nīvaraṇa) 가운데 하나로 '게으름과 나태'를 지목하고 있다.

불교의 온갖 수행을 한마디로 정진이라고 할 수 있다. 모두 깨달음을 향해 앞으로 나아가기 때문이다. 특히 대승불교에서는 다양한 수행 방법들이 제시되어 있다. 이러한 수행 정진을 통해 궁극적으로는 깨달음을 성취하게 되는 것이다.

부처님께서 이 세상을 떠나면서 마지막 남긴 말씀도 바로 이 정진에 관한 가르침이다. 팔리어 『대반열반경』에서 부처님은 이렇게 말씀하셨다.

 ● 마음비움에 대한 사색

조건 지어진 모든 것은 쇠멸(衰滅)한다.
너희들은 열심히 노력하여 완성시켜라.
(Vayadhammā saṅkhārā, appamādena sampādetha.)

이 말씀의 핵심은 게으르지 말고 열심히 정진하라는 내용이다. 게으르지 않고 열심히 정진하다 보면 언젠가는 나(부처님)와 같이 너희들도 깨달을 수 있을 것이라는 말씀이다. 이 세상을 하직하면서 마지막으로 사랑하는 제자들에게 '열심히 정진하라' 는 말 외에 무엇을 더 말할 수 있겠는가?

필자가 개인적으로 가장 좋아하는 불교 용어가 '정진(精進)'이다. 정진이라는 단어 속에는 불교도의 생활 철학이 담겨 있다. 정진하는 사람은 성급하게 결과를 추구하지 않는다. 정진하는 사람은 일확천금을 꿈꾸지 않는다. 정진하는 사람은 대가 없는 공짜를 기대하지 않는다. 정진하는 사람은 기복적인 신앙에 매달리지 않는다. 정진하는 사람은 교만한 생각을 일으키지 않는다. 정진하는 사람은 말부터 앞세우지 않는다. 정진하는 사람은 단박 무엇인가 얻을 수 있을 것이라는 헛된 망상을 피우지 않는다.

우리 인생은 목표를 향해 끊임없이 앞으로 나아가는 하나의 과정에 불과하다. 그 목적지에 도달하거나 도달하지 못하거나 하는 것은 별로 중요하지 않다. 정진하는 자세가 중요한 것이다. 그런데 현대인들은 노력하지 않고 쉽게 모든 것을 빨리 얻으려고만 한다. 복권과 경마, 도박과 증권 등을 통해 일확천금을 얻겠다고 목을 매달고 있는 사람들이 우리 주변에는 너무나 많다. 정진은 사행심(射倖心)을 몰아내는 묘약이다. 허황된 생각으로 노력하지 않는 것은 개인적으로도 불행한 일이다. 그러한 사람들이 많은 사회는 결코 건전한 사회가 될 수 없다.

우리 불교계도 마찬가지다. 한국불교도의 대부분은 돈오(頓悟) 사상에 심취되어 있다. 누구나 단박 깨달을 수 있다고 말한다. 상근기(上根機)의 불자는 가능할 것이다. 그러나 이러한 사상은 정진의 정신을 퇴색시킬 염려가 있다. 그보다는 한 단계 한 단계 앞으로 나아가기 위해 열심히 노력하는 정진의 정신이 오히려 이 시대에 더욱 요망되는 것은 아닐까?

◉ 『설법』 제149호(2002년 12월호)

16

"부지런함은 감로(甘露=不死)의 길이요, 게으름은 죽음의 길이다. 부지런한 사람은
죽지 않지만, 게으른 사람은 죽은 거나 마찬가지다."

정진은 불사(不死)의 길

우리가 몸담고 있는 이 사바세계는 언제나 시끄럽다. 나라
안팎으로 큰 뉴스들이 넘쳐나고 있다. 연말연시라 주변의 분위기도 매
우 어수선하다. 매스컴에서는 한 해를 되돌아보면서 '다사다난(多事多
難)'했던 한 해였음을 강조하고 있다. 하지만 언제 다사다난하지 않았
던 해가 있었던가. 수행하는 사람은 시류(時流)에 휩쓸려 다녀서는 안
된다. 주변이 혼란스러울수록 더욱 정진(精進)의 끈을 바짝 당겨야만
한다.

조계종 종정 법전 스님은 정해년(2007) 신년법어에서 "구하고 찾지
마라. 산하대지(山河大地)가 그대들의 보고(寶庫)이니라"라고 설파했
다. 한국의 선사들은 대부분 법상에 오르면 주장자를 세 번 치고, "산
승이 법상에 오르기 전에 이미 법은 다 설해 마쳤다. 모든 존재가 본래
부처이기 때문에 더 이상 설할 것도 새삼스럽게 닦을 것도 없다"라고

자주 말한다. 이것은 '본각사상(本覺思想)'을 드러낸 것이다.

그러나 이러한 법어를 일반 대중들이 얼마나 소화할 수 있을지는 의문이다. 아마 크게 도움이 되지 못할 것이라고 생각한다. 이러한 본각사상을 강조하면 강조할수록, 오히려 '수행의 무용론' 혹은 '정진의 불필요성'으로 오해할 소지만 높아질 뿐이다. 차라리 부처님처럼 제자들에게 '게으르지 말고 열심히 정진하라'고 일러준다면 얼마나 좋을까 혼자 생각해 본다.

붓다는 처음부터 끝까지 제자들에게 정진만이 불사(不死)의 길임을 강조하였다. 즉 "부지런함은 감로(甘露＝不死)의 길이요, 게으름은 죽음의 길이다. 부지런한 사람은 죽지 않지만, 게으른 사람은 죽은 거나 마찬가지다."(『법구경』21) 또한 붓다는 입멸 직전 제자들에게 "조건 지어진 모든 것은 쇠멸(衰滅)한다. 너희들은 열심히 노력하여 완성시켜라"라고 당부했다. 이것이 저 유명한 붓다의 마지막 유훈이다.

불교의 궁극적 목표는 수행을 통해 열반을 증득하는 데 있다. 다시 말해서 괴로움으로부터 벗어나 해탈하는 것을 최고의 목표로 삼는다. 그러나 그 목표를 향해 나아가는 것을 방해하는 것들이 도처에 숨어 있다. 이러한 것을 불교에서는 '장애(障碍)'라고 부른다. 누구든지 이러한 장애를 극복하지 않으면 결코 열반을 증득할 수가 없게 된다. 따라서 수행이란 한마디로 장애의 극복이라고 할 수 있다.

경전에서는 다섯 가지 힘〔五力〕, 여덟 가지 성스러운 길〔八正道〕, 네 가지 바른 노력〔四正勤〕 등에 의해 장애들을 극복할 수 있다고 말한다. 그 중에서 특히 사정근(四正勤)은 불건전한 것을 버리고 건전한 것을 추구하는 노력이기 때문에 주목할 필요가 있다. 사정근은 방지의 노력, 버림의 노력, 수행의 노력, 수호의 노력 등이다.

방지의 노력〔律儀勤, saṁvarappadhāna〕이란 아직 일어나지 않은 불건전한 상태의 발생을 방지하는 것을 말한다. 버림의 노력〔斷勤, pahānappadhāna〕이란 이미 일어난 불건전한 상태를 버리는 것을 말한다. 수행의 노력〔修勤, bhāvanāppadhāna〕이란 아직 일어나지 않은 건전한 상태를 일으키는 것을 말한다. 수호의 노력〔守護勤, anurakkha-nāppadhāna〕이란 이미 일어난 건전한 상태를 유지하는 것을 말한다.

여기서 말하는 불건전한 상태〔不善法, akusala-dhamma〕는 행위를 유발하건 유발하지 않건 간에 오염된 사유, 감정, 의도 등의 마음의 상태를 말한다. 반면 건전한 상태〔善法, kusala-dhamma〕는 해탈로 이끄는 오염되지 않은 마음의 상태를 말한다. 결국 불건전한 것은 해탈에 장애가 되는 것으로 방지하고 버려야 하는 속박의 연기에 속하는 것이며, 건전한 것은 해탈에 도움이 되는 것으로 지속시키고 계발해야 하는 해탈의 연기에 속하는 것이다.

한편 사정근을 『청정도론(淸淨道論)』에서는 다음과 같이 설명하고 있다. 즉 "이것으로써 그들이 노력하기 때문에 노력이라 한다. 아름다운 노력을 바른 노력〔正勤〕이라 한다. 혹은 이것으로써 바르게 노력하기 때문에 바른 정근이라 한다. 혹은 오염원의 추함이 없기 때문에 아름다움이라 하고, 이익과 행복을 생기게 한다는 뜻에서 수승한 상태를 얻게 하고 우위의 상태를 주기 때문에 노력이라 한다. 그래서 바른 노력(sammappadhāna)이다. 이것은 정진(viriya)의 동의어이다. 이것은 이미 일어난 해로운 법들을 버리고, 아직 일어나지 않은 해로운 법들을 일어나지 않도록 하는 역할을 하고, 아직 일어나지 않은 유익한 법들을 일어나게 하고, 이미 일어난 유익한 법들을 지속하는 역할을 성취하기 때문에 네 가지가 있다. 그러므로 네 가지 바른 노력〔四正勤〕이라 한다."

칠불통계(七佛通誡)로 알려져 있는 "모든 악은 끊어 버리고, 뭇 선은 받들어 행하라〔諸惡莫作 衆善奉行〕"라는 가르침도 불건전한 상태를 버리고 건전한 상태를 추구하는 노력을 말한 것이라고 할 수 있다. 수행법으로 제시된 삼십칠조도품(三十七助道品) 중에서 가장 많이 언급되고 있는 항목이 바로 정진(精進, viriya)이다.

또한 오력, 팔정도, 사정근 등은 모두 정진을 강조하고 있다는 공통점을 갖고 있다. 사실 수행에 있어서 가장 중요한 것은 정진이다. 정진력(精進力, viriyabala)에 의해 오염된 마음을 해탈된 마음으로 바꿀 수 있기 때문이다. 따라서 정진만이 모든 장애를 극복하고 열반을 증득할 수 있는 최상의 길임은 말할 나위 없다.

붓다는 제자들에게 '무소의 뿔처럼 혼자서 가라'고 했다. 이것은 잡다한 인연에 끌려다니지 말고, 오직 자신의 목표를 향해 무소의 뿔처럼 혼자서 열심히 정진하라는 뜻이다. 각자 자신의 위치에서 최선을 다한다면 나날이 발전하게 될 것이다.

◉ 『호두 마을』 2007년 1·2월호, pp.22-25

 ● 마음비움에 대한 사색

수행은 가능한 한 감각적 본능을 차단해야 하지만 운전은 가능한 한 감각적 본능을 활용해야 된다. 그리고 수행은 두 가지 일을 동시에 해서는 안 되지만 운전은 두 가지 이상의 일을 동시에 실행해야만 한다.

운전과 수행

남방불교에서는 스님이 직접 운전을 하지 않는다. 운전을 하지 말라고 율장에 명시되어 있는 것은 아니지만 상좌부 승단에서는 스님의 운전을 허용하지 않는다. 그 이유는 하나의 사회적 관습에서 비롯된 것으로 보인다. 우리의 입장에서 보면 선뜻 이해가 되지 않는다. 현대 생활에서 운전은 거의 필수적이기 때문이다.

필자도 몇 년 전까지만 해도 운전을 하지 못했다. 하지만 현대인으로 살기 위해서는 어쩔 수 없이 운전을 배우지 않을 수 없었다. 필자가 이처럼 늦게 운전을 배운 것은 남방불교의 전통 때문이 아니라 처음부터 운전에 자신이 없었기 때문이었다. 지금도 가장 하기 싫은 일 가운데 하나가 운전이다.

그런데 실제로 운전을 하면서 운전은 수행에 막대한 지장을 초래한다는 사실을 깨닫게 되었다. 수행의 길과 운전의 길은 정반대의 원리로 작용하기 때문이다. 수행은 가능한 한 감각적 본능을 차단해야 하지만 운전은 가능한 한 감각적 본능을 활용해야 된다. 그리고 수행은 두 가지 일을 동시에 해서는 안 되지만 운전은 두 가지 이상의 일을 동시에 실행해야만 한다.

모든 수행은 산란한 마음을 가라앉혀 마음을 집중하는 데 초점이 맞추어져 있다. 마음을 집중해야만 선정(禪定)을 얻을 수 있고, 선정을 이루어야만 비로소 사물의 있는 그대로의 본성을 꿰뚫어 볼 수 있는 지혜를 얻게 된다. 특히 위빠사나 수행은 몸〔身〕· 느낌〔受〕· 마음〔心〕· 마음의 대상〔法〕에서 일어나는 미세한 모든 현상을 관찰한다. 즉 '지금 여기서' 일어나는 모든 현상을 하나도 놓치지 않고 알아차리는 훈련을 한다. 위빠사나 수행을 다른 말로 '알아차림' 혹은 '마음 챙김'이라고 말하는 까닭이 바로 여기에 있다.

위빠사나 수행의 핵심 요체는 볼 때는 오직 봄만이, 들을 때는 오직 들음만이, 냄새 맡을 때는 오직 냄새 맡음만이, 맛을 볼 때는 오직 맛봄만이, 접촉할 때는 오직 감촉만이, 생각할 때는 오직 생각함만이어야 한다. 한마디로 수행의 요체는 두 가지 일을 동시에 해서는 안 된다. 두 가지 일을 동시에 실행하면 마음의 집중을 이룰 수 없게 되기 때문이다.

인간은 눈〔眼〕· 귀〔耳〕· 코〔鼻〕· 혀〔舌〕· 몸〔身〕의 다섯 가지 감각 기관을 통해 형체〔色〕· 소리〔聲〕· 냄새〔香〕· 맛〔味〕· 감촉〔觸〕의 다섯 가지 대상을 인식하게 된다. 그런데 이러한 인식은 동시에 일어나는 것 같지만 실제로는 그렇지 않다. 아주 짧은 시차적 간격이 있다. 그 시차적 간격이 너무나 짧기 때문에 거의 동시에 일어나는 것처럼 착

   ● 마음비움에 대한 사색

각할 뿐이다. 즉 모든 현상은 동시에 일어나는 것이 아니며, 또 동시에 인식할 수 있는 것도 아니다.

반면 운전은 수행과 같은 방법으로 실시해서는 안 된다. 그렇게 하면 교통사고를 일으킬 확률이 100%가 넘는다. 운전은 인간의 다섯 가지 감각 기관을 최대한 활용해야 한다. 눈은 사방을 살펴야 한다. 전방을 주시하면서 룸미러와 양쪽 백미러를 통해 후방과 양 측면을 모두 관찰해야 한다. 그리고 손은 핸들을 잡고 발은 가속 페달과 브레이크를 번갈아 밟으면서 강약을 조절해야 한다.

그러면서 동석한 사람과 대화도 나누고 음악도 듣는다. 내 차량의 속도만 봐서도 안 되며, 뒤따라오는 차량의 속도까지 계산해야 한다. 그래야 앞지르기를 할 수 있을 것인가 등을 판단할 수 있게 된다. 이러한 일련의 행위는 위빠사나의 수행처럼 자신이 알아차린 뒤에 행동에 옮긴다면 이미 사고가 난 뒤의 일이 될 것이다.

간화선 수행도 마찬가지이다. 간화선은 단 한순간도 화두를 놓쳐서는 안 된다. 자나깨나 화두가 성성(星星)해야 한다. 한마디로 오매일여(寤寐一如)가 되지 않으면 참된 수행이라고 할 수 없다. 그러나 운전을 하면서 마음이 어느 한 대상에 집중해서는 절대로 안 된다. 그것은 곧 죽음을 의미한다.

실제로 필자는 어느 날 운전을 하는 도중 한 생각에 몰두해 있었다. 순간 나 자신이 운전을 하고 있다는 사실 자체를 잊어버렸다. 빨간 신호등이 켜진 것도 인지하지 못했다. 그냥 차는 달리고 있었다. 경적 소리에 놀라 순간적으로 핸들을 급히 돌려 대형 사고를 피할 수 있었다. 그때를 생각하면 지금도 아찔하다.

수행에 장애가 되는 요소는 여러 가지가 있다. 일반적으로 오장(五障) 혹은 오개(五蓋)라고 부르는 다섯 가지 장애가 언급되고 있다. 다섯 가지 장애란 감각적 욕망·악의·게으름과 나태·불안과 근심·회의적인 의심 등이다. 이것을 한문으로는 욕애(欲愛)·진에(瞋恚)·혼침(昏沈)·도거(掉擧)·의심(疑心)이라고 표현한다. 이 다섯 가지는 마음의 완전한 집중을 방해한다.

그런데 운전은 이러한 다섯 가지 장애보다도 더 큰 장애를 일으킨다. 운전은 수행과는 정반대로 감각적 본능과 반사 신경에 주로 의존하기 때문이다. 다시 말해서 운전을 잘한다는 것은 감각적 반사 신경이 뛰어나다는 것을 의미한다. 이것은 수행과는 거리가 멀다. 수행은 일거수일투족의 움직임을 알아차려야 한다. 자신의 행위를 자기 자신이 바라보고 있어야 한다. 그런데 운전은 그렇게 하면 큰일난다.

현대인들은 거의 대부분 수행과는 역행하는 쪽으로 생활하고 있다. 이를테면 눈으로는 텔레비전을 시청하고, 귀로는 음악을 듣고, 입으로는 음식을 먹으면서 대화도 나눈다. 이러한 모든 일을 동시에 하지만 실제로는 아무것도 한 것이 아니다.

수행은 가능한 한 본능적 감각을 차단하고 순간순간 일어나는 마음의 흐름을 있는 그대로 관찰하여 자기 자신이 통제할 수 있도록 훈련하는 것이다. 그러나 운전은 그 반대의 원리로 작용한다. 그러므로 수행 중이거나 수행을 하고자 할 때는 가급적 운전을 피하는 것이 좋을 것이다. 다만 수행이 완성된 뒤에는 운전도 자유자재로 가능할 것이다. 하지만 나는 아직 운전도 초보이고 수행도 시작 단계에 있다.

◉ 『지혜의 말씀』 제309호(2006년 4월), pp.8-10

 ● 마음비움에 대한 사색

각 개인도 1년에 한두 차례 자신을 되돌아볼 수 있는 기회를 가져야만 한다. 그래야
만 육체적·정신적 퇴보를 막을 수 있다. 이런 의미에서 보면 안거는 재충전의 기간
이라고 말할 수 있다.

결제(結制)의 현대적 의미

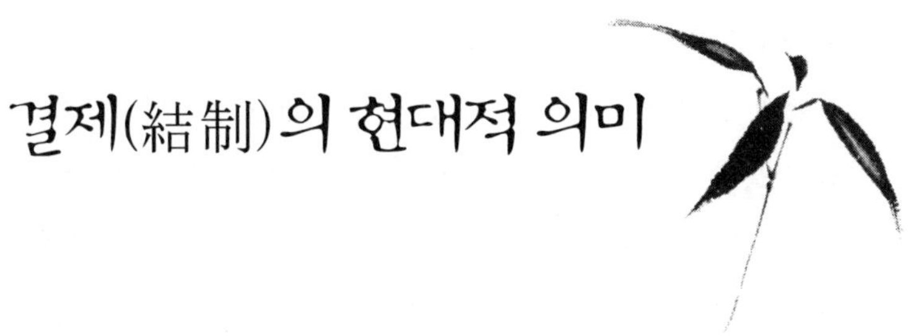

결제(結制)란 '안거(安居)의 제도를 맺는다'는 말이다. 다른 말로 '결하(結夏)', '입제(入制)'라고도 부른다. 결하는 여름 안거를 시작한다는 뜻이다. 즉 안거를 시작하는 것을 결제(結制)라 하고, 반대로 안거를 끝내는 것을 해제(解制)라고 한다.

이와 같이 안거와 결제 및 해제는 별도로 분리하여 설명할 수 있는 것이 아니다. 안거라는 제도가 있었기에 안거를 시작한다는 의미의 결제와 안거를 마친다는 의미의 해제라는 말이 만들어진 것이다.

안거(安居)는 범어 와르시까(vārṣika), 팔리어 왓사(vassa)의 번역어인데, 우기(雨期)라는 뜻이다. 즉 안거는 붓다의 제자들이 시기를 정하여 일정한 장소에 머물면서 수행 정진하는 것을 말한다. 이러한 안거의 제도는 고대 인도의 관습이었다. 외도(外道)들도 우기 3개월 동안은 안거를 실시했다. 이처럼 안거는 이미 붓다 재세시부터 시행되

어 온 제도인 것이다.

인도의 기후가 여름철에는 비가 많이 오기 때문에 유행(遊行)하다가 폭풍우를 만나기도 하고, 또 이를 피하기 위해 초목과 벌레들을 살상하는 사례가 많았다. 이러한 이유 때문에 우기 동안 일정한 장소에 머물면서 수행에 전념하도록 한 것이 안거의 유래인 것이다. 안거 기간에는 지난 잘못을 참회하기도 하고, 훌륭한 스승을 청해 교법을 듣기도 하며, 교학을 연찬(研鑽)하거나 명상에 전념하기도 한다. 3개월의 기간이 끝나면 안거 기간 중의 허물을 대중에게 고백하는 자자(自恣, pavāraṇā)를 행하고 다시 유행의 길을 떠난다.

안거의 명칭과 시기 등은 남방불교와 북방불교가 서로 다르다. 남방불교에서는 우안거(雨安居, rainy season retreat)라고 하는데, 북방불교에서는 하안거(夏安居, summer retreat)라고 부른다. 이러한 사실은 한역 중아함(中阿含)과 팔리어 중부(中部)의 비교 연구에서 드러난 것이다.

그리고 남방불교에서는 1년에 한 번 우안거(雨安居)를 보내지만, 북방불교에서는 1년에 두 번 하안거(夏安居)와 동안거(冬安居)를 실시한다. 현재 한국에서 시행되고 있는 하안거는 음력 4월 16일부터 7월 15일까지의 3개월이고, 동안거(冬安居)는 음력 10월 16일부터 다음해 1월 15일까지의 3개월이다.

인도의 우기(雨期, rainy season)는 대략 양력 6월부터 10월까지 지속된다. 그래서 안거는 인도력 아쌀하(Āsāḷha, 6-7월)부터 까띠까(Kattika, 10-11월)까지이다. 스리랑카의 경우 우안거는 아사다(Āsadha, 6-7월) 혹은 한 달 뒤의 보름 다음날부터 9월 혹은 10월 보름

다음날까지이다. 상좌불교 국가의 금년도(2002년) 우안거는 양력 7월 25일(음 6월 16일)부터 10월 21일(음 9월 16일)까지이다. 이 우안거의 시기는 달력에 따라 매년 변한다. 그런데 북방불교의 하안거는 음력 4월 16일부터 7월 15일까지이다. 둘을 비교하면 북방불교의 하안거가 남방불교의 우안거보다 2개월 먼저 시작되는 셈이다.

『사분율행사초(四分律行事鈔)』에 의하면 결제는 4월 16일 혹은 5월 16일이고, 해제는 7월 15일 혹은 8월 15일까지이다. 현장(玄奘)의 『대당서역기(大唐西域記)』에 의하면 결제는 5월 16일 혹은 6월 16일이고, 해제는 8월 16일 혹은 9월 16일까지이다. 둘 모두 3개월간이며, 전후 1개월의 차이가 있다.

이와 같이 이미 인도에서 전(前)·중(中)·후(後) 3종의 안거 기간이 인정되었다. 이것은 여러 제자들의 사정에 따라 결제와 해제의 시기가 달라졌다는 것을 의미한다. 한편 중국 임제종(臨濟宗)에서는 동안거(冬安居)를 설안거(雪安居)라고 불렀는데, 10월 16일부터 2월 15일까지 120일간 행했다. 하안거 즉 우안거를 단기(短期), 설안거를 장기(長期)라고 불렀다.

이와 같이 안거의 시기와 기간은 고정적인 것이 아니라 지역과 기후 사정에 따라 달라질 수 있는 것이다. 그러나 안거의 정신만은 퇴색되어서는 안 될 것이다. 안거란 유행하지 않고 한곳에 머물며 일정한 기간 동안 수행에 정진하는 것을 말한다. 따라서 안거는 선가(禪家)의 전유물이 아니다. 이 기간에 꼭 참선을 해야 하는 것도 아니다. 교학을 연찬하든 참회하든 무엇을 하든 아무런 상관이 없다. 다만 자기 자신의 향상을 위한 정진이라면 그것은 곧 훌륭한 안거인 것이다.

불교의 안거는 가톨릭의 사순절(四旬節)과 이슬람교의 라마단 (Ramadan)과 비슷한 제도이다. 사순절은 광야에서 40일간 금식(禁食)하고 시험받은 그리스도의 수난(受難)을 되새기기 위하여 단식(斷食)·속죄(贖罪)를 행하도록 규정한 교회력(敎會曆)의 정진의 계절이다. 가톨릭의 성직자들은 사순절 동안 몸과 마음을 깨끗이 하고 술과 고기를 금하는 재계(齋戒)를 지킨다.

한편 라마단은 이슬람교의 가장 기본적인 다섯 가지 신앙 활동 중의 하나로 매년 연례적으로 무슬림이 30일 동안 금식하며 기도하는 행사를 말한다. 무슬림들은 라마단 기간의 금식을 통해 과거의 죄를 용서받고, 알라신으로부터 축복받기를 원한다. 금식의 형태는 한 달간 해가 뜰 때부터 해가 질 때까지 먹지 않고, 마시지도 않으며, 쾌락적인 생활을 절제하는 것이다.

이와 같이 대부분의 종교는 일정 기간 동안 자신의 몸과 마음을 가다듬는 기회를 갖는다. 이러한 기회를 통해 자신의 정신적 발전은 물론 그가 속한 종교에 새로운 활력을 불어넣는 것이다. 이와 마찬가지로 각 개인도 1년에 한두 차례 자신을 되돌아볼 수 있는 기회를 가져야만 한다. 그래야만 육체적·정신적 퇴보를 막을 수 있다. 이런 의미에서 보면 안거는 재충전의 기간이라고 말할 수 있다.

앞에서 언급한 바와 같이 결제란 정해진 기간 동안 어떤 목표를 향해 최선을 다해 매진하겠다고 다짐하는 것을 말한다. 어떤 선승(禪僧)은 자신이 죽어서 들어갈 관을 미리 마련해 두고 안거에 들어갔다는 일화도 있다. 죽을 각오로 정진에 임하겠다는 뜻이다. 전투에 임하는 전사의 마음가짐과 다를 바 없다. 이것이 결제의 정신이다.

 ● 마음비움에 대한 사색

　그리고 자신이 이루고자 하는 목표가 무엇이든 그것은 그렇게 중요한 것이 아니다. 자신의 능력에 따라 목표를 정해 두고 앞으로 나아가면 된다. 다만 그 목표를 이루기 위해서는 재계(齋戒)가 필수적이라는 사실을 잊어서는 안 된다. 재계는 계율을 지키는 것을 말한다. 계율을 지키지 않고 보다 높은 정신적 발전을 기대하는 것은 어리석은 생각이다. 결제는 재계의 시작을 의미하기 때문이다.

◉ 『佛敎』 제556호(2002년 2월호)

19

도원 선사는 이 하루를 헛되이 보내지 말고 자신의 수행에 힘쓸 것을 강조하고 있다. 왜냐하면 오늘은 다시 되풀이 할 수 없는 존귀한 하루이기 때문이다.

수증일여(修證一如)

일본 역사상 헤이안(平安) 시대 말기에서 가마쿠라(鎌倉) 시대는 고대(古代)로부터 중고(中古) 시대로 넘어가는 변혁기였다. 이 시기에 몇 사람의 위대한 불교 개혁가들이 배출되어 새로운 불교 운동을 일으켰다.

이를테면 법연(法然)은 본원염불(本願念佛)을 제창한 정토종(淨土宗)을 창종하고, 친란(親鸞)은 스승 법연이 연 정토교의(淨土敎義)를 수용하여 한 걸음 더 발전시킨 정토진종(淨土眞宗)을 창시(創始)하였다. 또한 일련(日蓮)은 법화 사상을 중심으로 한 일련종(日蓮宗)을, 도원(道元)은 조동종(曹洞宗)을 개창(開創)하였다.

그런데 법연과 친란, 일련의 사상은 우리 자신도 모르는 사이 우리 나라에 흘러 들어왔으나, 유독 도원의 조동선만은 널리 알려지지 않았다.

마음비움에 대한 사색

근래에 이르러 도원의 조동선에 대한 관심이 고조되었으며, 새롭게 재평가되고 있다. 그러면 일본의 종교사상 가장 탁월한 종교가로 평가받고 있는 일본의 조동종 개산주(開山主) 도원 선사의 좌선관(坐禪觀)은 어떤 것인지 알아보자.

도원의 좌선관은 재래 한국불교 선가에서 주장하고 있는 간화선(看話禪)과는 그 출발부터가 다르다. 간화선은 화두(話頭), 즉 공안(公案)을 타파하여 성불함을 그 목적으로 삼는다. 그래서 출가자 중에서도 상근기(上根機)의 일부 스님만이 이 일을 본분사(本分事)로 삼고 있을 뿐이다. 따라서 출가자도 아닌 재가자가 선을 통해 부처를 이룬다는 가르침은 현실과 너무나 동떨어진 감이 없지 않다.

그런데 도원은 『좌선의(坐禪儀)』에서 좌선은 깨달음을 위한 수단이 아니고, 좌선 그 자체가 불(佛)로서의 완성된 행위이며 순수하게 수행 그 자체가 깨달음인 것이라고 주장하고 있다.

도원의 좌선관은 "좌선이 그대로 신심탈락(身心脫落)이다. 그렇기 때문에 다시 깨달음을 구한다거나 구태여 불이 되려고도 하지 않으며, 다만 이 일사일행(一事一行)에 투철할 따름이다. 물론 공안도 들지 않는다"라고 주장한다.

도원 선사에 의하면, 좌선은 부처가 되는 것을 목적으로 하지 않고, 수행의 모습 그대로가 부처라는 것이다. 한마디로 좌선은 작불(作佛)이 아니라 행불(行佛)인 것이다. 또한 작불이 아니라 행불이기 때문에 좌선 그대로가 진리의 나타남이며, 좌선 자체가 부처님의 몸이요, 부처님의 경계라는 것이다.

그리고 도원은 『정법안장(正法眼藏)』 「변도화(辨道話)」 18문(問)

에서 "수행과 깨달음이 별개라고 생각하는 것은 외도(外道)의 견해이다"라고 단언하고 있다. 또한 "불법에서는 수행과 깨달음이 하나이다. 지금의 수행도 깨달음 상의 수행이기 때문에 초심의 좌선변도(坐禪辨道)가 곧 깨달음의 전체이다"라고 하였다.

이러한 도리에서 수행의 마음 씀에 있어서도 수행하는 때에는 다만 수행하고, 수행에 의하여 깨달음을 기대하는 생각을 가져서는 안 된다고 가르치고 있다. 그것은 좌선 자체가 본래 깨달음에 다다른 것이기 때문이다.

이미 수행과 함께 있는 깨달음이기 때문에 수(修)는 증(證), 증(證)은 수(修), 즉 수증불이(修證不二)이므로 수행에도 깨달음에도 경계가 없다. 이미 깨달음 상의 수행이기 때문에 깨달음과 수행에도 시작이 없는 것이다. 요컨대 좌선은 자신의 신체를 통한 행불위의(行佛威儀)이며, 생명 활동 그 자체라는 것이다.

이렇듯 도원 선사의 좌선은 오도의 수단도 아니고, 작법의 방법도 아니다. 오직 닦는 가운데 깨달음은 저절로 갖추어지고, 깨달음 상의 닦음은 거침없이 행해진다는 것이다.

상식적으로는 깨달음이란 좌선이라고 하는 행의 이상이고, 좌선은 그 목적을 구현키 위한 방법이라고 생각하기 쉽다. 그러나 도원 선사의 입장은 수행과 깨달음은 표리일체가 되어 서로 대립하지 않는다는 것이다. 이것을 '수증일여(修證一如)'라고 한다.

이 도원의 사상을 입시생의 생활에 대입해 보면, 합격〔作佛〕이 목적이 아니라 공부 자체〔行佛〕가 목적이라는 것이다. 따라서 공부와 합격이 둘이 아니라 하나라는 생각이다. 그러므로 공부를 열심히 하고 있

 ● 마음비움에 대한 사색

다면 합격이라는 결과는 이미 그 속에 갖추어져 있는 것이다.

이것을 좀더 확대해 보면 우리 주변의 모든 행위에 다 적용된다. 예를 들면 염불, 독경, 기도, 간경 자체가 그대로 수단이자 목표라는 것이다. 따라서 이 속에는 이미 성불이라는 목표가 내재되어 있는 것이다. 도원 선사의 수증일여를 달리 표현하면 '오늘은 내일을 위해 있는 것이 아니고, 오늘은 오늘로서 절대이다'라는 사상이다.

그래서 도원 선사는 『정법안장(正法眼藏)』「행지(行持)」에서 이렇게 가르치고 있다. "하루는 중요한 것이다. 헛되이 사는 백년은 한탄해야 할 백년이다. 슬퍼해야 할 빈 껍질이다. 그러나 가령 백년의 나날을 헛되이 노예가 되어 살았다고 하더라도 그 중 하루의 행지(行持)를 행한다면, 일생의 백년을 얻을 뿐만 아니라 다음생의 백년도 구하는 것이다. 이 하루의 신명(身命)은 존중해야 할 모습이다. 그래서 가령 하루를 살더라도 진리를 깨달을 수 있다면 그 하루는 영원의 생보다도 뛰어나다."

이렇듯 도원 선사는 이 하루를 헛되이 보내지 말라고 타이르고 있다. 이 하루를 자신의 수행에 힘쓸 것을 강조하고 있다. 그러므로 하루의 생활은 실로 소중한 것이다. 다시 되풀이할 수 없는 존귀한 하루이다. 그렇기 때문에 이 순간마다의 생명을 소홀히 하지 않고, 일사일행(一事一行)에 전심전력을 쏟아 붓는 것이야말로 올바른 생활 태도라는 것이다.

◉ 『佛敎』 제374호(1988년 8월)

20

부처님의 가르침은 오직 자신의 실천을 통해 스스로 열반을 증득할 때 비로소 그 가치가 드러나는 것이다.

오근(五根)에 의한 수행법

부처님의 가르침이 아무리 훌륭하더라도 스스로 실천하여 얻는 바가 없다면 아무런 소용이 없다. 마치 종일토록 남의 돈을 세는 것과 같이 자신의 이익이 되지 못한다. 초기불교에서 일관되게 실천을 강조히는 까닭이 바로 여기에 있다. 부처님의 가르침은 오직 자신의 실천을 통해 스스로 열반을 증득할 때 비로소 그 가치가 드러나는 것이다.

부처님께서 이 땅에 오신 궁극적 목적은 중생들로 하여금 괴로움에서 벗어나 열반을 증득하도록 하는 데 있다. 초기경전 도처에서 발견되는 "나는 고(苦)와 고(苦)의 소멸(消滅)에 대해 설한다"라고 한 것은 이것을 말한 것이다. 부처님은 자신이 깨달은 경지에 도달할 수 있는 길을 이미 제시해 놓았다. 따라서 우리는 부처님이 제시해 놓은 길을 따라가기만 하면 무사히 목적지에 도달할 수가 있다.

그런데 부처님이 제시해 놓은 길은 어느 한 가지만 있는 것이 아니

마음비움에 대한 사색

다. 부처님은 여러 가지 실천 수행법을 제시해 놓았다. 이것은 중생들의 근기(根機)와 업(業)이 각기 다르기 때문이다. 따라서 불교에서는 어느 한 수행법이야말로 모든 사람에게 적용되는 절대적인 것이라고 주장하지 않는다.

나중에는 이러한 각종 수행 방법들을 정리하여 37종으로 분류했다. 이것을 삼십칠보리분(三十七菩提分, bodhipakkhiya dhamma)이라고 부른다. 깨달음에 이르는 37가지 부분이라는 의미이다. 이것은 사념처(四念處)·사정근(四正勤)·사여의족(四如意足)·오근(五根)·오력(五力)·칠각지(七覺支)·팔정도(八正道) 등으로 구성되어 있다.

이러한 7항목의 하나하나는 각각 독립된 수행 체계를 갖추고 있기 때문에 37종의 덕목을 모두 수행해야 하는 것은 아니다. 왜냐하면 이 가운데는 중복되는 덕목도 많이 있기 때문이다. 여기서 다루는 오근(五根)과 오력(五力)도 그 내용이 동일하다.

오근(pañcindriyāni)은 다섯 가지 능력의 작용을 말하고, 오력(pañca-balāni)은 다섯 가지 능력의 작용을 통해 얻어지는 다섯 가지 힘을 말한다. 오근은 신근(信根, saddhindriya)·정진근(精進根, viriyindriya)·염근(念根, satindriya)·정근(定根, samādhindriya)·혜근(慧根, paññindriya) 등 다섯 가지를 말한다.

『잡아함경』 26권에서는 오근에 대해 다음과 같이 묘사하고 있다. "신근이란 사불괴정(四不壞淨)을 마땅히 아는 것이요, 정신근이란 사정단(四正斷)을 마땅히 아는 것이요, 염근이란 사념처(四念處)를 마땅히 아는 것이요, 정근이란 사선정(四禪定)을 마땅히 아는 것이요, 혜근이란 사성제(四聖諦)를 마땅히 아는 것이다."

그런데 여기서 주목해야 할 것은 오근과 오력에는 최초로 믿음을 두고 있다는 사실이다. 이것이 다른 수행법과 다른 특징이다. 초기불교에서 말하는 믿음(信)은 다른 종교에서 말하는 맹목적인 믿음과는 다르다. 팔리어 삿다(saddhā)라는 말은 '믿음'이라기보다는 진리에 대한 '확신'에 가까운 말이다. 이것은 나중에 '절대 확실한 믿음'이라는 사불괴정(四不壞淨)으로 확립된다. 사불괴정이란 불(佛)·법(法)·승(僧)·계(戒)에 대한 확실한 믿음을 말한다. 이것이 갖추어질 때 비로소 불교적인 세계관·인생관에 투철하여 의심하지 않게 된다. 이러한 경지에 오른 자를 최하위의 성자로 간주하고 있다.

또 다른 경전에서는 오근에 대해 좀더 자세히 설명하고 있는데, 그 내용은 다음과 같다. 즉 ① 만일 비구가 여래에 대하여 깨끗한 믿는 마음을 일으키되 그 근본이 견고하여 모든 하늘·악마·범(梵)·사문·바라문이나 세간으로서 그 마음을 무너뜨리는 이가 없으면 이것을 신근이라 한다.

② 이미 일어난 악(惡)을 소멸시키기 위해 정진 노력하고, 아직 일어나지 않은 악(惡)을 생기지 않게 하고, 아직 일어나지 않은 선(善)을 생기게 하고, 이미 일어난 선(善)을 증대시키도록 노력하는 것을 정진근이라 한다.

③ 만일 비구가 안 몸[內身]을 몸으로 관하여 머무르되, 알뜰히 방편을 써서 바른 생각과 바른 지혜로 세상 탐욕과 근심을 항복 받고, 바깥 몸[外身]을 바깥 몸으로 안팎 몸을 안팎 몸으로, 느낌을 느낌으로, 마음을 마음으로, 법을 법으로 관하는 생각에 머무르는 것도 또한 그러하다. 이것을 염근이라 한다.

④ 만일 비구가 욕심과 악하고 착하지 않은 법을 떠나 각(覺)도 있고 관(觀)도 있어, 욕심 세계의 번뇌를 떠나는 데서 기쁨과 즐거움이 생기고, 나아가서는 넷째 선정을 완전히 갖추어 머무르면 이것을 정근이라 한다.

⑤ 만일 비구가 괴로움이라는 거룩한 진리를 참다이 알고, 괴로움 모임의 거룩한 진리, 괴로움 없어짐의 거룩한 진리, 괴로움 없애는 길의 거룩한 진리를 참다이 알면 이것을 혜근이라 한다.

이러한 오근을 있는 그대로 잘 관찰하는 자는 세 가지 결박〔三結〕, 즉 신견(身見)·계취견(戒取見)·의견(疑見)을 끊은 줄 알 것이다. 이것을 '수다원(須陀洹)'이라 한다. 그는 나쁜 곳에 떨어지지 않고, 결정코 바른 깨달음으로 향하여, 천상·인간에 일곱 번 태어난 뒤에는 괴로움을 완전히 벗어난다고 했다.

또한 이 오근을 있는 그대로 관찰하는 사람은 모든 번뇌를 일으키지 않고 마음이 욕심을 떠나 해탈을 얻는다. 이것을 '아라한(阿羅漢)'이라 한다. 그는 모든 번뇌가 이미 다하고 할 일을 이미 마치고, 온갖 무거운 짐을 떠나 자기 이익을 얻고, 모든 결박을 끊고 바른 지혜로 잘 해탈한다고 했다.

이처럼 오근 혹은 오력을 잘 수행한다면 아라한과를 얻을 수 있다고 한다. 그러므로 부처님이 제시해 놓은 이러한 길을 바르게 믿고 실천해 나간다면 언젠가 우리도 부처님과 같은 큰 깨달음을 이룰 수 있을 것이다. 부처님을 닮아 간다는 것은 붓다가 제시한 '붓다의 길'을 충실히 걸어간다는 의미이다.

⊙ 『九龍』 제110호(1997년 4월)

제3장 정치와 종교의 관계

정치와 종교는 서로 협력해야 할 동반 관계인 동시에 상호 견제해야 할 적대 관계이기도 하다. 정치와 종교는 둘 다 인간들의 행복한 삶을 추구한다는 공통점을 갖고 있다.

정치와 종교의 관계

흔히 정치와 종교는 함께 공존할 수 없는 적대 관계라고 잘못 알고 있다. 오늘날의 민주주의는 정교분리(政教分離)의 원칙을 고수하고 있기 때문이다. 역사적으로 서양에서는 정치와 종교는 언제나 긴장 관계에 있었다. 특히 종교가 지나치게 정치에 관여함으로써 많은 부작용을 낳았다. 정교분리는 종교가 정치에 직접 관여하는 것을 사전에 차단하기 위해 마련된 제도다. 그래서 정교분리는 곧 민주주의의 시작이라고 인식하게 되었다.

그러나 정치와 종교는 분리할 수 없는 불가분의 관계에 있다. 즉 정치와 종교는 서로 협력해야 할 동반 관계인 동시에 상호 견제해야 할 적대 관계이기도 하다. 정치와 종교는 둘 다 인간들의 행복한 삶을 추구한다는 공통점을 갖고 있다. 다시 말해서 정지와 종교는 많은 사람들의 행복을 위해 존재한다는 것이다.

이와 같이 정치와 종교가 추구하는 목표는 동일하다. 하지만 그 목표를 실현하기 위한 접근 방법은 전혀 다르다. 정치는 법과 제도를 통해 인간들의 행복한 삶을 추구하는 것을 목표로 삼는다. 하지만 종교는 법과 제도를 통해서는 그것을 완성할 수 없기 때문에, 각 개인의 종교적 실천을 통해 이상 사회를 건설하는 것을 그 목표로 삼는다.

한편 인류는 그 특질적 본성으로서 정치성과 종교성을 가지고 있다. 호모 폴리티쿠스(homo politicus)인 동시에 인간은 호모 렐리기오수스(homo religiosus)이다. 즉 인간은 정치적인 동물이면서 종교적인 동물이라는 것이다. 인간은 누구나 정치성과 종교성을 동시에 가지고 있다는 의미이다. 인간은 태어나면서부터 정치와 종교의 영향에서 벗어날 수 없다. 요람에서 무덤까지의 일생은 넓은 의미의 정치와 종교 행위인 것이다.

우리 인류는 아득한 옛날부터 정치와 종교를 통해 역사와 문화를 이룩해 왔다. 인간의 삶에 있어서 정치와 종교를 배제한다는 것은 상상할 수도 없다. 어느 시대 어느 문화권에서나 정치와 종교가 인간들의 사고와 행동을 지배해 왔다. 그럼에도 불구하고 자신은 정치와 종교에 전혀 관심이 없으며 아무런 관련도 없다고 말하는 사람들이 있다. 그 누구도 넓은 의미의 정치와 종교를 떠나서는 단 하루도 생존할 수 없다. 비록 특정 정당에 가입하지 않았더라도, 그리고 특정 종교에 입문하지 않았다 할지라도 정치와 무관할 수 없으며, 종교적 영향에서 완전히 벗어날 수 없다. 이것이 우리 인간들의 삶이다.

그러면 정치와 종교의 바람직한 관계는 무엇인가? 앞에서 언급한 바와 같이 정치와 종교는 상호 협력과 상호 견제의 기능이 유지되어야 한다. 이를테면 잘못된 정치로 말미암아 국민들이 고통을 받고 있다면 종교는 반드시 그 잘못을 지적해야만 할 것이다. 잘못된 정치는 곧 종교의 목적에도 어긋나기 때문이다. 반대로 종교가 지나치게 정치에 관여하거나, 혹세무민(惑世誣民)하여 사회 혼란을 초래할 경우에는 법과 상식 혹은 공권력으로 이를 바로잡아야만 할 것이다. 그래야 건전한 사회를 유지할 수 있기 때문이다.

민주주의에서는 대화와 타협을 통해 사회적 합의를 도출해 나가는 것을 가장 이상적인 정치라고 말한다. 그래서 정치 행위란 최선이 아니라 차선이라고 말하기도 한다. 어떤 정책이든 그 정책으로 말미암아 상대적으로 이익을 얻게 되는 집단과 상대적으로 피해를 입는 집단이 생기게 마련이다. 즉 두 집단 간의 주장이 평평하게 대립할 경우에는 정치인은 반드시 많은 사람들에게 이익이 되는 쪽으로 정책을 결정하지 않으면 안 된다.

그래서 동원된 의사 결정 방식이 바로 다수결의 원칙이다. 민주주의는 다수결의 원칙이라는 토대 위에서 건립된 것이다. 다수결의 원칙이란 많은 사람들의 이익을 염두에 둔 것이다. 그래서 정치는 언제나 이 원칙에 의해 중요한 사안을 결정한다. 그래야 과오를 조금이라도 줄일 수 있기 때문이다.

그렇다고 해서 다수결의 원칙이 만능은 아니다. 다수결의 원칙도 많은 문제점을 안고 있다. 이를테면 어떤 집단적 광기에 의해 이성이 마비되었을 경우이다. 이런 경우에는 눈 밝은 한 사람의 견해가 올바른 것일 수 있다. 그래서 전통적으로 불교 승가에서는 매우 중요한 사항을 결정할 때에는 다수결이 아닌 만장일치제를 채택하였다. 단 한 사람이라도 반대한다면 그것은 분명히 문제가 있다고 보았기 때문이다. 이와 같이 진리와 다수결의 원칙은 일치하지 않을 수도 있다.

이번 16대 국회에서 헌정사상 최초로 대통령 탄핵 소추안을 가결시켰다. 이것도 다수결의 원칙이 가져다준 병폐 혹은 부작용이라 할 수 있다. 이미 TV 중계를 통해 보았듯이 여소야대(與小野大)의 정국에서 민주주의를 가장한 폭거를 소수가 어떻게 막을 수 있겠는가.

이번 대통령 탄핵 소추안과 같이 명백히 잘못된 정치적 결정은 물론 조그마한 정책일지라도 종교인은 자신의 종교적 진리와 양심에 의거하여 옳고 그름을 밝혀 주어야만 할 것이다. 그 정책이 많은 사람들의 이익에 부합하는 것인지 아니면 극소수 몇 명의 이익을 위한 것인지를 가려 주어야 할 책무가 종교인에게 있다고 생각한다. 이것이 종교가 담당해야 할 대사회적 의무인 것이다.

간혹 스님들이 정치적 사안에 대하여 찬성 혹은 반대의 의견을 피력하는 자체를 못마땅하게 생각하는 사람도 있다. 이들은 종교의 대사회적 기능을 이해하지 못하고 있는 것이다. 이런 사람들은 '중생이 앓기 때문에 나도 앓는다' 고 말한 유마 거사의 참뜻을 되새겨 볼 필요가 있다.

종교가 이러한 대사회적 의무를 외면한다면 이 사회에 존재할 아무런 의미가 없다고 나는 생각한다. 불교가 사회인들로부터 지탄을 받는 것도 바로 이러한 대사회적 역할에 소극적이거나 외면하고 있기 때문이다. 불교가 민중들의 아픔을 외면한다면 그 민중들로부터 외면당하고 말 것이다. 부처님의 가르침은 많은 사람들에게 이익과 행복을 베풀어 주기 위해 존재한다는 사실을 잊어서는 안 될 것이다.

◉ 『불교정보센터』 2004년 3월 11일자, '초청칼럼' 에 게재

        ● 마음비움에 대한 사색

불교는 비폭력과 평화의 종교로 잘 알려져 있다. 불교는 어떠한 종류의 폭력이나 살생도 인정하지 않는다. 불교에 따르면 '정당한 전쟁'이란 없다.

정당한 전쟁은 없다

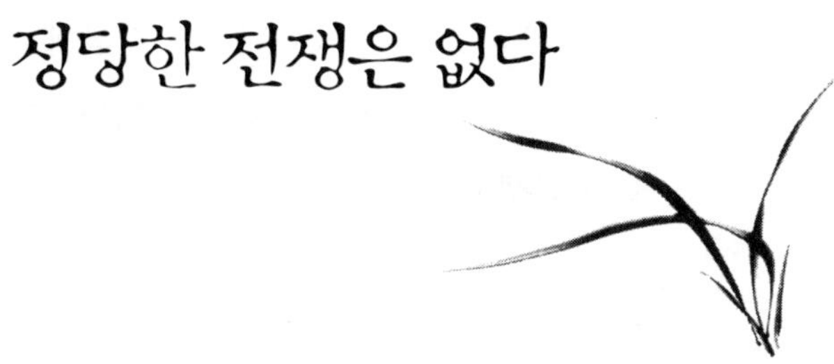

유엔의 반대에도 불구하고 마침내 미국은 전쟁을 일으켰다. 이라크 공격의 명분은 독재자 사담 후세인을 이라크에서 축출시키기 위함이라고 한다. 다시 말해서 독재자 후세인으로부터 이라크 국민들을 해방시킨다는 것이 이번 전쟁의 명분이다. 하지만 이것을 액면 그대로 믿는 사람은 별로 없다. 미국의 이라크 공격이 자국의 이익을 위한 것임은 틀림없는 사실이다.

전 세계의 지도자들도 이러한 미국의 속셈을 너무나 잘 알고 있었기 때문에 이라크 침공을 자제해 달라고 미국에 강력히 요청하였던 것이다. 그러나 부시 미국 대통령은 이러한 제안들을 모두 거부하고 결국 전쟁이라는 극단적인 방법을 선택했다. 이러한 미국의 부도덕성과 부당함, 그리고 패권주의에 항의하는 반전 시위가 세계 도처에서 계속되고 있다. 전쟁을 막기 위해 인간 방패가 되기를 자처한 사람들도 있다.

이들은 참으로 용기 있는 사람들이다.

　미국의 최첨단 무기들은 가공할 위력과 정확성을 가지고 있다. 재래식 무기로 이에 대항한다는 것은 거의 불가능하다. 전쟁 초기에 이미 이라크의 전력을 완전히 무력화시켜 버린 것만 보아도 알 수 있다. 한마디로 상대가 되지 않는 전쟁을 자행하고 있는 것이다. 이 전쟁에서 미국이 승리하고 이라크가 패배한다는 것은 거의 자명한 사실이다. 그 누구도 이라크가 미국을 상대로 이 전쟁에서 이길 수 있을 것이라고 믿지 않는다.

　이라크의 입장에서 보면 미국과 연합군은 침략자들이다. 군사력이 강하다고 해서 남의 나라를 선제공격한 것은 힘의 논리이지 정의는 아니다. 미국과 이라크의 전쟁은 성인과 어린아이의 싸움에 비유할 수 있다. 이런 싸움은 옆에서 강자를 말려 약자를 보호해 주지 않으면 안 된다. 약자도 존재해야 할 이유와 가치가 있는 것이다. 이 세상에서 그 누구도 남의 생명을 함부로 죽일 권리가 없다.

　전쟁은 인간이 만든 재앙이다. 이 지구상에서 가장 나쁜 죄악이 바로 전쟁이다. 인류 역사상 가장 큰 참사는 인간들의 대립에 의한 전쟁에서 비롯된 것이다. 전쟁은 인간과 동물의 대량 살육을 가져오고, 인류의 귀중한 문화유산을 파괴함은 물론 자연환경과 생태계를 파괴시킨다. 결국 전쟁은 어느 한 나라에 국한되는 것이 아니라 전 인류에게 크나큰 재앙을 가져다준다. 따라서 전쟁은 무지한 인간의 탐욕이 빚어낸 극악무도한 죄악일 뿐만 아니라 만악(萬惡)의 근원이다.

　불교는 비폭력과 평화의 종교로 잘 알려져 있다. 불교는 어떠한 종류의 폭력이나 살생도 인정하지 않는다. 불교에 따르면 '정당한 전쟁'

　● 마음비움에 대한 사색

이란 없다. 전쟁은 오직 증오, 잔인한 행위, 폭력 및 대량 학살을 정당화하고 변명하기 위해 만들어 유포시킨 그릇된 용어이다. 누가 정당한지 부당한지를 결정하는가? '강하고 승리한 자는 정당하고, 연약하고 패배한 자는 부당하다. 우리의 전쟁은 언제나 정당하고 상대방의 전쟁은 항상 부당하다.' 이러한 입장을 불교에서는 받아들이지 않는다.

전쟁으로 얻는 것은 아무것도 없다. 반면 전쟁으로 잃는 것은 너무나 많다. 전쟁은 원한과 상처만 가져다준다. 전쟁은 모든 것을 파괴시켜 버린다. 전쟁의 최대 희생자는 어린이와 부녀자들이다. 그들은 아무런 영문도 없이 죽음의 문턱을 드나들게 된다. 전쟁은 각 개인의 삶을 송두리째 빼앗아 간다. 그리고 전쟁의 상처는 오래 남는다.

미국은 무력으로 이라크를 항복시킬 수 있을 것이다. 그러나 이라크 국민들의 마음까지 항복시키지는 못할 것이다. 무력으로 상대를 일시적으로 굴복시킬 수는 있지만 상대방에게 깊은 원한심을 가져다준다. 상처 받은 무슬림들의 가슴속에 남아 있는 증오와 원한은 누가 치료해 줄 것인가. 전쟁은 또 다른 전쟁을 가져온다.

정당한 전쟁이란 없다. 미국은 지금 당장 전쟁을 중단해야 한다. 이라크 국민들에게 고통을 안겨 준 그 범죄 행위를 참회하고, 전후 복구비 일체를 지불해야만 할 것이다. 미국인들은 가까운 장래에 이번 전쟁의 대가를 반드시 되돌려 받게 될 것이다. 이것은 불변의 인과응보이기 때문이다. 지구촌의 평화와 인류의 공존을 위해 더 큰 재앙을 초래하지 말고, 미국은 지금 당장 전쟁을 중단하라.

◉ 『불교정보센터』 2003년 3월 24일자, '조정칼럼'에 게재

23

이라크 전쟁을 지켜보면서

이라크 전쟁이 거의 끝나 가고 있는 시점이다. 이미 조지 W. 부시 미국 대통령은 이번 전쟁의 승리를 선언했다. 이제 종전의 시기만을 기다리고 있는 상황이다. 이번 미·영 연합군의 이라크 침략 전쟁을 지켜보면서 개전 초기에 염려했던 일들이 그대로 현실로 나타났다. 참으로 안타까운 일이 아닐 수 없다. 이 기회를 빌려 다시 한 번 전쟁의 참혹함을 되새겨 보고자 한다.

첫째, 전쟁은 한마디로 비참함 그 자체다. 인간과 동물의 대량 살육이 공식적으로 허용되는 것이 전쟁이다. 전쟁이란 인류의 양심과 정의의 부재를 의미한다. 전쟁터에서는 인간의 내면에 감추어져 있는 잔혹함과 폭력성이 겉으로 완전히 표출된다. 평화시에 어떤 사람이 다른 사람을 살해했다면 크나큰 범죄로 법정 최고의 형벌을 받는다. 그러나 전쟁시에는 수많은 인명을 살상해도 전혀 죄의식을 느끼지 않는다. 많

　　　　　　　● 마음비움에 대한 사색

이 죽이는 것이 선(善)이고, 죽임을 당하는 쪽이 악(惡)이다. 이처럼 살육이 정당화되거나 합리화되는 것이 바로 전쟁이다.

둘째, 전쟁으로 평화를 얻을 수는 없다. 전쟁의 명분은 해방과 자유라고 말하지만 전쟁의 결과는 언제나 패배와 파괴만을 가져다주었다. 어떠한 전쟁도 진정한 의미의 승리자는 없고, 오직 패배자와 파괴만이 있을 뿐이다. 이번 이라크 전쟁에서 미국이 승리했다고 하지만 미·영 연합군의 피해도 막심하다. 양쪽 모두에게 크나큰 상처를 안겨 주는 것이 바로 전쟁이다.

셋째, 전쟁의 상처는 오래 남는다. 이라크 전쟁의 종전이 선언되면, 곧바로 이라크 전후 복구 사업이 진행될 것이다. 전쟁의 복구 대상은 유형적인 건물과 도로 등 중요 시설물들이다. 이러한 것들은 어느 정도 시일이 지나면 복구가 가능하다. 하지만 전쟁으로 인해 죽거나 부상당한 유족들의 상처는 물질적인 원조나 주거의 복구만으로 치유될 수 있는 것이 아니다. 부상당한 사람들은 죽을 때까지 전쟁의 아픔과 고통을 받으며 살아가야만 한다. 아무리 단기간에 끝나는 전쟁이라 할지라도 그 상처는 최소한 3대까지 연결된다.

넷째, 전쟁은 자연환경과 생태계의 파괴를 가져온다. 전쟁으로 인해 파괴된 자연환경과 생태계는 거의 원형 그대로 되돌릴 수가 없다. 이것이 오늘날의 전쟁이 가져다주는 가장 큰 폐해인 것이다. 환경 파괴의 과보는 지금 당장 그 결과가 나타나기도 하지만 오랜 시일이 지난 뒤 더 큰 재앙으로 우리에게 다가올 것이다. 전쟁으로 인한 환경과 생태계 파괴는 지구상의 인류 전체에게 치명적인 악영향을 미치게 될 것이다.

다섯째, 전쟁은 인류의 문화유산을 파괴시킨다. 전쟁의 피해 가운데 복구가 불가능한 것이 바로 인류가 쌓아 온 문화유산이다. 이번 전쟁에서 이라크 박물관과 도서관이 탈취되었다는 것은 크나큰 비극이 아닐 수 없다. 한번 파괴된 문화재는 다시 복구할 수 없는 것이 대부분이다. 전쟁은 바로 이런 인류 공동의 문화유산을 송두리째 파괴시켜 버린다.

여섯째, 전쟁이 일어나면 진실은 사라지고 온갖 거짓이 판을 친다. 전쟁에서는 언제나 고도의 심리전이 병행된다. 언론은 자국의 이익을 위해 의도적으로 오보를 내보내기도 한다. 오보 그 자체가 또 다른 전쟁의 한 모습이다. 그러므로 전쟁의 보도를 진실이라고 액면 그대로 믿어서는 안 된다. 우리나라의 6·25 전쟁 때에도 당시 이승만 대통령은 이미 서울을 빠져나가 피난했음에도 불구하고 라디오 방송을 통해 수도를 끝까지 사수하겠다는 연설을 내보냈다. 이처럼 거의 모든 전쟁 관련 보도는 진실이 아닌 거짓으로 꾸며지는 경우가 허다하다.

일곱째, 전쟁은 인간의 심성을 황폐화시킨다. 전쟁은 절대 권력도 무너뜨린다. 미·영 연합군에 의해 이라크의 수도 바그다드가 함락되었을 때, 제일 먼저 사담 후세인의 동상이 파괴되었다. 또한 군중들은 사담 후세인의 초상화를 찢고 부수었다. 이러한 일련의 행위들을 TV를 통해 지켜보면서 권력의 무상함을 절감할 수 있었다. 그러나 이보다 더 중요한 사실은 인간들의 심성이 황폐화된다는 것이다. 바그다드 함락 후 무정부 상태의 무질서와 약탈, 그리고 민중들의 반국가적·반민족적 배신 행위는 패전국의 국민들이 겪어야 하는 또 하나의 비극인 동시에 인간 양심의 실종 현장이다.

 마음비움에 대한 사색

만일 지금 이 순간 미·영 연합군이 승리의 축배를 들고 있다면, 이 또한 훗날 불행의 씨앗이 될 것이 확실하다. 승리의 축배는 또 다른 불행의 시작임을 의미하기 때문이다. 이를테면 1980년 한국의 신군부측이 12·12의 군사 쿠데타를 성공하고 자축의 축배를 들었을 때, 이미 그 당사자들이 훗날 구속 수감될 불행이 잉태되고 있었다는 사실을 기억할 필요가 있다.

이번 이라크 전쟁을 지켜보면서 전쟁의 참혹함과 전쟁을 막지 못한 무력감으로 참괴의 나날을 보내고 있다. 이라크 전쟁은 결코 남의 일이 아니다. 북핵 문제로 북·미 간에 갈등이 고조되면 한반도에서도 이러한 전쟁이 일어날 개연성이 점점 높아진다. 필자가 이처럼 이라크 전쟁의 부당함과 참혹함을 강조하는 까닭은 어떠한 경우에도 한반도에서는 전쟁이 일어나서는 안 되겠기 때문이다. 만일 한반도에서 전쟁이 일어난다면, 이라크와 마찬가지로 우리도 지금까지 이룩한 모든 것들을 한꺼번에 잃어버리고 만다. 한반도에서는 절대로 전쟁이 일어나서는 안 된다. 이것이 이라크 전쟁의 교훈이다.

◎ 『불교정보센터』 2003년 4월 21일자, '초청칼럼' 에 게재

24

사회의 모순에 맞서 저항하되 결코 분노의 마음을 일으켜서는 안 된다. 안으로는 자비심이 충만해 있어야 한다. 자신과 반대의 입장에 서 있는 개인과 집단을 미워하거나 증오해서는 안 된다.

분노 없는 저항

해방 전후로 불교계에서 발행되었던 신문이나 잡지에서는 당시의 교계 동향과 함께 보수와 진보 간의 갈등과 격렬한 논쟁 등을 비교적 사실 그대로 전해 주고 있다. 그래서 근·현대불교사를 연구하는 데 귀중한 자료로 활용되고 있다. 그런데 요즘 발행되고 있는 신문이나 잡지에서는 현재의 한국불교 교단에 대한 쓴소리를 찾아보기 어렵다.

어떤 월간 잡지는 창간 이래 약 30년 동안 부정적인 시각에서 교계를 비판하는 글을 단 한 줄도 싣지 않았다. 이런 잡지는 불교도의 신행에는 도움이 되지만 사료적 가치는 전혀 없다. 반면 인터넷 불교 언론에서는 한국불교 승단 내부에서 일어나고 있는 각종 비리들이 연일 폭로되고 있다. 이런 사이트에서는 현재의 불교계에 대한 비판의 글들이 주류를 이루고 있다.

어느 시대 어느 곳에서든 한 사건에 대해 다른 시각을 가질 수 있다.

즉 긍정적인 시각과 부정적인 시각이 공존한다. 그런데 긍정론자들은 이 세상의 온갖 비리와 부정 등을 굳이 외면하고, 언제나 밝고 긍정적인 부분만 보려고 한다.

반면 부정론자들은 어느 집단에서나 진정한 의미의 정의나 진실은 찾아볼 수 없다고 진단하고, 그것을 시정하기 위해서는 희생을 감수해서라도 투쟁해야 한다고 말한다. 그래서 그들은 일인 시위에서부터 집단 시위에 이르기까지 적극적으로 참여한다. 어떤 사람은 분신자살이라는 극단적인 행동으로 자신의 뜻을 관철시키고자 온몸으로 저항한다.

이처럼 어떤 동일한 사건에 대해서도 긍정적인 사람과 부정적인 사람의 시각과 행동은 서로 다르게 나타난다. 이것은 순전히 그 사람의 성장 배경과 성격, 그리고 교육에 의해 달라진다. 만일 우리 사회가 어느 한쪽 방향으로만 치우친다면 문제가 있겠지만 언제나 공존하기 때문에 그래도 현 상태로 지탱되고 있는 것이다.

현재의 한국불교를 바라보는 시각도 크게 둘로 나누어진다. 하나는 '불교는 희망적이다' 라고 보는 쪽이고, 다른 하나는 '불교는 절망적이다' 라고 보는 쪽이다. 상좌부 불교국인 미얀마의 경우, 한쪽에서는 군사 독재 정권에 대항하며 투쟁하는 승려들이 있는 반면 다른 한쪽에서는 군사 정부의 외호를 받으며 명상에만 전념하는 승려들이 있다.

사실 이 사바세계는 온갖 비리와 부정으로 가득 차 있다. 진실보다는 거짓이 판을 치고 있는 것이 사실이다. 물론 모든 사람들이 만족하고 기뻐할 만한 이상 사회라면 얼마나 좋겠는가. 그러나 그러한 이상 사회는 태초에도 없었고 현재도 없으며 미래에도 없을 것이다. 인류가 이 땅에 존재하는 한 부정과 비리, 그리고 모순은 존재한다.

그런데 이러한 사회적 모순에는 언제나 침묵하면서 용비어천가를 부르는 사람과 집단에서 과연 미래의 희망을 찾을 수 있겠는가? 70년대와 80년대 군사 독재 시절에 권력의 편에 서서 자진해서 국태민안을 위한 호국 기원 법회를 봉행해 온 것이 한국불교였다. 그때 수많은 민주 투사들이 투옥되고 피와 눈물로 불의와 싸워 지금 이만큼이나마 민주화가 이루어졌다. 이제는 언론과 시위에 관한 자유가 어느 정도 보장되고 있다. 그야말로 불교계는 '무임승차'를 한 것이다.

지금도 불교계의 지도자들은 권력에 빌붙어 아부하기를 좋아한다. 그들이 단 한 번도 이 사회의 모순과 잘못을 제때에 지적하거나 비판하는 것을 보지 못했다. 엄격히 말해서 이 사회의 거대한 역사의 물줄기를 바꾸어 놓은 것은 다수의 긍정론자들이 아니라 소수의 부정론자들이었다. 그들의 저항과 투쟁이 있었기에 오늘날 이만큼이나마 자유와 행복을 누릴 수 있게 된 것이다.

개인적으로 매사에 긍정적인 시각으로 생활하면, 그 사람은 정신적으로나 육체적으로 건강한 삶을 영위할 수가 있다. 그러나 그들은 다른 사람들의 희생으로 얻어진 대가를 아무런 노력도 하지 않고 그냥 누리기만 한다. 이 사회 구석구석의 모순을 파헤치고 시정을 요구하며 투쟁하다 자기 자신은 물론 가정까지 파탄에 이르게 된 사람들이 비일비재하다.

그러면 붓다는 긍정과 부정 중 어느 쪽을 택했는가. 주지하다시피 붓다는 언제나 중도적 입장을 취했다. 그는 제자들에게 내적으로는 자·비·희·사의 사무량심(四無量心)을 견지하되 밖으로는 보시·애어·이행·동사의 사섭법(四攝法)을 실천하라고 가르쳤다.

  마음비움에 대한 사색

붓다는 언제나 마음의 평정을 잃지 않으면서도 다른 사상가들의 잘못된 견해를 적극적으로 비판했다. 그리고 그는 사회적 모순을 개선하여 보다 나은 이상 사회를 만들기 위해 고심했다. 또한 그는 계급 제도의 타파를 주장했을 뿐만 아니라 전쟁을 적극적으로 반대했다. 그는 당시의 왕들에게 형벌로써 나라를 다스리지 말고, 백성들이 각자 생업에 종사할 수 있도록 그 여건을 개선해 주라고 충고했다. 이러한 방식으로 붓다는 당시의 불합리한 제도와 관습들을 하나하나 고쳐 나갔다. 그 때문에 후일 붓다는 '조용한 혁명가'로 불리었다.

간혹 시위대와 경찰이 충돌하는 장면을 TV를 통해 보게 된다. 그때 시위를 주도하는 사람들의 얼굴에 분노와 살기가 가득 차 있음을 자주 목격하게 된다. 그렇게 투쟁하는 사람은 정신적으로나 육체적으로 황폐화될 가능성이 높다. 사회의 모순에 맞서 저항하되 결코 분노의 마음을 일으켜서는 안 된다. 안으로는 자비심이 충만해 있어야 한다. 자신과 반대의 입장에 서 있는 개인과 집단을 미워하거나 증오해서는 안 된다.

그 대신 어떻게 하면 그들의 잘못된 생각을 바꾸어 잘못된 법과 제도를 고칠 수 있을까에 초점을 맞추어야 한다. 그러기 위해서는 붓다가 행했던 '분노 없는 저항'이어야만 한다. 이러한 붓다의 방법을 본받아 실천에 옮겼던 사람이 바로 마하트마 간디였다. 그는 언제나 데모대의 앞장에 섰다. 그러나 결코 분노하시 않았다. 그는 '분노 없는 저항'을 통해 자기도 살리고 남도 살리면서 당시의 사회를 변혁시키고자 노력했다.

◉ 『곰절』 2006년 12월호, pp.17-19

25

간디가 말한 일곱 가지 사회악

인도의 수도 뉴델리에 있는 간디 기념 공원묘원에는 간디가 말한 '일곱 가지 사회악'이라는 문구가 새겨져 있다. 이 글귀는 20세기의 성자로 추앙받고 있는 마하트마 간디(Mahatma Gandhi)가 1925년 『Young India』라는 잡지에 기고한 글에 나오는 내용이다. 간디가 말한 일곱 가지 사회악(Seven Social Sins)이란 원칙 없는 정치, 노동 없는 부(富), 양심 없는 쾌락, 인격 없는 교육, 도덕 없는 상업, 인간성 없는 과학, 헌신 없는 종교를 말한다.

첫째, 원칙 없는 정치(Politics without principles)가 사회악이라는 것이다. 인간 사회에서 정치가 차지하는 비중은 매우 높다. 훌륭한 사회로 가는 첫걸음은 올바른 정치에서부터 시작된다. 인간 사회에 정치가 미치는 영향은 지대하다. 그런데 우리 사회에서 가장 부패한 집단 가운데 하나가 바로 정치 집단이다.

그러면 왜 이처럼 정치가 부패하게 되었는가? 원칙과 철학이 없기 때문이다. 철학 없는 정치인들이 양산되기 때문에 정치에 대한 불신이 증가하게 되는 것이다. 정치인의 말은 시시각각으로 바뀐다. 어제는 그것이 옳다고 말하고, 오늘은 그것이 잘못되었다고 말한다. 이처럼 정치인의 말은 도저히 신뢰할 수가 없다. 그래서 간디는 이 사회를 어지럽히는 것은 바로 원칙 없는 정치 때문이라고 진단한 것이다.

둘째, 노동 없는 부(Wealth without work)가 사회악이라는 것이다. 노동은 신성하다. 자신의 노력으로 벌어들인 부는 참으로 값진 것이다. 그런데 농경 사회에서 산업 사회로 바뀌면서 일하지 않고 불로소득을 얻는 부류가 생겨나게 되었다. 열심히 일하는 자가 잘 사는 사회가 되어야 한다. 그런데 일하지 않고도 잘 사는 사회라면 잘못된 사회임이 분명하다. 간디는 일하지 않고 불로소득을 얻고자 하는 자들 때문에 사회가 타락하게 된다고 보았다. 복권과 증권, 부동산 투자 등에 매달리는 사람들이 바로 사회악의 원인 제공자들이다. 열심히 일하고 노력하는 자가 잘 사는 사회야말로 가장 이상적인 사회라고 할 수 있다.

셋째, 양심 없는 쾌락(Pleasure without conscience)이 사회악이라는 것이다. 양심 없는 쾌락이란 가치관의 상실로 말미암아 생기는 부도덕한 행위를 말한 것이다. 요즘은 남녀노소 구분 없이 어떻게 하면 인생을 즐길 것인가에만 관심을 기울인다. 우리 사회에서 진정한 의미의 순결과 정조가 사라진 지는 이미 오래되었다. 불륜으로 인한 이혼과 가정 파탄이 이제 새삼스러울 것이 없을 정도로 만연해 있는 것이 사실이다. 간디가 말한 사회악의 모델이 바로 지금의 한국 사회라고 할 수 있을 것이다. 윤리와 도덕이 땅에 떨어진 사회는 미래의 희망이 없다. 자기 절제를 통한 도덕적 인격을 함양해야 함은 말할 나위 없다.

넷째, 인격 없는 교육(Knowledge without character)이 사회악이라는 것이다. 글자 그대로 번역하면 '특성 없는 지식'이다. 하지만 이것은 교육에 관한 간디의 철학이다. 흔히 '학교와 선생은 있어도 스승은 없다'는 말이 유행하고 있다. 예전의 학교는 인격 향상을 위한 교육 기관이었다. 하지만 지금은 입시 위주의 지식을 전달하는 학원으로 전락하고 말았다. 교권이 무너지고 있다. 교육이 잘못된 방향으로 가고 있다. 인격 없는 교육이 빚어낸 병폐가 아닐 수 없다.

남을 배려할 줄 모르는 이기주의적인 사람들이 높은 지위에 오를 때 우리 사회는 점차 삭막해진다. 교육의 핵심은 인격 향상에 있다. 그럼에도 불구하고 오늘도 자식들을 훌륭한 사회인으로 키우기보다 남보다 뛰어난 지식인이 되기를 원하고 있다. 그렇게 길러낸 자식들은 부모의 은혜도 스승의 은혜도 모르는 배은망덕한 사람이 될 가능성이 높다. 바람직한 교육에 대해 보다 진지하게 생각해 보아야 할 것이다.

다섯째, 도덕 없는 상업(Commerce without morality)이 사회악이라는 것이다. 원래 장사는 이윤을 남기기 위한 것이다. 그러나 그러한 상업 거래에도 눈에 보이지 않는 원칙이 존재한다. 장사도 적정한 이윤을 남겨야 한다. 터무니없는 폭리를 취하는 것은 절도와 다를 바 없다. 그리고 많은 이익을 얻기 위해 사재기하거나 저울이나 자, 혹은 제품을 속이는 것은 상도(商道)가 아니다.

이를테면 기아로 죽어 가는 사람들이 속출하고 있는데도 더 비싼 값을 받기 위해 곡식을 방출하지 않는 것 등이 이에 해당될 것이다. 부당한 무역 거래로 우리의 농촌이 황폐화되고 있는 것도 외국 자본에 의한 도덕 없는 상업이 성행하고 있기 때문이다. 기업의 목적은 이윤을 추구하는 데 있다. 그러나 기업이 이윤만을 추구하고 사회에 그 이익을 환원하지 않으면 그것이 곧 사회악이라는 것이다.

여섯째, 인간성 없는 과학(Science without humanity)이 사회악이라는 것이다. 과학은 인류의 보다 나은 미래를 위해 존재한다. 그런데 과학이 오히려 인류에게 해를 끼치는 방향으로 발전한다면 크나큰 죄악이 아닐 수 없다. 인간에 대한 깊은 애정이 없는 과학은 인류를 파멸의 길로 몰고 갈 수도 있다. 그러므로 과학자들에게 다른 사람들보다 더욱더 엄격한 생명에 대한 윤리를 강조하는 까닭이 바로 여기에 있다. 과학의 발달로 인간까지 복제할 수 있다고 한다. 이런 것이 바로 인간성 없는 과학의 대표적인 예라고 할 수 있다. 과학자는 자신이 연구하고 있는 것이 인류를 위해 유익한 것인가를 늘 자문해 보아야만 한다. 과학은 그 목적이 분명할 때 인류에게 도움이 된다. 하지만 인간을 살해하는 무기들을 개발하는 것은 사회악이 된다.

일곱째, 헌신 없는 종교(Worship without sacrifice)가 사회악이라는 것이다. 이것은 종교의 본래 의미를 강조한 것이다. 종교는 많은 사람들의 이익과 행복을 위해 존재하는 것이다. 그런데 종교가 오히려 만인 위에 군림하거나, 종교 자체를 위해 인류의 행복을 파괴한다면 종교의 존재 이유가 없게 되는 것이다. 역사적으로 종교가 이 사회에 해악을 끼친 경우는 한두 번이 아니다. 또한 종교가 부패한 경우도 역사상 수없이 많이 되풀이되었다. 종교가 그 본래의 사명을 망각하게 되면 그 사회는 거의 절망적이라고 할 수 있다. 맹목적인 신앙이 가져다주는 사회악을 우리는 주변에서 자주 목격할 수 있다. 간디는 가난하고 힘없는 사람들에게 희망을 주는 종교, 헌신하는 종교, 봉사하는 종교가 되어야 한다고 강조했다. 간디가 지적한 이러한 일곱 가지 사회악이 없는 사회가 바로 불교에서 말하는 이상 사회일 것이다.

◉ 『지혜의 말씀』 제311호(2006년 6월), pp.8-10

양심수들의 병역 거부 사건이 보도될 때마다 나는 가슴이 아프다. 분단 조국의 비애가 아닐 수 없기 때문이다. 그런데 나와 똑같은 수모를 당하게 될 스님들이 양심선언을 하지 않는 것을 이해할 수가 없다.

나의 슬픈 군대 이야기

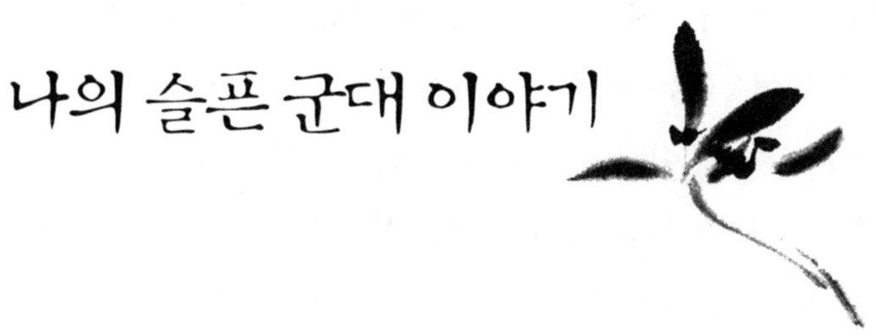

남자들이 모인 자리, 특히 술좌석에서 가장 신나는 화제는 군대 이야기이다. 군대 얘기만 나오면 모두들 자신의 영웅담을 쏟아 놓는다. 내가 아는 스님 중에는 입만 열면 군대 이야기를 하는 스님 몇 분이 있다. 그들의 특징은 대부분 자신이 특수 부대에 근무했다는 것을 은연중에 자랑한다. 나는 하도 그런 이야기를 많이 들어서 그 내용을 완전히 숙지할 정도이다.

반면 나는 군대 이야기를 별로 좋아하지 않는다. 아마 내가 군대에 갔다 오지 않았기 때문일 것이라고 생각할 것이다. 그러나 나는 분명히 육군 병장으로 만기 제대했다. 이제부터 나의 슬픈 군대 생활 이야기를 해야겠다.

나의 군 생활은 70년대 말에서 80년대 초까지 약 3년간이었다. 처음 논산 훈련소로 입대했다. 승복을 입은 채 입영 버스에 올랐다. 그때 논산 훈련소에서는 신체검사와 여러 가지 절차가 끝날 때까지 사제복(집에서 입고 온 옷을 말한다)을 입고 생활했다. 입대 다음날 아침 연병장에 집결했다. 승복에 검은 고무신을 신은 채였다.

조례가 끝나자마자 어떤 교관이 고무신을 신고 군대에 왔다는 이유로 큰 통나무를 들어올리는 기합을 주었다. 연병장을 몇 바퀴 돌았는지 알 수가 없었다. 그때 어떤 군인이 내게 다가와서 무엇을 잘못했기에 이런 기합을 받느냐고 물었다. 고무신을 신고 입대했기 때문이라고 말했다. 그는 분개했다. 아마 불자였을 것이다. 그 교관은 분명히 내가 스님이라는 것을 알면서도 일부러 기합을 준 것이 틀림없었다. 그때부터 나의 힘든 군 생활은 시작되었다.

신병 훈련소에서 훈련이 시작되었다. 그런데 내가 보급받은 물건이 자꾸만 없어졌다. 점호 시간에 철모나 수통 등이 없다는 이유로 나는 날마다 몽둥이를 맞아야만 했다. 훈련을 시키는 기간병이 고의로 나의 물건을 숨기는 것이었다. 스님이 다른 사람의 물건을 훔치는지 확인하기 위해서일 것이다. 나는 맞지 않기 위해 남의 물건을 훔쳐야 할 것인가를 망설였다. 양심과 고통과의 치열한 갈등 속에서 맞기로 결정했다. 곡괭이 자루로 거의 매일같이 맞았다. 엉덩이에 핏자국이 마를 날이 없었다. 그 이후 군 생활을 마칠 때까지 이러한 일은 반복되었다. 그러나 나는 양심상 남의 물건을 훔칠 수가 없었다.

어떤 지휘관이나 고참이 타종교인일 경우 나는 부대를 대표해서 맞았다. 그때 옆에 있던 동료들이 나를 대신해서 울어 주기도 했다. 후반기 교육을 마치고 자대에 배치되었는데, 그때까지 말로만 듣던 강원도 철책 선이었다. 나는 태어나서 한 번도 서울 이북으로 올라와 본 적이

　마음비움에 대한 사색

없었다. 그때는 광주민주화운동이 한창일 때였기 때문에 군 내부에 지역 감정이 팽배해져 있었다. 나의 바로 위 기수들이 전라도 병력이었다. 나는 경상도 출신이라는 이유 하나만으로 수없이 맞았다. 하루도 맞지 않으면 잠을 잘 수가 없었다. 또 밤에 깨워 때리기 때문이다.

나는 탈영하기로 결심했다. 그때 나는 탈영하여 깊은 산속에 들어가서 다시는 세상에 나오지 않을 것이라고 생각했다. 그러나 앞으로 갈 수도 없고 뒤로 갈 수도 없었다. 부대 근처가 거의 다 지뢰밭이었기 때문이었다. 고참들로부터 이유 없이 맞을 때 한 번만 더 때리면 총으로 쏴 버려야겠다고 생각했다. 그러나 그때마다 한 번만 더 참자 하고 나를 달랬다. 그렇게 하여 순간순간을 넘겼다. 그 결과 군복무를 마치고 무사히 돌아오긴 했지만 불보살님의 보살핌이라고 생각한다. 지금 이 순간에도 이런 생각을 하고 있는 군인들이 많이 있을 것이다.

당시 우리 사단에는 스님이 약 8명에서 10명 정도 있었다. 그러나 대부분 스님이라는 신분을 철저히 숨기고 생활했다. 그래야 편안하게 군 생활을 할 수 있었기 때문이었다. 그러나 나와 다른 한 스님은 신분을 분명히 밝히고 생활했다. 그 스님은 이웃 부대에서 근무했는데, 군대에서도 육식을 하지 않았다. 그는 김치를 물에 빨아서 먹었다. 아주 철저한 율사였다. 그래서 그는 부대에서도 어떻게 처리할 수 없는 별종으로 취급받고 있었다. 그도 그렇게 해서 어려운 군 생활을 무사히 마친 것으로 알고 있다.

나는 입대 전 전통 불교 의례를 전문적으로 배웠을 뿐만 아니라 염불도 매우 잘했다. 그래서 사단 내에서 장교나 병사가 죽으면 곧비로 연락이 온다. 그러면 승복으로 갈아입고 목탁과 요령 등을 챙겨 다비식을 해주었다. 그러면 지휘관과 유족들도 좋아했다. 나는 시신을 벽제 화장장까지 옮겨 화장하는 일을 담당했다. 3년간 수많은 군인들이 죽는 것을 목격했다. 작전 중 사고, 교통사고, 지뢰 사고, 자살 등 여러 가지 사고로 많은 군인들이 죽었다. 그러한 사실들을 아는 사람들은 많지 않다. 이것은 내가 직접 내 눈으로 확인한 것이기 때문에 틀림없는 사실이다.

내가 고참이 되었을 때는 삼청교육대가 우리 부대에 배치되었다. 나는 군종병 자격으로 의무병과 함께 삼청교육대생의 편에 서서 그들을 돌봐 주었다. 그들은 아무런 영문도 모른 채 끌려와 짐승보다도 못한 고역을 치르고 있었다. 고된 훈련과 작업으로 많은 삼청교육대생들이 죽어 나갔다. 나는 그들을 위해 진심으로 염불을 해주었다. 도망가는 탈주병들을 그냥 사살하는 것을 몇 차례 목격하기도 했다.

군에 입대하기 전까지만 해도 나는 세상에 대해서 아는 것이 전혀 없었다. 어릴 때 출가하여 학교에 다니다가 곧바로 군대에 갔기 때문이다. 부대에서 고참들은 철모에 소주나 막걸리를 가득 부어 주고서 이것을 마시지 않으면 때렸고, 온갖 나쁜 일들을 시켰다. 그때마다 나는 양심과 싸워야만 했다. 그러나 점차 현실과 타협하지 않을 수 없었다. 제대할 무렵에는 나 자신이 너무나 변했다는 것을 발견할 수 있었다. 그만큼 심성이 나빠졌다는 말이다. 이처럼 나의 군 생활은 밝은 면보다 어두운 면이 더 많다. 그래서 나는 군대 이야기만 나오면 괜히 슬퍼진다. 제대 후 20여 년이 지난 오늘까지 강원도 철원 땅에는 다시 가지 않았다.

양심수들의 병역 거부 사건이 보도될 때마다 나는 가슴이 아프다.

   ● 마음비움에 대한 사색

분단 조국의 비애가 아닐 수 없기 때문이다. 그런데 나와 똑같은 수모를 당하게 될 스님들이 양심선언을 하지 않는 것을 이해할 수가 없다. 호국불교의 전통을 계승한 것이 한국불교라고 세뇌받았기 때문일까?

이제 국가에서도 이러한 양심수들에게 대체 복무의 기회를 제공해 주어도 될 것이라고 생각한다. 젊은이들을 감옥으로 보내지 않고, 국가와 사회를 위해 기여할 수 있는 기회를 제공해 준다면 그 개인은 물론 국가적으로도 이익이 될 것이다. 물론 양심수 중에서도 옥석을 가려야 되겠지만, 이들에게 총 대신 삽이나 호미를 들고 사회에 봉사할 수 있는 문을 열어 준다고 해서 크게 나쁠 것은 없을 것이라고 본다. 왜냐하면 그렇게 해주지 않으면 그들은 여전히 감옥행을 선택할 것이기 때문이다. 이것은 순전히 나 개인의 경험을 바탕으로 한 사견임은 말할 나위 없다.

일반 서민들은 찌는 무더위와 힘든 경제 사정으로 옆을 돌아다볼 여유가 없다. 그런 틈을 타서 자이툰 부대는 죽음의 오지로 파견되었다. 끈질긴 파병 반대 운동도 아무런 소용이 없었다. 이 운동에 동참한 사람들은 모두 허탈해할 것이다. 이제 그들은 떠났다. 자이툰 부대의 무운장구를 빈다. 주변 상황이 좋아져서 이들이 무사히 임무를 마치고 부모와 형제들이 기다리는 조국으로 하루빨리 돌아오기를 부처님 전에 간절히 기원한다.

◉ 『불교정보센터』 2004년 8월 9일자, '마성단상'에 게재

금생의 고통을 잠시나마 면할 수 있는 유일한 탈출구로 자살을 택하는 것은 참으로 어리석은 생각이다. 자살을 하면 금생보다 더 큰 고통을 내생에서 받는다는 것을 잊어서는 안 된다.

자살과 안락사

최근 우리나라에서도 인터넷 자살이 나타나기 시작했다. 동반 자살만이 아니라 드디어 인터넷 촉탁 살인도 등장했다. 인터넷 자살 사이트에서 만난 십대가 돈 100만 원을 받고 20대 자살 희망자를 살해한 것이다. 이 사건을 계기로 자살 사이트가 폐쇄되기 전까지 국내에 50여 개가 있었으며, 이용자가 6,000여 명이었다고 한다.

한편 네덜란드가 지난 11월 28일 의회의 불치병 환자 안락사 허용법안 의결로 세계 최초 안락사를 합법화한 국가가 됐다고 외신들이 보도했다. 불치병과 견딜 수 없는 고통, 환자의 이성적 판단에 따른 동의 등 세 가지 조건을 전제로 한 이 법안은 하원에서 압도적 표차로 통과됐으며, 2001년도부터 시행된다고 한다.

이러한 외국의 영향 때문인지는 알 수 없으나, 최근 국내의 여고생들이 만든 안락사 사이트까지 생겼는데 이에 동조하는 사람들이 늘어

간다는 보도가 있었다. 가치관의 혼란에서 야기된 현상이지만, 심각한 사회 문제가 아닐 수 없다.

초기불교 교단에서도 촉탁 살인과 자살을 권한 사건이 있었다. 팔리 율장에 의하면, 욕정을 참지 못하여 스스로 목숨을 끊거나 어떤 승려가 다른 승려의 부탁을 받고 생명을 빼앗는 일이 생겼다. '미가란디까(Migalaṇḍika)'라는 승려가 발우와 가사를 받는 조건으로 60명이나 되는 승려의 목숨을 끊어 준 사건이 있었다. 이 사실을 뒤늦게 알게 된 부처님은 인근에 있던 모든 승려들을 모아 놓고 이렇게 말했다.

"비구들이여, 이것은 그 승려들을 위하는 것이 되지 못한다. 이것은 적당한 것이 아니다. 이것은 알맞은 것이 아니다. 이것은 사문에게 어울리는 것이 아니다. 이것은 도덕적으로 정당한 것이 아니다. 이것을 행해서는 안 된다. 어떻게 그 승려들이 스스로 목숨을 끊을 수 있단 말인가! 어떻게 그들이 '이 발우와 가사는 당신의 것이 되지 않겠는가?'라고 말한단 말인가! 비구들이여, 이것은 비신자들을 위하는 것도 아니다. … 비구들이여, 이 계율을 공포한다. 승려가 고의로 사람의 목숨을 빼앗거나, 자살을 도와줄 사람을 구하거나, 또한 이것을 어긴 자는 함께 살 수 없다."

한때 어떤 재가자가 병이 들었다. 그의 아내는 아름답고 미모와 상냥함을 갖추었다. 여섯 승려의 무리가 이 부인에게 반했다. 그런데 이 재가자가 살아 있는 한 이 부인을 취할 수가 없었다. 그래서 그 남자에게 자살할 것을 권유했다. 그 남편이 죽자 아내는 스님들이 이럴 수 있느냐고 강하게 항의했다.

이러한 사건이 교단에서 일어나자 부처님께서는 이들을 불러 놓고

"바보 같은 사람들아! 왜 너희들이 재가자에게 죽음의 장점을 찬양했느냐?"라고 크게 꾸짖고, 앞에서 제정한 불살생계(不殺生戒)에 다음과 같은 내용을 추가시켰다.

"죽음의 좋은 점을 찬양하거나, '무엇 때문에 당신은 이런 비참한 생활을 하느냐? 죽는 것이 사는 것보다 낫다' 라는 말로 누구에게나 죽음을 부추기거나, 고의로 자살의 여러 가지 방법을 일러주거나 자살을 선동한 자는 함께 살 수 없다."

여기서 '함께 살 수 없다' 는 것은 불교 계율 가운데 가장 무거운 바라이죄(波羅夷罪)를 말한다. 곧 교단에서 추방시키는 무거운 계율이다. 이것은 비단 비구에게만 해당되는 것이 아니다. 모든 불교도들에게 적용되는 계율인 것이다. 불교에서는 어떠한 경우에도 자살이나 안락사를 허용하지 않는다. 자살과 안락사는 크나큰 죄악일 뿐이다.

불교에서는 갈애(渴愛)가 모든 형태의 괴로움과 존재의 윤회를 일으키는 가장 직접적인 원인이라고 진단하고 있다. 갈애란 목마른 자가 물을 찾는 것과 같은 격렬한 탐욕을 일컫는 말이다. 갈애에는 세 가지 종류가 있다. 즉 욕애(欲愛), 유애(有愛), 비유애(非有愛)가 그것이다.

첫 번째 욕애는 감각적 쾌락에 대한 욕망을 말한다. 원초적 본능인 색욕(色欲)을 의미한다. 이 욕애로 말미암아 인간을 비롯한 모든 생물의 짝짓기 행위가 이루어지며, 그 결과 종족이 번성하게 되는 것이다.

두 번째 유애는 존재와 생성에 대한 욕망을 말한다. 한마디로 살고 싶은 욕망을 말한다. 모든 생명체는 단 1초라도 더 생명을 연장하고 싶어한다. 죽어 가면서도 살려 달라고 울부짖는 것은 바로 이 유애를 밖

 ● 마음비움에 대한 사색

으로 표출한 것이라 할 수 있다.

세 번째의 비유애는 비존재에 대한 욕망을 말한다. 다시 말해서 존재하고 싶지 않은 욕망이다. 즉 자살하고 싶은 충동이라고 해석할 수 있다. 비유애는 유애의 반대 개념으로 살고 싶은 욕망만큼 죽고 싶은 욕망도 격렬하다는 것이다.

필자가 처음 이 교설을 접했을 때 첫 번째와 두 번째는 쉽게 이해할 수 있었는데, 왜 부처님께서 세 번째의 비유애를 포함시켰는가를 이해할 수가 없었다. 왜냐하면 필자는 아직 죽고 싶다는 생각을 단 한 번도 해본 적이 없기 때문이다. 그러나 나중에 자살의 충동이 얼마나 격렬한 것인지 알게 되었다.

불교에서는 이러한 세 가지 욕망을 영원히 끊어 버려야만 비로소 궁극의 목표인 열반을 증득할 수 있다고 본다. 금생의 고통을 잠시나마 면할 수 있는 유일한 탈출구로 자살을 택하는 것은 참으로 어리석은 생각이다. 자살을 하면 금생보다 더 큰 고통을 내생에서 받는다는 것을 잊어서는 안 된다. 이 몸 받았을 때 윤회의 사슬에서 벗어날 수 있는 길을 찾는 것이 가장 값진 삶이라는 것을 깨닫기 바란다.

◉『법보신문』 제591호, 2001년 1월 10일자

부처님께서 말씀하신 왕의 열 가지 의무인 시왕법(十王法)이란 오늘날 정치지도자
가 갖추어야 할 열 가지 덕목인 것이다.

시왕법(十王法)

4월 총선을 앞두고 정치 지망생들의 발걸음이 빨라졌다. 공
천 물밑 작업이 치열하다고 한다. 기존 정치인은 물론 정치 지망생들
의 줄서기가 한창이다. 이런 와중에 최근 국회에서의 욕설과 난폭한
행동은 우리를 슬프게 한다. 자기 자신도 다스리지 못하는 자가 나라
를 다스리겠다고 설치는 꼴은 차마 눈뜨고 보기 민망스럽다. 정치 지
도자의 덕목을 다시 생각하게끔 만든다.

부처님은 『자따까(Jātaka, 本生經)』에서 왕의 열 가지 의무인 시왕
법(十王法)을 설했다. 옛날의 '왕'이란 오늘날의 '정부'를 움직이는
중요한 정치 지도자들에 해당될 것이다. 왕의 열 가지 의무란 곧 정치
지도자가 갖추어야 할 열 가지 덕목인 것이다.

첫째는 너그러움, 관대함, 자선심인 보시(布施)다. 지도자는 부와
재산에 대한 욕망과 집착을 가져서는 안 되며, 국민의 복지를 위해 그

것을 나눠 주어야 한다. 둘째는 높은 도덕적 품성인 지계(持戒)다. 지
도자는 최소한의 도덕적 삶을 영위해야 한다. 간음, 거짓말 등을 해서
는 안 된다. 셋째는 국민들의 이익을 위해서 모든 것을 희생하는 영사
(永捨)다. 지도자는 국민들의 이익을 위하여 모든 개인적 안락, 명성
과 평판, 심지어 목숨까지 포기할 각오가 되어 있어야 한다. 넷째는 정
직과 성실이다. 지도자는 국민들을 속여서는 안 된다. 다섯째는 친절
과 온순함인 유화(柔和)다. 지도자는 온화한 기질을 지녀야만 한다.

　여섯째는 습관화된 엄격함인 고행(苦行)이다. 지도자는 간소한 생
활을 솔선해야 하며, 사치스러운 생활에 탐닉해서는 안 된다. 일곱째
는 증오, 악의, 적의에서 벗어난 호의(好意)다. 지도자는 누구에게도
앙심을 품어서는 안 된다. 여덟째는 비폭력이며, 아홉째는 인욕(忍辱)
이다. 지도자는 화를 내지 않고, 고난과 난관 및 모욕을 참을 수 있어
야만 한다. 열째는 불상위(不相違)다. 지도자는 국민들의 의향을 거슬
러서는 안 된다. 오늘날의 용어로 민심을 잘 파악해야 한다는 말이다.

　이러한 품격을 지닌 사람들이 나라를 다스리면 번영할 것이다. 반면
열 가지 덕목 가운데 어느 것 하나도 제대로 갖추지 못한 자가 지도자
의 반열에 오르면 나라를 망친다. 부처님이 제시한 시왕법은 올바른
지도자를 발굴하는 잣대가 될 것이다.

◉ 『東國佛敎』 제186호, 2000년 1월 10일자, 5면

제4장 한국불교에 바란다

다양한 종교의 역사와 핵심적인 내용도 어느 정도는 파악하고 있어야 자기 종교의 우수성을 정확히 이해할 수 있게 된다. 그리고 종교 외에 세계의 철학과 사상계에 대한 식견도 요구된다.

자기중심적 불교관에서 벗어나야

누구나 어릴 때는 자기가 태어나 자란 집 밖의 외부 세계에 대해서는 잘 알지 못한다. 그러다가 자라면서 자기 집 외에도 다른 집이 있고, 자기 집보다 더 큰 집도 많이 있다는 것을 알게 된다. 더 성장하면 자기 마을 외에도 다른 마을이 있고, 우리나라 외에도 다른 나라들이 있음을 알게 된다. 점차 나이가 들어 가면서 참으로 세상은 넓다는 것을 알게 된다.

나의 불교관도 이와 비슷한 과정을 거치면서 점차 확대되었다고 할 수 있다. 처음 출가할 때에는 부처님이 어떤 분인지 불교가 무엇인지 전혀 알지 못했다. 그냥 절에서 살면서 어른 스님들이 가르쳐 주는 의식문을 그저 열심히 암송했을 뿐이다. 그때는 의식문에 나타난 내용이 불교의 전부인 양 알았다. 그런 짧은 지식으로 포교를 한답시고 학생회나 청년회의 지도 법사로 활동하기도 하였다. 지금 생각하면 참으로

낯 뜨거운 일이다.

그런데 우연히 학문적으로 불교를 접할 수 있었기 때문에 나의 불교관도 학문의 깊이와 폭에 의해 점차 깊어지고 넓어졌다고 할 수 있다. 흔히 '아는 만큼 보인다'는 말이 이에 해당될 것이다. 특히 상좌부의 훌륭한 스님들과 저명한 학자들을 만난 것은 나의 생애에 있어서 가장 큰 행운이 아닐 수 없다. 이들의 영향으로 스리랑카로 유학을 가게 되었고 그곳 사찰에 머물면서 남방불교를 직접 체험할 수 있었다.

이때 막연히 한국불교가 최고이고 대승불교가 우월하다고 세뇌받았던 나의 생각들이 한꺼번에 무너지기 시작했다. 더욱이 체계적으로 초기불교를 공부하면서 상좌부불교와 대승불교의 장·단점을 비교해 볼 수 있는 안목을 갖게 되었다. 그리하여 이제는 지금까지 나를 얽어 매어 두었던 종파나 한국불교라는 울타리에서조차 벗어날 수 있게 되었다.

아직까지도 자기가 소속된 종파가 제일이고, 한국불교가 세계에서 최고라고 믿고 있는 사람들이 많이 있다. 어쩌면 그렇게 알고 사는 사람들이 행복할지도 모른다. 모르는 것이 오히려 약이 될 수도 있기 때문이다. 그러나 세계불교적 관점에서 한국불교를 바라보면 극히 일부분에 지나지 않는다는 것을 알게 된다. 한국불교가 최고라고 주장하는 사람들을 보면 측은하고 불쌍하다. 마치 개미가 하루 종일 바쁘게 먹이를 물어 나르는 모습을 위에서 내려다보고 있는 사람의 심정이라고나 할까. 마치 『화엄경』에 묘사된 법계의 관점이나 불교의 우주관에서 지구와 사바세계를 바라본다면 한 티끌에 지나지 않는 것과 같다.

우리는 지금 모든 분야에서 세계화를 외치고 있다. 이에 부응하기라

   ● 마음비움에 대한 사색

도 하듯 한국불교도 세계화를 외치고 있다. 그러나 한국불교의 무엇을 세계화할 것인가에 대한 진지한 고민도 없이 그저 세계화만 외치고 있다. 그러면서 한국불교가 세계에서 제일이라는 우물 안 개구리 식의 사고에서 벗어나지 못하고 있다. 한국불교의 세계화를 위해서는 무엇보다도 먼저 전체의 세계불교를 조망할 수 있는 안목을 가져야 하며, 자기중심적 불교관에서 벗어나야만 할 것이다.

한편 더 나아가 불교만 아는 사람과 다른 종교를 함께 알고 있는 사람은 의식의 차원이 전혀 다르다. 이 지구상에서 불교야말로 최고의 종교라고 생각하는 것도 하나의 편협한 시각에 불과하다. 이 지구상에는 불교 외에도 수많은 종교가 있다. 또 그들의 주장에도 훌륭한 점이 많이 있다. 따라서 자기 종교가 최고라고 주장하는 것도 하나의 집착이라고 할 수 있다. 자기 종교라는 좁은 울타리에서조차 벗어날 수 있어야만 할 것이다. 세계종교의 입장에서 보면 불교는 세계의 여러 종교 가운데 하나에 불과하다. 자기 종교만이 선이고 다른 종교는 악이라는 이분법적 사고는 종교 분쟁의 원인이 된다. 그러므로 이러한 배타주의에서 포괄주의 혹은 상대주의를 넘어 종교 다원주의로 나아가지 않으면 안 된다.

19세기 종교학자 막스 뮐러는 "하나의 종교만 아는 사람은 아무 종교도 모른다"라고 말했다. 맞는 말인 것 같다. 다양한 종교의 역사와 핵심적인 내용도 어느 정도는 파악하고 있어야 자기 종교의 우수성을 정확히 이해할 수 있게 된다. 그리고 종교 외에 세계의 철학과 사상계에 대한 식견도 요구된다. 마치 불교를 정확히 이해하기 위해서는 불교가 태동할 수밖에 없었던 시대적 상황과 그 배경에 대한 이해가 선행되어야 하는 것과 같다.

이처럼 그 사람의 정신세계가 어디에 있는가에 따라 세상을 바라보는 시야가 바뀌게 된다. 자기가 소속된 단체나 종파 나아가 그 종교에 국한된다면, 이 우주의 진리를 있는 그대로 볼 수 없게 될 수도 있을 것이다. 보다 넓은 시각, 즉 광대한 시각으로 진리를 볼 수 있는 사람이 되어야 할 것이다.

붓다 당시 인도의 사상계는 크게 바라문과 사문의 두 그룹으로 나누어져 있었다. 바라문 그룹은 베다의 전통을 계승한 인도 사상계의 주류였다. 반면 사문 그룹은 이러한 베다의 전통을 부정하고 일어난 자유사상가들이었다. 붓다도 이러한 사문 가운데 한 사람이었음은 주지의 사실이다. 원래 사문이란 '노력하는 사람', '정진하는 사람'이라는 뜻을 갖고 있다. 사문들은 지금까지 자신들을 지배해 온 어떤 고정된 틀, 즉 도그마에 갇히지 않고 끝없이 진리를 추구했다. 그 결과 전통 바라문들의 고정적인 사고의 틀에서 벗어날 수 있었다. 그러므로 자기중심적 사고에 갇혀 있기보다는 해탈·열반이라고 하는 궁극의 목표를 향해 끊임없이 나아가는 사람이야말로 진정한 의미의 사문이라고 할 수 있을 것이다.

◉ 『東鶴』 제99호(2006년 3·4월호), pp.16-17

 마음비움에 대한 사색

사실 깨달음과 수행을 특별한 것으로 생각할 필요가 없다. 왜냐하면 수행도 삶을 떠나서 있을 수 없고, 수행을 떠난 삶도 온전한 것이라고 말할 수 없기 때문이다.

깨달음이란 진리에 대한 눈뜸이다

깨달음이란 진리에 대한 눈뜸이다. 붓다는 자신의 깨달음에 대해서 "눈이 생기고, 통찰이 생기고, 지혜가 생기고, 과학적 지식이 생기고, 빛이 생겼다"라고 말했다. 초기경전에서는 진리를 깨달은 사람들에 대해서 "티끌 없고 더러움이 없는 진리의 눈〔法眼, dhamma-cakkhu〕을 떴다. 그는 진리를 보았고, 진리에 도달했고, 진리를 알았고, 진리를 파악했으며, 의혹을 건너서 흔들림이 없다"라고 표현했다. 여기서 말하는 진리란 사성제(四聖諦)·연기법(緣起法)·무아설(無我說) 등을 일컫는다. 따라서 초기불교에서 말하는 깨달음이란 사성제·연기법·무아의 이치를 터득한 것이라고 이해할 수 있다.

붓다께서 설한 가르침은 ① 잘 설해져 있음, ② 지금 이곳에서 경험될 수 있음, ③ 시간을 지제하시 않음, ④ 와서 보라고 힐 수 있는 것, ⑤ 열반으로 이끌어 줌, ⑥ 현명한 사람에 의해서 직접적으로 체험되는 것이다. 이와 같이 깨달음은 '지금 여기서' 누구나 곧바로 실현할 수 있는 것이다.

역사적으로 초기불교 교단에서 꼰단냐·밥빠·밧디야·마하나마·앗사지 등 다섯 비구는 녹야원에서 붓다로부터 『전법륜경』과 『무아상경』을 듣고 곧바로 깨달았다. 그리고 야사를 비롯한 그의 동료 50명도 붓다의 법문을 몇 차례 듣고 곧바로 아라한이 되었다. 그런데 더욱 놀라운 사실은 빔비사라 왕과 11만 명의 대중들이 붓다의 사제(四諦) 설법을 듣고 그 자리에서 먼지와 때를 여읜 법안(法眼)을 얻었다고 『율장(律藏)』 「대품(大品)」에 기록되어 있다. 이와 같이 깨달음이란 진리에 대한 눈뜸이다. 즉 세계와 인생을 바라보는 인식의 전환인 것이다.

그러나 후대로 내려오면서 깨달음은 신비화된다. 그리고 초기불교에서 말한 '진리에 대한 눈뜸'이 대승불교에서는 '부처가 된다〔成佛〕'는 개념으로 바뀌었다. 이로 인해 깨달음은 다겁생을 통한 수행의 결과라거나, 범부들은 감히 접근할 수도 없는 것으로 인식되었다. 특히 깨달음은 일부 선 수행자들의 전유물처럼 여겨졌다. 그러면서도 일체 중생은 모두 불성(佛性)을 갖고 있기 때문에 누구나 성불할 수 있다고 말한다. 이런 말은 너무나 많이 들어서 이미 세뇌되어 버렸다. 그러나 곰곰이 생각해 보면 '부처가 된다'는 것이 실현 가능한 일인가? 오히려 교만한 생각은 아닐까?

그런데 깨달음에 대한 신비주의에 빠져 있는 사람들은 깨닫기만 하면 모든 문제를 한순간에 해결할 수 있다고 말한다. 그리하여 깨달음에 대한 한탕주의와 도통주의가 만연해진 것이다. 간혹 어떤 사람은 깨달으면 기적이나 신통을 마음대로 부릴 수 있을 것이라고 믿고 있다.

그들은 깨닫기만 하면 무식한 사람이 곧바로 유식해지고, 각종 외국어도 능통하게 구사할 수 있을 것이라고 착각하고 있다. 어떤 사람이 진리에 눈을 떴다고 해서 배우지 않은 역사적 지식을 알거나, 한글 맞춤법도 모르는 사람이 곧바로 논문을 작성할 수 있는 것은 아니다. 그런 일은 도저히 있을 수 없는 하나의 환상에 불과하다.

십이연기설(十二緣起說)에서 무명(無明)은 사성제의 이치를 모르는 것이라고 설해져 있다. '깨달음'이라는 어떤 실체가 있는 것으로 착각하고, 그 실체를 좇아다니는 것은 무지(무명)의 소산이 아닐 수 없다. 이러한 무지의 환상에서 깨어나는 것이야말로 바른 깨달음이라고 할 수 있을 것이다.

흔히 불교의 궁극적 목표가 깨달음이라고 말한다. 수행의 목적이 깨침에 있다고 보는 한 틀린 말은 아니다. 그러나 우리는 여기서 무엇을 위한 깨달음인가에 대해서 깊이 생각해 볼 필요가 있다. 필자는 깨달음의 목적은 '괴로움의 소멸'에 있다고 본다. 붓다는『증지부경전』에서 "내가 가르치는 것은 괴로움과 괴로움의 소멸이다"라고 말했다. 붓다의 모든 가르침은 궁극적으로는 괴로움에서의 해탈이라는 마지막 목적에 초점이 맞추어져 있다.

그리고 이 괴로움에서 벗어나기 위해서는 괴로움의 원인인 갈애(渴愛)를 완전히 끊어 버려야 하는데, 그 길이 바로 팔정도(八正道)라는 것이다. 한편『대념처경』을 비롯한 염처계(念處系) 경전에서는 '깨어 있음'의 수행법을 구체적으로 제시해 놓았다. 그것이 바로 위빠사나 수행법이다. 이 수행법의 특징은 '알아차림'에 있다. 즉 사물의 있는 그대로의 모습을 꿰뚫어 봄으로써 삶에 만연한 괴로움에서 벗어나게 된다는 것이다. 이것이 초기불교의 수행법이다.

대승불교에서 말하는 깨달음이 수행의 결과임에는 틀림없다. 그러나 초기불교에서 말하는 깨달음은 종착점이 아니라 진리 구현을 위한 출발점이라고 이해할 수도 있다. 즉 깨닫기 위해 수행하는 것이 아니라 '진리에 대한 눈뜸'을 계속 유지하기 위해 수행한다는 것이다. 다시 말해서 깨달음 자체가 목적이 아니라 수행 자체가 목적이라는 것이다. 특히 오늘날에는 깨달음을 목적으로 보기보다는 수단으로 보는 편이 더 현실적이라고 할 수 있다. 지금은 깨달음과 수행에 대한 인식의 전환이 요구되는 시대이다.

사실 깨달음과 수행을 특별한 것으로 생각할 필요가 없다. 왜냐하면 수행도 삶을 떠나서 있을 수 없고, 수행을 떠난 삶도 온전한 것이라고 말할 수 없기 때문이다. 즉 수행의 일상화, 일상의 수행화가 바른 불자의 삶이다. 이런 측면에서 보면, 삶의 현장에서 실현할 수 없는 공허한 언어의 나열이나 삶과 유리된 외침은 한낱 헛구호에 지나지 않는다. 그러므로 현실적으로 실현 불가능한 '성불'에 초점을 맞출 것이 아니라, 눈높이를 낮춰 '정진' 자체에 초점을 맞추어야 할 것이다. 그러면 수행이 고통이 아니라 그 자체가 행복으로 바뀌게 된다. 따라서 불교도 사이의 인사법도 '성불합시다'에서 '정진합시다'로 바꿀 것을 제안한다.

붓다는 완전한 깨달음, 즉 아뇩다라삼먁삼보리[無上正等正覺]를 성취한 뒤에도 수행을 멈추지 않았다. 붓다는 혼자서 종종 숲 속에 들어가 보름, 혹은 한 달 동안 명상에 전념하기도 했다. 진리를 깨달았다고 해서 음식도 먹지 않고, 배설도 하지 않고, 잠도 자지 않은 것으로 생

  ● 마음비움에 대한 사색

각하는 것은 크게 잘못된 것이다. 붓다께서도 육체를 갖고 있는 한 생명을 유지하기 위해 음식물을 섭취해야만 했으며, 육체적 고통도 감수해야만 했다. 깨달음 이후에도 생명 활동은 계속된다.

어느 한순간 깨달았다고 해서 아무런 생각도 일어나지 않는 식물인간처럼 되는 것이 아니다. 깨달은 성자, 즉 아라한일지라도 대상과의 접촉을 통해 시시각각으로 사유, 느낌, 감각적 인상 등은 계속적으로 일어나고 사라진다. 다만 깨달은 자는 존재의 특성, 즉 그것이 일어나고 머물다가 사라지는 현상을 있는 그대로 알아차리기 때문에 그것에 집착하지 않을 뿐이다. 아라한은 선(善)이나 악(惡), 혹은 선도 악도 아닌 무기(無記), 그 어디에도 집착하지 않기 때문에 새로운 업(業)을 짓지 않는다. 그래서 아라한을 "나의 생(生)은 이미 다했고, 범행(梵行)은 이미 확립되었으며, 할 일도 이미 마쳤다. 다시는 후생의 몸을 받지 않는다고 스스로 안다〔我生已盡 梵行已立 所作已作 自知不受後有〕"라고 표현하는 것이다.

그러면 깨달음을 이루기 위해서는 어떻게 수행해야 할 것인가. 이것을 '수증론(修證論)'이라고 부른다. 이 수증론은 그 사람의 능력과 근기, 그리고 그가 처한 상황에 따라 달라질 수 있다. 비록 부처님이 직접 제시한 것일지라도 자신의 근기에 맞지 않는 것이라면 올바른 길이라고 할 수 없다. 그래서 불교에서는 어느 한 가지만이 유일한 길이라고 고집하지 않는다 이것이 불교의 특징 가운데 하나이다. 선수행(禪修行)만이 깨달음으로 가는 유일한 길이라고 주장하는 것은 하나의 독단에 지나지 않는다. 불교에는 수많은 수행법들이 제시되어 있다. 어느 길이든 올바르게 따르기만 하면 동일한 목적지에 도달할 수 있을 것이다.

다만 어떠한 수증론일지라도 교학과 수행 혹은 이론과 실천(의례 포함)이 서로 일치해야만 모순 없이 목적지에 빨리 도달할 수 있다. 예를 들면 위빠사나 수행자가 밀교의 『보리도차제론』을 따른다거나 법화행자가 화엄의례를 봉행한다면, 이론과 실천이 서로 일치하지 않기 때문에 혼란에 빠질 수도 있다. 한마디로 이론과 실천이 합치될 때 비로소 공부의 진척을 기대할 수 있다.

⊙ 『불교신문』 제2055호, 2004년 8월 17일자, 5면

  ● 마음비움에 대한 사색

이제 한국의 불교 학문도 세계화에 발맞춰 한글이 아닌 영어로 씌어진 논문들이 쏟아져 나와야 할 것이다. 그래야 한국불교학의 세계화는 앞당겨질 것이며, 한국불교의 위상도 자연스럽게 높아질 것이라고 나는 생각한다.

동북공정과 한국불교사

— 한국불교, '이불 밑에서 만세 부르기' 그만하자 —

중국은 이미 오래전부터 고구려사를 중국사에 편입시키기 위해 동북공정(東北工程)이라는 프로젝트를 추진해 왔다. 이 프로젝트는 남북한의 통일이 이뤄질 경우 만주 지역에 사는 조선족의 분리 움직임을 사전에 차단하기 위해 마련된 것이다. 즉 '고구려가 중국의 동북 지방 소수민족의 정권'이라는 것을 학술적으로 증명하기 위한 것이다.

이번 중국의 고구려사 왜곡과 관련하여 우리가 얻은 소득은 대한민국의 정체성을 되돌아볼 수 있는 기회를 갖게 되었다는 점이다. 이것은 불행 중 다행이라 할 수 있다. 최근의 보도에 의하면, 세계의 여러 교과서에 한국사 부분이 빠져 있거나 잘못 기술된 부분이 많다고 한다. 이를테면 한국은 중국의 변방에 속하는 한 민족 징도로 서술되어 있다는 것이다. 그만큼 우리의 정확한 역사가 세계에 제대로 소개되지 않았다는 것이다.

사실 우리나라가 세계에 널리 알려진 것은 88올림픽 이후라고 할 수 있다. 그 이전에는 몇몇 특수한 사람들만 해외에 나갈 수 있었으며, 대한민국이라는 나라에 대해서 알고 있는 외국인은 그리 많지 않았다. 세계사 속의 한국은 극히 미미한 존재에 불과했다는 의미이다.

그동안 우리는 우리 민족의 역사와 정체성을 세계에 알리는 데 소홀히 해 왔던 것이 사실이다. 아니 그럴 여유가 없었다고 표현하는 것이 더 적합할 것이다. 지금까지 우리의 역사를 세계 각국의 언어로 번역하여 소개하지 못한 것을 반성하고, 이제부터라도 각국의 잘못된 교과서를 수정하는 작업에 국가와 학자들이 보다 깊은 관심을 가져야 할 것이다.

이와 같이 우리나라의 역사가 전 세계에 제대로 알려지지 않았는데, 하물며 한국불교사는 말할 필요도 없다. 한국불교사는 세계의 불교도들에게 완전하게 소개된 적이 거의 없다. 나는 불교 국가의 여러 대학 도서관들을 둘러보고 놀라지 않을 수 없었다. 영문으로 씌어진 어마어마한 자료들이 보관되어 있었다. 그러나 그 많은 책들 중에 한국불교사에 관한 것은 찾아볼 수가 없었다.

세계의 다른 불교 국가들은 자국의 불교사를 영어와 다른 외국어로 번역하여 소개하고 있다. 그러나 영어로 씌어진 한국불교사는 최근에 발행된 한두 권에 불과하다. 현재 영어로 씌어진 세계불교사 중에서 가장 대표적인 저서는 바파트(P. V. Bapat) 교수가 편찬한『불교 2500년사(2500 Years of Buddhism)』이다. 이 책은 불멸 2500주년을 기념하여 인도 정부에서 1956년도에 발행한 것이다. 총 440페이지에 달하는 방대한 책이지만 한국불교사는 단 한 페이지 분량뿐이다. 한국의 불교학자들이 이 작업에 참여하지 않았기 때문이다. 그 당시에는 영어로 그런 작업을 할 수 있는 국내의 불교학자도 없었다.

이 점을 늘 안타깝게 생각해 오다가, 나는 먼저 스리랑카 정부에서 발행하는 『불교백과사전(Encyclopaedia of Buddhism)』에 영어로 씌어진 한국불교사를 등재해야겠다고 생각했다. 그래서 원의범 교수님께 상의했다. 원의범 교수님은 영어로 번역한 한국불교사를 다시 간추려 나에게 전해 주었다. 나는 『불교백과사전』의 편집장인 위라라트네(Dr. W. G. Weeraratne) 박사를 몇 차례 만나 이 원고가 게재될 수 있도록 해 달라고 부탁했다. 그러나 여러 해가 지났지만 게재되지 않았다. 그러던 중 1999년 Korea라는 항목 밑에 간추린 한국불교사가 드디어 게재되었다(*Encyclopaedia of Buddhism*, Volume VI, Fascicle 2, pp.235-247 참조).

과문한 탓인지는 모르나, 이것이 세계의 권위 있는 『불교백과사전』에 한국인이 쓴 최초의 영문 한국불교사인 것이다. 원의범 교수님께서는 이 원고가 게재되도록 후원한 가산 스님과 교정 작업에 참여한 마성 스님의 이름도 함께 병기할 것을 주문했다. 그래서 3명의 이름을 똑같이 등재하게 되었다.

지난해(2003년) 여름 한국교수불자연합회가 주최한 제1회 동아시아 교수불자대회 겸 제2회 한국교수불자대회가 백담사에서 개최되었다. 이 대회의 동남아시아 교수 초청 업무를 내가 주선했기 때문에 나도 그 자리에 참석하게 되었다. 이 대회에서 각 나라별 리포트를 발표하는 순서가 있었다. 다른 불교 국가의 리포트 소개가 끝난 뒤, 마지막으로

한국의 어떤 교수가 '한국불교란 어떤 것인가'라는 제목의 리포트를
발표했다.

그 내용의 핵심은 한국불교야말로 종합성(일승)과 독창성(일미) 내
지 보편성과 특수성을 지닌 세계 최고의 불교라는 것이었다. 한마디로
인도불교는 서론에 해당되고, 중국불교는 본론에 해당되며, 한국불교
는 결론에 해당된다는 주장이었다. 이러한 리포트를 듣고 있다가 나는
자리에서 벌떡 일어나 "이러한 주장은 이불 밑에서 만세 부르는 것과
같다"라고 외쳤다. 그리고 그 교수에게 세계불교사를 단 한 번이라도
읽어 보았느냐고 다그쳤다. 그 교수는 물론 그 자리에 참석한 약 150
여 명의 교수님들도 당황해하는 눈치였다.

그때 내가 말한 요지는 한국불교사를 전공한 학자들이 영문이 아닌
우리말로 논문을 작성하고, 우리의 불교가 최고라고 외치는 것은 이불
밑에서 만세 부르는 것과 똑같다는 것이었다. 밖에서는 전혀 그렇게
생각하지 않는데, 안에서 우리 것이 최고라고 아무리 외쳐 보아도 남
이 알아주지 않으면 아무 소용이 없다는 요지였다.

그 자리에 참석했던 많은 교수님들은 내가 한국불교를 낮추어 본다
고 오해했을지도 모른다. 그러나 내가 말한 의도는 한국불교가 형편없
다는 말이 아니었다. 나는 한국불교만이 갖고 있는 좋은 전통은 물론
한국불교의 장점과 단점을 잘 알고 있다. 다만 그 우수성이 세계불교
에 거의 알려지지 않았다는 점을 지적했을 뿐이다.

만일 한국불교의 우수성을 한국불교사를 전공한 학자들이 영문이나
다른 외국어로 번역하여 권위 있는 학술지에 발표해 왔다면 다른 외국
인들도 그것을 인정해 줄 것이다. 그렇지 않고 우물 안 개구리마냥 우

    마음비움에 대한 사색

리 것이 최고라고 주장하는 것은 전혀 설득력이 없다는 것을 지적했던 것이다.

이제 한국불교도 우물 안 개구리 식의 시각에서 벗어나야만 할 것이다. 다시 말해서 안에서 밖을 볼 것이 아니라 반대로 밖에서 안을 볼 줄도 알아야 한다는 뜻이다. 그래야 객관적으로 한국불교를 바로 볼 수 있을 것이기 때문이다.

최근 우리 불교학계에서는 한국불교학의 세계화를 위한 영문 서적 발간의 필요성을 절감하고 이러한 작업을 추진하고 있다. 비록 늦었지만 참으로 의미 있는 작업이 아닐 수 없다. 한국의 스님들이 지은 명저들이 영문으로 번역되어 세계의 학계에 소개된다면 높은 평가를 받을 수 있을 것이다. 이제 한국의 불교 학문도 세계화에 발맞춰 한글이 아닌 영어로 씌어진 논문들이 쏟아져 나와야 할 것이다. 그래야 한국불교학의 세계화는 앞당겨질 것이며, 한국불교의 위상도 자연스럽게 높아질 것이라고 나는 생각한다.

◉ 『불교정보센터』 2004년 8월 23일자, '마성단상' 에 게재

앞으로 대형 사찰들도 운영하기가 점차 어려워질 것으로 예상된다. 현상 유지하기도 힘든 시기가 언젠가는 도래하게 될 것이다. 미리부터 이에 대해 대비하지 않으면 큰 위기를 맞이하게 될 것이다.

자급자족만이 살길이다

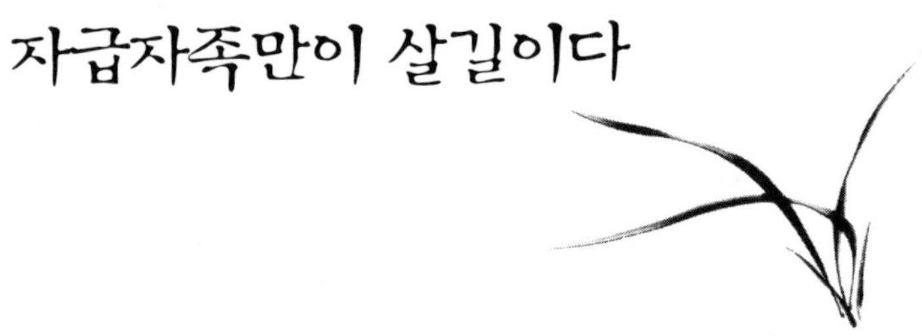

요즘 나의 관심사는 '어떻게 미래에도 살아남을 수 있을까' 하는 것이다. 나 개인은 물론 내가 몸담고 있는 사찰과 불교 공동체의 미래에 대해 미리 생각하지 않을 수 없다. 그러다 보니 자연적으로 불교 교단사(佛敎敎團史) 쪽에 관심을 갖게 되고, 그 분야의 책들을 즐겨 탐독한다. 역사를 통해 교훈을 얻기 위해서이다. 지난 과거의 역사를 통해 오늘을 진단하고 내일을 대비하는 것이 일반적인 관례이기 때문이다.

붓다의 가르침은 인류 보편적 가치를 갖고 있다. 그렇기 때문에 시간과 공간을 초월하여 타당한 진리라고 말할 수 있다. 그러나 그 가르침을 따르는 개인과 공동체는 연기(緣起)의 법칙에서 벗어날 수가 없다. 그래서 흥망성쇠(興亡盛衰)를 겪는다. 이를테면 어떤 때는 번영하기도 하고, 어떤 때에는 쇠퇴하기도 한다. 종교도 그 시대의 사회적 영향을 직접 혹은 간접적으로 받는다.

● 마음비움에 대한 사색

아무리 훌륭한 붓다의 가르침일지라도 그것을 계승 발전시키지 못하면 단절되고 만다. 이상과 현실은 다르다. 현상계는 물질이 지배한다. 즉 먹고사는 문제가 해결되지 않으면 아무리 훌륭한 이상도 실현할 수가 없다. 이른바 문학·사학·철학 등은 안정된 경제적 기반 위에서만 실현 가능한 학문들이다. 물론 예외적인 경우도 있지만 경제적으로 여유가 없으면 지속적으로 행하기 어려운 것이 사실이다.

오늘날 대학의 인문학은 위기에 처해 있다고 한다. 속된 말로 돈이 되지 않기 때문에 이러한 학문에 지원하는 학생들이 점차 줄어들고 있다. 종교도 마찬가지다. 예전에는 종교가 인간 삶의 많은 부분을 차지해 왔다. 그러나 오늘날에는 종교가 담당해 오던 많은 부분을 잃었다. 인간은 돈을 좇아 움직인다. 그러다 보니 종교는 점차 사람들의 관심에서 멀어지게 되었다. 미래에는 이러한 현상이 더욱더 심화될 것으로 예상된다.

역사적으로 인도에서는 불멸 후 근본분열 이후 20부파가 생겨났다. 하지만 오직 상좌부만이 살아남았고, 다른 부파들은 역사의 무대 뒤편으로 사라지고 말았다. 많은 원인 중에서 당시 부파교단을 지지하고 있던 왕조나 자산가들의 몰락과 관계가 있는 것 같다. 또한 중국에서 발생한 수많은 종파들도 한때는 번성하였지만 대부분 사라졌다. 그러나 오직 선종(禪宗)만이 살아남았다. 이와 같이 외부적으로 어려운 시기가 도래하면 자급자족할 수 있는 개인과 단체만이 살아남는다.

중국의 선종은 백장청규(百丈淸規)에 그 기반을 두고 있었기 때문에 극심한 불교탄압 속에서도 살아남을 수 있었다. 백장청규의 정신은 '일일부작 일일불식(一日不作 一日不食)'으로 표현되고 있다. 이것은

‘하루 일하지 않으면 하루 먹지 말라’ 는 가르침이다. 한마디로 자급자족의 정신을 극단적으로 표현한 것이다.

이러한 백장청규의 정신은 한국의 승단에도 큰 영향을 미쳤다. 한국 불교의 선농사상(禪農思想)은 백장청규의 정신을 계승한 것이다. 선농사상은 선사들이 신도들의 보시에 의존하지 않고 농사를 지어 자급자족하면서 수행에 정진하겠다는 정신이다. 즉 ‘일과 닦음’ 을 동시에 추구한 것이었다. 실제로 이것을 실천에 옮긴 스님들이 많이 있다.

그런데 예전에는 불가에서 자급자족할 수 있었던 유일한 수단이 농사뿐이었다. 그래서 농사를 지어 자급자족하면서 계율을 지키고 승가의 전통을 계승해 왔다. 이러한 전통 때문에 꼭 농사를 지어야만 선농일치(禪農一致)를 실천하는 것으로 생각하는 것은 잘못된 것이다. 다만 그때는 사찰이 소유한 토지가 많이 있었기 때문에 가장 손쉽게 실천에 옮길 수 있었고, 실제로 농사가 사찰 경제에 큰 도움이 되었다. 그러나 지금은 사정이 달라졌다. 농사만이 유일한 수단이라고 생각하는 것은 현실에 맞지 않는다.

오늘날 1차 산업인 농업은 황폐화되어 가고 있다. 그리고 농업이 불교의 정신에 꼭 합치하는 것도 아니다. 농사가 오히려 생명을 더 많이 해치고, 환경오염을 가중시키는 측면도 없지 않다. 현실적으로 농사를 짓기 위해서는 토지가 있어야 한다. 토지가 없는 사찰은 1차 산업인 농업에 종사하고 싶어도 불가능하다. 부동산 가격의 상승으로 새로 토지를 구입한다는 것은 엄두도 내지 못할 정도로 어렵다.

선농의 정신은 자급자족에 있다. 그러므로 1차 산업인 농업만이 아니라 2차 · 3차 산업을 통해서도 가능하다. 자급자족한다는 자체가 중

   마음비움에 대한 사색

요하지 굳이 육체노동인 농사를 고집할 필요는 없다. 농사 외에도 다른 많은 업종에 종사할 수도 있다. 눈을 밖으로 돌리면 붓다의 가르침에 위배되지 않고, 고수익을 창출할 수 있는 길이 의외로 많이 있음을 알 수 있다.

이를테면 작은 사무실 하나만 있어도 가능한 작업도 많이 있다. 그리고 식품 가공업과 가내 수공업, 생활필수품 생산 등은 도심 사찰에서도 가능한 작업들이다. 이러한 작업들은 불교의 정신에 어긋나지 않으면서도 지속적으로 실천 가능한 것들이다. 이미 다른 종교에서는 오래전부터 신앙 공동체를 조직하여 이러한 사업들을 전개해 왔다. 대부분의 수도원들은 신자들의 도움 없이도 생존할 수 있는 구조로 되어 있다. 이러한 사례들을 연구하여 벤치마킹할 필요가 있다고 생각한다. 그들이 말하는 '노동과 기도'는 불교에서 말하는 '선농사상'과 완전히 일치하기 때문이다.

미래에는 지금과 같이 신도들이 사찰에 적극적으로 보시할 것이라고 기대해서는 안 된다. 현재의 서구에서는 평신도들이 성직자에게 헌금을 많이 하지 않는다. 출가자 집단은 미래에 어떠한 어려운 경우에도 경제적으로 자립할 수 있는 터전을 마련하지 않으면 생존하기 어려울 것으로 전망된다. 현재 서구의 대형 교회들이 문을 닫고 있다. 이제 그들은 신자들의 헌금으로는 교회를 관리하지 못한다. 앞으로 대형 사찰들도 운영하기가 점차 어려워질 것으로 예상된다. 현상 유지하기도 힘든 시기가 언젠가는 도래하게 될 것이다. 미리부터 이에 대해 대비하지 않으면 큰 위기를 맞이하게 될 것이다.

◉ 『지혜의 말씀』 제316호(2006년 11월호), pp.8-10

한국의 많은 스님들은 선(禪) 우월주의에 빠져 학문을 천하게 여기는 경향이 있다.
이러한 풍조가 한국의 불교학 발전을 저해하고 있는 것이다.

선(禪) 우월주의와 한국불교

한국의 불교학 연구가 세계 수준에 비해 크게 뒤지고 있다
고 많은 사람들이 지적한 바 있다. 최근에는 불교학 발전을 위한 여러
가지 대안과 현대 불교학이 타파해야 할 과제들이 구체적으로 제시되
기도 하였다. 하지만 한국의 불교학계는 열악한 환경에도 불구하고 과
거에 비해 괄목할 만한 성과를 거두고 있다. 불교학 연구가 한국불교
발전의 첩경임은 두말할 나위도 없다.

한국의 불교학이 크게 발전하지 못한 요인은 무엇일까? '깨달음'을
지나치게 강조하는 선불교의 영향 때문일 것이다. 스님은 물론 재가
불자들도 입만 열면 '직지인심 견성성불(直指人心 見性成佛)'을 외치
고 있다. 이러한 선불교의 영향으로 돈오(頓悟), 즉 '단박 깨닫는다'
는 생각이 불자들의 마음속에 깊이 뿌리내려져 있다.

한국의 불자들이 가장 많이 사용하고 있는 단어가 '성불(成佛)'이

● 마음비움에 대한 사색

다. '성불하십시오!'라는 인사말이 보편화되어 있다. '성불'이란 말은 '부처를 이룬다' 혹은 '부처가 된다'는 뜻이다. 이런 엄청난 말을 아무런 거부감 없이 많은 불자들이 사용하고 있다. 입으로는 모두가 부처인 것처럼 말하고 행동한다. 이것이 한국불교를 망치는 크나큰 원인이면서 또한 불교학 발전의 저해 요인이라고 본다.

선가(禪家)에서 자주 사용되고 있는 "한 마음 깨달으면 중생이 곧 부처요, 한 마음 어리석으면 부처가 중생이다〔一念悟卽衆生是佛 一念迷卽佛是衆生〕"라는 최상승 법문이 함부로 남용되고 있는 것이다. 또한 '단박에 깨달을 수 있다'는 생각은 절차와 순서를 무시하는 경향으로 나타나기도 한다. 그러다 보니 매사에 기초가 부실하고, 과정이 중시되지 못하고, 오직 결과만 추구하는 풍조를 낳게 되었다.

대승불교에서는 직관(直觀)을 중요시한다. 특히 선불교에서는 돈오(頓悟)를 강조한다. 이러한 직관과 돈오를 강조하다 보니, 분석과 단계적 수행인 점수(漸修)에 토대를 둔 불교학이 발붙일 터전을 잃어버리게 된 것이다. 이러한 영향으로 불교학이 외면당하게 된 것이다.

그러나 누구나 불교에 처음 입문하면 단계적으로 하나하나씩 배워 나가야 한다. 그런데 너 나 할 것 없이 당장 부처가 되겠다고 덤빈다. 하지만 학문에 있어서는 돈오가 있을 수 없다. 학문은 단계적으로 하나하나 공부해 나가지 않으면 안 된다. 이를테면 방정식을 모르면 미적분은 도저히 이해할 수가 없는 것이다. 그리고 불교학은 하루아침에 이루어지는 것이 아니다. 어떤 사람이 일생 동안 연구해도 일부분밖에 접근할 수 없을 정도로 그 학문적 영역은 광범위하고 깊다. 그뿐만 아니라 깊이 있는 학문을 하기 위해서는 기초 학문이 튼튼해야 한다. 그리고 어학적 능력이 뒷받침되어야 한다. 그래야 학문적으로 큰 성과를 거둘 수 있다.

현재 불교학계를 주도하고 있는 것은 재가의 불교학자들이다. 그들은 생활인이기 때문에 현실적으로 생계가 보장되지 않으면 지속적으로 연구에 종사할 수가 없다. 그들이 연구에만 전념할 수 있도록 불교계에서 경제적으로 지원해 주지 않으면 불교학 발전은 기대하기 어렵다. 이런 면에서 보면 출가자인 스님들이 불교학 연구에 종사하는 것이 여러 측면에서 유리하다.

그런데 출가한 스님들이 불교 학문을 외면하고 있는 것이다. 그러다 보니 불교학은 재가 불자가 하는 것으로 인식되어 있다. 그러나 출가자는 자신의 마음가짐에 따라 죽을 때까지 이 일에 매달릴 수가 있다. 그런데 한국의 많은 스님들은 선(禪) 우월주의에 빠져 학문을 천하게 여기는 경향이 있다. 이러한 풍조가 한국의 불교학 발전을 저해하고 있는 것이다. 출가한 스님들이 긴 안목으로 일생 동안 끈기 있게 한 분야에 매달린다면 분명히 한국의 불교학은 크게 발전할 것이다. 불교학에 대한 스님들의 깊은 관심을 촉구하는 바이다.

◉ 『법보신문』 제617호, 2001년 7월 25일자

◉ 마음비움에 대한 사색

결론적으로 간화선과 위빠사나는 두 다른 전통에서 오랜 역사를 통해 검증된 수행법이다. 따라서 어느 수행법이 더욱 좋다는 식의 주장은 전혀 의미가 없다고 본다.

간화선과 위빠사나의 같은 점과 다른 점

— 목적지는 같지만 출발점과 과정은 다르다 —

『불교신문』이 마련한 '간화선과 위빠사나, 그 교리적 근거와 차이'에 대한 공개 담론은 두 다른 전통의 수행법을 이해하는 데 크게 도움이 될 것이라고 믿는다. 그런데 지금까지 개진된 간화선과 위빠사나에 대한 논의는 근본적인 문제보다는 지엽적인 논의에 치우쳐 있다는 느낌을 받는다. 그래서 필자는 여기서 간화선과 위빠사나가 근본적으로 다른 특징을 교학적 근거와 역사적 배경에서 찾아보고자 한다.

간화선 수행자들은 간화선은 최상승선(最上乘禪)이지만 위빠사나는 낮은 단계의 소승불교 수행법이라고 폄하한다. 반대로 위빠사나 수행자들은 위빠사나는 부처님의 정통 수행법이지만 간화선은 중국 송대(宋代)의 대혜종고(大慧宗杲, 1089-1163)가 체계화시킨 종파불교의 산물에 지나지 않는다고 치부해 버린다. 이러한 극단적인 평가는 두 수행 전통에 대한 이해 부족에서 비롯된 잘못된 견해가 아닐 수 없다.

간화선과 위빠사나는 각자 나름대로 그 교리적 근거를 갖고 있는 매우 훌륭한 수행법임을 먼저 인정해야만 할 것이다. 그리고 이 두 수행법은 이미 역사적으로 검증 과정을 거친 거의 완벽한 수행법임도 부정해서는 안 될 것이다. 이러한 사실을 무시하고 어떤 지엽적인 문제만 갖고 두 수행법을 단순 비교하는 것은 부분적으로는 타당성을 획득하겠지만, 전체적인 차별성을 드러내기에는 부족한 것 같다.

간화선과 위빠사나의 관계는 단순히 수행법의 차이로만 한정시킬 수 없다. 두 다른 전통의 교학적 근거와 역사적 배경이 전혀 다르기 때문이다. 즉 간화선은 대승불교 사상을 기초로 중국이라는 문화적·역사적 배경에서 체계화된 수행법이다. 반면 위빠사나는 초기불교의 전통을 계승한 상좌불교의 교리와 역사적 배경에서 나온 수행법이다. 우선 간화선과 위빠사나의 차이점부터 살펴보자.

첫째, 간화선과 위빠사나는 인간 이해의 방식이 전혀 다르다. 간화선은 심성본정설(心性本淨說)에 기초하고 있다. 이에 의하면 인간은 누구나 부처의 성품을 갖고 있기 때문에 본래 부처라는 것이다. 그래서 닦아야 할 번뇌가 존재하지 않는다고 주장한다. 그러나 초기불교에서는 온갖 번뇌로 가득 차 있는 것이 인간이기 때문에 수행을 통해 그 번뇌를 끊어야 한다고 가르친다. 그래서 위빠사나 수행은 번뇌가 있음을 인정하고, 그 번뇌의 일어나고 사라짐을 있는 그대로 관찰하는 것으로부터 시작된다.

둘째, 간화선은 급진적 수행법(rapid progress)이고, 위빠사나는 점진적 수행법(gradual progress)이다. 다른 말로 표현하면, 간화선은 돈

　　● 마음비움에 대한 사색

오(頓悟)에 역점을 두고 있고, 위빠사나는 점수(漸修)에 역점을 두고 있다. 어떤 사람은 위빠사나도 돈오라고 말하지만, 초기불교에서는 한결같이 점차적 수행의 입장을 견지하고 있다. 그 구체적인 사례는 『청정도론』에서 제시한 일곱 가지 청정〔七淸淨〕과 팔리 맛지마 니까야의 『마읍대경(馬邑大經)』에 나오는 17단계의 수행 과정 등이다.

셋째, 간화선은 직관적 수행법이고, 위빠사나는 분석적 수행법이다. 간화선에서는 분석에 의한 분별지를 낮추어 보고, 직관에 의한 무분별지를 최상으로 여긴다. 그러나 위빠사나(vipassanā)는 그 어원 자체가 '분석해서 본다'는 의미를 갖고 있다. 즉 사물의 특성인 무상·고·무아를 꿰뚫어 본다는 것이다. 현재 한국의 간화선 위기는 수행법 자체에 있다고 보기보다는 분석적 교육을 받고 자란 현대인들에게 화두에 대한 의문, 즉 대의심이 발로되지 않는 데 있다고 본다. 이것이 간화선을 위기로 몰고 가는 중요한 원인이라고 나는 생각한다.

넷째, 간화선은 깨달음을 중시하고, 위빠사나는 닦음 그 자체를 중시하는 경향이 강하다. 간화선은 마지막 단계의 깨달음을 성취하지 못한 중간 단계는 거의 무시한다. 오랜 수행을 하고도 별 진전이 없기 때문에 중도에 포기할 가능성이 높다. 힘든 자신과의 싸움에서 패배할 확률이 높다는 것이다. 반면 위빠사나는 닦음 자체를 중요시하기 때문에 닦는 만큼의 이익을 얻는다. 『대념처경(大念處經)』에서는 위빠사나 수행의 일곱 가지 이익을 제시하고 있다. 이러한 경전의 근거를 들지 않더라도 수행한 만큼 자신의 경험을 통해 자신이 나아지고 있음을 스스로 확인할 수 있다는 점이 위빠사나의 가장 큰 장점이다. 최근 서양과 우리나라에서 위빠사나에 대한 관심이 날로 증가하고 있는 이유가 바로 여기에 있다고 본다.

이처럼 간화선과 위빠사나는 전혀 다른 교학적 근거와 역사적 배경에서 나온 수행법이다. 하지만 본질적으로 전혀 다른 수행법이라고 말할 수는 없다. 현재의 간화선과 위빠사나의 모습으로 변질되기 이전의 순수한 조사선(祖師禪)과 남방선(南方禪) 모두 사마타(samatha, 止)와 위빠사나(vipassanā, 觀), 즉 선정과 지혜를 함께 닦음으로써 깨달음의 경지에 도달할 수 있다고 보기 때문이다. 이러한 지관겸수(止觀兼修) 혹은 정혜쌍수(定慧雙修)의 수행법은 계·정·혜 삼학(三學)의 체계와도 일치하는 불교의 전통적인 수행법이다.

그리고 남방선에서는 무상(無常)·고(苦)·무아(無我)·부정(不淨)의 원리를 꿰뚫어 사물의 있는 그대로의 모습을 여실지견(如實知見)하게 한다. 조사선에서는 상(常)·낙(樂)·아(我)·정(淨)이라는 역설적인 언표로 표현된 동일한 원리를 깨달아 궁극의 목적지에 도달하게 한다. 또한 간화선과 위빠사나는 참구의 대상은 다르지만 모두 마음 챙김을 중요시한다는 점도 동일하다. 이를테면 간화선의 세 가지 필수적인 요소인 대신근(大信根)·대분지(大憤志)·대의단(大疑團)과 위빠사나의 신(信)·정진(精進)·염(念)·정(定)·혜(慧) 등의 오근(五根) 혹은 오력(五力)은 말만 다를 뿐 같은 내용의 수행임을 알 수 있다.

이와 같이 원론적인 측면에서 보면 간화선과 위빠사나는 근본적으로 동일한 수행법이라 할 수 있다. 그러나 앞에서 지적한 바와 같이 간화선과 위빠사나는 그 교학적 근거가 전혀 다르다. 한마디로 간화선과 위빠사나는 목적지는 같지만 출발점은 다르다. 이처럼 간화선과 위빠

● 마음비움에 대한 사색

사나는 각자 고유한 수행의 특징을 갖고 있다. 그 특징을 최대한 살리도록 장려하는 것이 오히려 불교 발전에 도움이 될 것이라고 생각한다. 그런데 간화선만이 한국불교의 전통선이기 때문에 위빠사나 수행을 받아들여서는 안 된다고 주장하는 사람들이 있다. 이런 주장은 붓다의 가르침에 위배될 뿐만 아니라 선의 본질에서도 벗어난 잘못된 견해가 아닐 수 없다.

그보다는 현재의 간화선 수행자와 위빠사나 수행자들의 잘못된 수행관을 바로잡는 것이 급선무일 것이다. 간화선 수행자 중에는 불성(佛性) 사상과 무아(無我) 사상을 구별하지 못하고, 참나(眞我)를 찾는 것이 간화선인 줄 잘못 알고 있는 사람들이 있다. 이것은 간화선의 힌두화를 의미하는데, 역대의 눈 밝은 선지식들이 누누이 경계한 바 있다. 그리고 현재 우리나라에 유통되고 있는 위빠사나는 미얀마 마하시 계통이 주류를 이루고 있다. 이러한 수행법은 초기경전에 근거한 전통적인 수행법이라고 볼 수 없다. 특히 테크닉(기교)을 중시하는 통속적이고 세속적인 수행으로 잘못 정착되고 있는데, 이러한 기교 위주의 위빠사나 수행도 경계하지 않을 수 없다.

결론적으로 간화선과 위빠사나는 두 다른 전통에서 오랜 역사를 통해 검증된 수행법이다. 따라서 어느 수행법이 더욱 좋다는 식의 주장은 전혀 의미가 없다고 본다. 또한 상호간에 님의 수행법을 비하하거나 폄하하여 서로 적대시하는 풍조도 한국불교 발전에 아무런 도움이 되지 못할 것이라고 본다. 그리고 간화선과 위빠사나의 동질성을 확보하기 위해 노력하는 것보다 차라리 차별성을 부각시켜 드러내는 깃이 더 좋을 것이라고 생각한다. 왜냐하면 간화선과 위빠사나의 차이점을 명확히 드러내어 각자의 근기에 맞는 수행법을 선택하도록 제시해 두는 것이 오히려 바람직할 것이기 때문이다.

만일 두 수행법의 장점만을 취하여 하나의 수행법으로 만들겠다고 시도한다면, 이것은 간화선도 죽이고 위빠사나도 죽이는 꼴이 될 것이다. 아무리 훌륭한 종교라 할지라도 이론과 실천 혹은 교리와 수행이 일치하지 않으면 자기모순에 빠지게 되기 때문이다. 그러므로 두 수행법 가운데 자신의 근기에 맞는 수행법을 선택하여 수행하기를 권한다. 그러면 결국 동일한 목적지에 도달하게 될 것이다.

◉ 『불교신문』 제2018호, 2004년 3월 23일자

역사적으로 불교는 그 시대 민중들이 당면한 현실 문제에 대한 대안을 제시해 주지
못할 때 그 민중들로부터 버림을 받았다는 사실을 기억해야만 할 것이다.

대승불교는 진행형이다

불교는 역사적으로 실존했던 석가모니불에서 비롯되었다.
불교란 붓다의 가르침이다. 붓다의 가르침의 핵심은 무엇인가. 그것은
붓다께서 깨달음을 이룬 뒤, 최초로 녹야원에서 옛 동료였던 다섯 고
행자들에게 설한 네 가지 고귀한 진리〔四聖諦〕에 담겨 있다. 네 가지
고귀한 진리란 괴로움〔苦〕, 괴로움의 원인〔集〕, 괴로움의 소멸〔滅〕,
괴로움의 소멸로 이끄는 길〔道〕이다.

붓다는 당시의 종교나 사상가들이 추구했던 형이상학적인 문제에
대해서는 전혀 관심을 기울이지 않았다. 이러한 문제에 대해서 질문하
는 사람들도 있었지만 붓다는 답변하기를 거부했다. 붓다의 관심은 오
직 당면한 이 괴로움의 문제를 해결하는 것이었다. 붓다는 이 문제를
해결하기 위해 출가 수행하였으며, 그 결과 깨달음을 성취함으로써 이
러한 문제를 해결할 수 있었다.

그러나 붓다는 자신의 깨달음에 만족하지 않고 자신이 깨달은 진리를 많은 사람들에게 가르쳤다. 그 가르침의 내용은 한마디로 괴로움의 문제를 해결하는 방법이었다. 붓다는 "내가 가르치는 것은 괴로움과 괴로움의 소멸이다"라고 말했다. 이처럼 붓다의 모든 가르침은 궁극적으로 괴로움에서의 해탈이라는 마지막 목표에 초점이 맞추어져 있다.

이러한 붓다의 사상은 '전도선언(傳道宣言)'에 그대로 반영되어 있다. 붓다는 자신의 가르침을 이해한 제자들의 수가 60명이 되었을 때 최초로 전도선언을 단행했다. 즉 '많은 사람들의 이익과 안락을 위해 전도의 길을 떠나라'고 당부했다. 이 전도선언 속에는 후대의 대승불교에서 주창한 자리이타(自利利他)의 정신이 이미 내포되어 있다.

그러나 부파불교 시대에 오면 출가자들은 오직 자기 구제에만 전념할 뿐 대중 구제에는 별로 관심이 없었다. 그들은 붓다께서 당부한 '많은 사람들의 이익과 안락을 위해 전도의 길을 떠나라'고 했던 그 지상 명제를 잊어버렸던 것이다. 그들은 오직 현학적인 아비달마의 철학 탐구에만 전념하고 있었던 것이다.

인도에서 대승불교가 흥기하게 된 것은 바로 이러한 부파불교의 병폐를 극복하기 위한 것이었다. 부파교단에서 대사회적 사명을 저버리고 있을 때, 불탑(佛塔)을 중심으로 수행하고 있던 재가 불자들이 분연히 일어나 붓다의 본래 정신으로 되돌아가자고 부르짖었던 것이다. 이것이 바로 대승불교 운동이었다.

초기의 대승불교도들은 붓다의 전도선언에 나타난 자리이타의 보살도를 지향했다. 그들은 붓다의 가르침이 소수인을 위한 '작은 수레〔小乘〕'가 되어서는 안 되며, 모든 사람들이 함께 탈 수 있는 '큰 수레〔大

 ● 마음비움에 대한 사색

乘]'가 되어야 한다고 주장했다. 이러한 주장은 붓다의 전도선언에 나타난 본래의 정신을 회복한 것이라고 할 수 있다.

그러나 이러한 대승불교의 정신도 시간이 경과하면서 점차 퇴색되었다. 대승불교의 교학도 점차 현학적으로 변해 갔던 것이다. 이를테면 나가르주나(Nāgārjuna, 龍樹)에 의해 체계적으로 정리된 중관사상(中觀思想)과 아상가(Asaṅga, 無着)와 그의 동생인 바수반두(Vasubandu, 世親)에 의해 완성된 유식사상(唯識思想)이 그것이다. 그 이후에도 많은 사상가들이 배출되어 대승불교의 교학은 점차 체계적으로 다듬어졌다. 거기에 다시 힌두교의 영향을 받은 비밀불교(탄트라)가 탄생했다. 이로 말미암아 인도의 대승불교는 나중에 힌두교 속에 습합되고 말았다.

중국인들은 인도라는 토양에서 태어난 대승불교를 중국인들의 기질에 맞는 새로운 종교로 가꾸어 나갔다. 그들은 대승경전을 바탕으로 화엄종, 천태종, 법상종, 삼론종 등 다양한 종파를 형성했다. 이러한 종파불교는 인도의 불교를 재해석한 새로운 불교운동이었다고 할 수 있다.

그러나 이러한 중국의 종파불교도 시간이 경과하면서 대승불교 본래의 대중 구제라는 사명을 잃어 가고 있었다. 일부의 종파들은 당시 권력층과 결탁함으로써 민중의 아픔을 외면하고 있었다. 그리고 그들은 자기 종파의 우월성을 강조하기 위해 교상판석(敎相判釋)을 시도했다. 이러한 때에 나타난 새로운 불교운동이 바로 중국의 선불교(禪佛敎)였다.

중국의 선승들은 대승불교의 정신을 선의 사유로 용해시켜 자기 자신의 지혜로 만들고 일상생활의 종교로 생활화하였다. 그것이 바로 조사선(祖師禪)이다. 다시 말해서 당송대(唐宋代)의 선승들이 대승경론에서 제시한 불법의 진수를 통달하고 중국인들의 현실 생활에 맞는 종교로 재편한 것이 조사선이라고 할 수 있다.

특히 송대(宋代)에는 경전을 통해서 불법의 대의를 체득하는 불법 공부보다도 어록을 통해서 불법을 체득하는 공부를 중요시하게 되었기 때문에 간경(看經)보다 간화선(看話禪)의 시대를 개막하게 된 것이다. 이때는 조사들의 어록을 통해서 불법을 사유하며 불법의 대의를 체득하고 익히는 공부가 일반화되었기 때문에 송대의 선불교를 간화선이라고 한다. 한국불교는 이러한 간화선의 전통을 이어받았다.

현재 한국의 불교계에서는 '간화선(참선) 어떻게 수행할 것인가' 라는 논쟁이 뜨겁게 전개되고 있다. 이러한 담론의 배경에는 간화선이야말로 한국불교의 전통 수행법이므로 고수해야 한다는 전제가 깔려 있다. 그들은 간화선이야말로 절대로 수정해서는 안 되는 금과옥조(金科玉條)로 여기고 있는 것이다.

그러나 앞에서 살펴본 바와 같이 대승불교는 완료형이 아니라 진행형이다. 역사적으로 불교는 그 시대 민중들이 당면한 현실 문제에 대한 대안을 제시해 주지 못할 때 그 민중들로부터 버림을 받았다는 사실을 기억해야만 할 것이다. 불교는 과거에도 부단히 새로운 이론과 실천 방법을 추구해 왔지만 현재와 미래에도 그것을 요구하고 있다. 붓다가 설파한 진리가 화석화될 때 대승불교가 나왔듯이, 오늘의 한국불교를 바로 세우기 위해서는 붓다의 본래 정신으로 되돌아가지 않으면 안 된다. 이제 한국불교를 되살릴 새로운 대승불교의 운동이 일어나야 할 때라고 나는 생각한다.

◉ 『佛敎』 제589호(2004년 11월호), pp.15-18

 ● 마음비움에 대한 사색

납골당은 우리나라의 묘지 문제를 일시적으로 잠재우기 위한 궁여지책일 뿐 불교적 대안이 아니다. 진정한 불교도는 화장 후 별도의 납골당을 만들어서는 안 된다.

죽은 자를 위한 공간 

한국의 불교계에서 행해지고 있는 각종 법회와 행사들을 자세히 살펴보면, 대부분 살아 있는 자를 위한 법회보다 죽은 자를 위한 행사가 더 큰 비중을 차지하고 있음을 알 수 있다. 이를테면 사찰 경제에 큰 도움이 되는 49재(齋)를 비롯한 각종 제사와 우란분절을 기해 봉행되는 천도재와 특별히 마련되는 영산재와 수륙재도 모두 죽은 자를 위한 것이다.

그러다 보니 법식에도 맞지 않는 지장보살이 본존불의 협시 보살로 봉안되고, 위패를 모신 영단(靈壇)이 법당의 중요한 자리를 차지하게 되었다. 엄격히 말해서 영단은 법당 안에 들어와서는 안 되는 것이다. 중국의 사원에서도 대부분 위패는 별도의 건물인 영각(靈閣)에 봉안하고 있다. 이러한 영각은 전체 사원의 구조에서 미미한 존재에 불과하다. 그리고 남방불교의 사원에서는 처음부터 죽은 자를 위한 공간은 전혀 없다. 죽은 자, 즉 귀신들을 법당으로 끌어들였기 때문에 이교도로부터 '법당이 귀신들의 종합청사' 라는 비난을 받게 되는 것이다.

요즘 서양에서 크게 유행하고 있는 '공간 풍수' 에 의하면, 신성한 공간(Sacred Space)에서는 무언가 새로운 에너지를 얻게 된다고 한다. 그런데 이러한 신성한 공간에 잡동사니, 즉 나쁜 기운을 품고 있는 위패들이 자리함으로써 음산한 기운을 발산하게 된다. 이런 곳에서는 명상이나 기도도 잘 되지 않는다. 그러므로 영단은 성전(聖殿)이 아닌 별도의 건물로 내보내야 할 것이다.

또한 최근에는 각 사찰에서 납골당을 유치하기 위해 혈안이 되어 있다. 청정한 수행과 포교 공간을 묘지화하겠다는 발상이다. 납골당은 우리나라의 묘지 문제를 일시적으로 잠재우기 위한 궁여지책일 뿐 불교적 대안이 아니다. 진정한 불교도는 화장 후 별도의 납골당을 만들어서는 안 된다. 스님들도 가능한 한 사후에 부도나 별도의 비석을 만들지 않기를 바란다. 부도나 비석은 또 다른 집착일 뿐이다. 우리는 티베트의 조장(鳥葬) 풍습에서 많은 것을 배워야 할 것이다.

어떤 곳에서는 재가자의 유골을 부도나 탑파 형식으로 만들어 봉안한다고 들었다. 이것은 참으로 잘못된 것이다. 전통 사찰의 부도군은 경내가 아닌 입구나 외진 곳에 위치하고 있다. 예전에는 아무리 스님의 사리를 모신 부도라고 할지라도 수행 공간 안으로 끌어들이지 않았다.

납골당을 사찰에 유치하고자 추진하는 사람은 바로 그 사찰의 주지이거나 관리자다. 왜냐하면 당장에는 납골당을 통해 큰 수입이 들어오게 될 것이기 때문이다. 하지만 세월이 지나면 그곳은 신성한 공간이

● 마음비움에 대한 사색

아닌 혐오의 공간이 되고 말 것이다.

『율장』에 의하면, 사찰은 도살장 · 묘소(공동묘지) · 코끼리 집 · 마구간 · 감옥 · 술집 · 유막처(有幕處, 매춘 장소)가 없는 곳이어야 한다고 했다. 오늘날에는 이러한 곳을 혐오 시설이라고 하여 자기 주변에 들어오는 것을 반대한다. 왜냐하면 이러한 곳에서는 나쁜 기운들이 계속해서 나오기 때문이다. 그런데 사찰에 혐오 시설인 납골당을 유치하고자 하는 것은 이러한 이치를 알지 못하기 때문이다. 당장 눈앞의 이익을 위해 사방승가(四方僧伽)의 소유물인 사찰을 황폐화시켜서는 안 될 것이다.

한국불교가 발전하기 위해서는 지금부터라도 당장 죽은 자를 위한 프로그램을 가능한 한 억제하고, 살아 있는 자를 위한 프로그램을 많이 개발해야 할 것이다. 각 사찰에서 준비하고 있는 여름 수련회와 같은 것은 참으로 바람직한 방향이라고 생각한다. 이 외에도 심신 계발을 위한 명상과 같은 프로그램은 바쁘게 생활하고 있는 현대인들에게 큰 도움을 줄 수 있을 것이다. 그리고 사찰이라는 공간도 죽은 자를 위한 공간이 아닌 살아 있는 자를 위한 공간으로 전환될 때, 죽은 불교에서 살아 있는 불교로 새롭게 태어나게 될 것이다.

◉ 『법보신문』 2001년 6월 27일자

사찰의 기능은 곧 출가자의 역할과 일치된다. 출가자의 본분은 수행과 포교(전법)이기 때문이다. 결국 수행의 길과 전법의 길 어느 하나도 버릴 수 없는 처지에 놓여 있다.

사찰의 기능과 역할

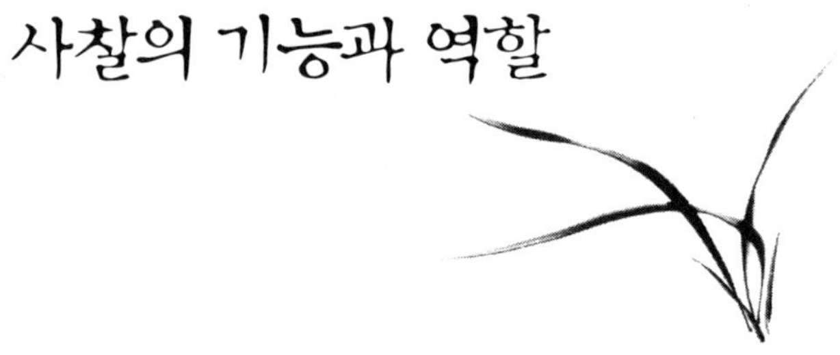

사찰을 가람(伽藍)이라고도 하는데, 팔리어 상가라마(Saṅghārāma, 僧伽藍)의 줄임말이다. 이 말은 '승려들이 머무는 곳'이란 뜻이다. 현재 우리나라의 사찰은 두 가지 기능을 갖고 있다. 하나는 수행처로시의 기능이고, 다른 하나는 전법처로서의 기능이다.

수행처로서의 기능이란 불교의 궁극 목표인 깨달음을 위해 수행에 전념하는 곳이란 뜻이다. 경전에 자주 나오는 아란야(araññā, 阿蘭若)는 바로 수행처를 말한다. 전법처로서의 기능이란 부처님의 가르침을 대중에게 전하고, 그 깨달음의 내용을 대중과 함께 향유하는 공간이란 의미를 갖고 있다. 즉 사찰이 교육과 문화의 공간으로 활용되는 것을 의미한다.

먼저 수행처로서의 기능에 중점을 둔 사찰은 대부분 인가와 멀리 떨어진 외딴 곳이거나 산속에 위치해 있다. 그래서 이러한 사찰을 남방

마음비움에 대한 사색

불교에서는 '숲 속의 승원(araññā-vihāra)'이라고 한다. 이 아란야 (araññā)를 한정처(閑靜處)라고도 하는데, 아란야(araññā)의 어원은 아란나(araṇa)이다. 아란나란 '고요, 평화, 무쟁(無諍)'의 의미를 갖고 있다. 이것은 시장통과 같이 많은 사람들이 북적대는 것은 수행에 도움이 되지 않기 때문이다. 이러한 곳은 온갖 소음과 장애로부터 가능한 한 멀리 떨어지려고 노력한다.

이러한 수행처로서의 기능을 유지하기 위해서는 굳이 법당을 크게 짓거나, 사찰 진입로를 확장하여 많은 차량들이 자유롭게 드나들 수 있도록 할 필요는 없다. 차량의 빈번한 왕래는 오히려 수행에 도움을 주기보다 방해가 되기 때문이다.

또한 이처럼 수행에 전념하는 스님들은 외형보다는 내면의 발전을 더욱 중요시한다. 그래서 이러한 수행자들에게는 최소한의 비바람을 피하고 추위와 더위에 견딜 수 있는 처소와 신체의 건강을 유지할 수 있는 최소한의 음식, 그리고 몸을 가릴 수 있는 옷 두세 벌이면 충분하다.

다음 전법처로서의 기능에 중점을 둔 사찰의 경우 우선 많은 사람들이 불교 의례와 법회에 참여할 수 있는 성전이 마련되어야 한다. 종교적 목적의 성전 외에도 여러 용도로 활용될 수 있는 공간이 필수적이다. 즉 동시에 많은 사람을 수용할 수 있는 건물이 있어야 한다. 뿐만 아니라 많은 대중들이 편리하게 드나들 수 있기 위해서는 교통이 편리해야 한다. 비록 사찰이 산에 위치해 있다 할지라도 자유롭게 왕래할 수 있는 도로와 주차 공간이 확보되어야 한다.

전자의 수행처는 주로 출가자를 위한 것이고, 후자의 전법처는 재가자를 위한 것이다. 이처럼 사찰의 기능, 즉 목적과 용도는 서로 다르다. 하지만 현대는 이 두 가지 기능을 갖추어야만 비로소 온전한 사찰이라고 할 수 있다. 왜냐하면 수행과 전법은 불교도의 중요한 두 가지 사명이기 때문이다. 이와 같이 두 가지 기능은 분리할 수 없다. 하지만 굳이 둘 가운데 어느 한쪽만을 선택해야 한다면, 출가자는 수행처를 더욱 선호할 것이고, 재가자는 전법처를 더욱 소중하게 생각할 것이다.

어느 쪽에 비중을 두느냐에 따라 사찰의 성격은 달라질 수밖에 없다. 이러한 성격 때문에 그곳에 머물고 있는 사람들의 성향도 차이가 난다. 도량을 수행처로 생각하는 사람은 자신의 수행에 방해가 되는 방문객이 가능한 한 적어야 정숙을 유지할 수 있기 때문에 내방객이 반갑지 않다. 반면 전법처로 생각하는 사람은 가능한 한 많은 사람들이 모여야만 포교의 본래 목적을 달성할 수 있기 때문에 보다 많은 사람들이 방문하기를 바란다.

전자의 입장에서 보면, 도량을 정비하고 외형적으로 건물을 새로 짓거나 보수하는 것은 세속적인 잡사(雜事)일 수도 있다. 이러한 일에 보다 많은 시간과 정열을 투자하는 것은 어쩌면 비출가적 · 세속적 삶의 연장이라고 생각할 수도 있다. 부처님께서는 『대반열반경』에서 열반 직전에 제자들에게 "비구들이여, 너희들은 나의 장례에도 관여하지 말고, 오직 자신의 수행에만 전념하라. 여래의 육신을 장사 지내는 일 따위는 재가의 불자들이 알아서 처리할 것이다"라고 당부했다. 이런 정신에 따르면 출가자의 본분은 오직 수행에 있으며, 그 밖의 다른 일은 재가자의 몫이다.

 ● 마음비움에 대한 사색

이러한 전통 때문에 남방불교에서는 사찰의 건립과 불교의 축제 등은 출가자의 몫이 아니라 재가자가 담당해야 할 부분으로 인식되어 있다. 이를테면 남방불교의 최대 명절을 웨삭(Vesak, 위사카 월의 보름날)이라고 하는데, 이날 부처님께서 탄생·성도·열반했다고 한다. 이날에도 남방의 스님들은 평소와 다름없이 일상의 자기 생활에 충실하고 있다. 봉축 행사는 신도들의 몫이기 때문이다. 평신도들은 자신들이 손수 만든 가지가지의 등을 만들어 자신들의 집과 주변에 걸어 이 날을 봉축하고 있다.

반면 우리나라의 경우는 등도 스님들이 만들고, 신도들을 위한 공양물도 사찰에서 준비하고, 신도들은 이날 몸만 참석하면 된다. 이처럼 재가자인 평신도들이 해야 할 일들을 출가자가 대신하고 있는 것이다. 출가자가 이러한 일들에 시간을 낭비하고 있으니 공부에 전념할 여유가 없는 것이 현실이다.

출가자는 오직 부처님의 가르침과 자신이 공부한 내용을 재가자에게 베풀어 주고, 재가자는 그 보답으로 경제적으로 출가자를 보살펴줌으로써 비로소 법시(法施)와 재시(財施)가 구족하게 되는 것이다. 출가자와 재가자의 관계는 이러해야 하는 것이다.

역사적으로 인도에서 대승불교가 일어나기 전까지는 출가자와 재가자의 상호 보완적 관계가 잘 유지됨으로써 불교 교단이 발전하게 되었다. 부파불교 시대에 오면 이러한 역할 분담이 너무 지나쳐 출가자들이 자기 구제에만 전념하고 중생 제도를 외면하게 되었던 것이다. 대승불교는 이러한 출가자들의 개인 구제보다 대중의 구제가 우선되어야 한다는 신념에서 출발한 것이다. 그럼에도 불구하고 본질적으로 출가자에겐 개인 구제를 위한 수행이 우선일 수밖에 없고, 재가자에겐 대중 구제를 위한 전법(교화)이 우선일 수밖에 없다.

필자도 개인적으로는 전자에 우선을 두고 있다. 그랬기 때문에 재가자로 남아 있지 않고 출가자의 길을 택한 것이다. 하지만 다른 한편으로는 대중의 도, 즉 전법을 포기할 수도 없다. 부처님의 제자로서 부처님의 은혜에 조금이나마 보답하지 않을 수 없기 때문이다.

다시 말해서 개인적으로는 내면의 평안과 깨달음을 추구하며 오직 수행에만 전념하고 싶다. 그렇다고 해서 교화의 사명을 외면할 수도 없는 입장이다. 평신도들의 도움으로 부처님의 가르침을 배우게 되었는데, 그동안 배우고 익힌 부처님의 가르침을 혼자만 향유한다는 것은 너무나 이기적이라는 생각이 들기 때문이다. 가능한 한 많은 사람들에게 내가 배우고 체험한 것을 전해 주지 않으면 안 된다는 사명감을 갖게 되는 것이다.

그리고 정신적으로 남의 인격을 지도할 수 있는 한 사람의 스승이 되기 위해서는 최소한 20년의 수행 과정이 필요하게 된다. 그렇게 공부해서 얻은 결과를 남에게 전해 주지 않는다면 불교적으로도 크나큰 손실이 아닐 수 없다.

이와 같이 사찰의 기능은 곧 출가자의 역할과 일치된다. 출가자의 본분은 수행과 포교(전법)이기 때문이다. 이 두 가지 목적을 위해 출가자는 집을 나와 독신의 생활을 영위하고 있는 것이다. 결국 수행의 길과 전법의 길 어느 하나도 버릴 수 없는 처지에 놓여 있다.

 마음비움에 대한 사색

출가자가 가야 할 길은 수행과 포교 두 가지뿐이다. 만일 출가자의 업(業)이 수행과
포교가 아닌 장인(匠人)의 길이라면 세속 사람과 다를 바 없다.

출가자의 본업과 부업

불교의 특징을 한마디로 '지혜와 자비' 라고 말할 수 있다.
이 지혜와 자비는 불교도가 추구해야 할 궁극의 목표이기 때문이다.
지혜의 길은 자아완성을 위한 자리행(自利行)을 말하고, 자비의 길은
중생 구제를 위한 이타행(利他行)을 말한다. 자리행은 향상(向上)을
위한 수행이고, 이타행은 향하(向下)를 위한 포교다. 그래서 '불교는
지혜의 종교이면서 자비의 종교이다' 라고 말한다.

지혜와 자비는 수행과 포교를 통해 얻어진다. 부처님은 수행과 포교
를 통해 지혜와 자비를 완성한 대표적인 분이다. 부처님의 전 생애는
이 지혜와 자비를 실행하기 위한 삶이었다. 부처님의 제자인 불교도의
삶도 지혜와 자비의 실천을 위한 삶이 되어야 함은 말할 나위도 없다.

특히 출가자의 삶은 지혜와 자비의 완성을 위한 것이 아니면 출기행
이라 할 수 없다. 그런데 한국의 스님들 가운데 출가자의 본분, 즉 본

업인 수행과 포교보다는 부업에 더욱 열을 올리는 스님들이 간혹 있다. 스님들의 주된 부업은 시(詩)·서(書)·화(畵)·각(刻)·악(樂)·무(舞)·다(茶) 등이다. 어떤 스님은 부업을 위해 본업을 내팽개쳐 버린 경우도 볼 수 있었다.

일반 신도들도 본업에만 전념하는 스님보다도 재주를 가진 스님을 더 선호하는 것 같다. 승려가 수행의 여가에 시를 쓸 수도 있고, 서예를 할 수도 있다. 또한 그림을 그리거나 음악을 할 수도 있고, 다도를 즐길 수도 있다. 비록 출가 승려일지라도 다양한 능력을 갖고 있다는 것은 좋은 일이다.

그러나 출가자가 가야 할 길은 수행과 포교 두 가지뿐이다. 만일 출가자의 업(業)이 수행과 포교가 아닌 장인(匠人)의 길이라면 세속 사람과 다를 바 없다. 그의 재주가 아까워 살려야겠다면 과감히 옷을 벗을 일이다. 왜냐하면 출가의 본래 목적이 서예나 다도 혹은 음악을 위한 것이 아니기 때문이다.

혹 그들은 자기가 하고 있는 일이 곧 수행이고 포교라고 말할지 모른다. 하지만 승려가 기예(技藝)나 예능(藝能)에 종사한다는 것은 대승 불교권인 한국에서만 통하는 일이다. 정통 상좌부 불교권인 스리랑카나 태국·미얀마 등에서는 상상도 할 수 없는 일이다.

그들의 입장에서 보면 출가자가 수행과 포교의 일 외에 다른 잡사(雜事)를 한다는 것은 불교 교단은 물론 일반 사회에서도 전혀 용납되지 않는다. 그들은 기예(技藝)는 세속인이 할 일이지 결코 출가자가 할 일이 아니라고 생각하기 때문이다.

율장에서도 출가자가 직업을 갖거나 생산 활동에 종사하는 것을 금

 마음비움에 대한 사색

하고 있다. 『잡아함경』 권18에 의하면, 출가 수행자는 사사명식(四邪命食)에 의해 생활해서는 안 된다고 말하고 있다. 사사명식이란 ① 논과 밭을 갈고 나무를 심어 생활하는 것〔下口食〕, ② 성숙(星宿)·일월(日月)·풍우(風雨) 등을 연구함에 의해 생활하는 것〔仰口食〕, ③ 권세에 아첨하여 교언영색(巧言令色)으로 그들로부터 재물을 얻어 사는 것〔方口食〕, ④ 점치고 관상 보는 것을 배워 사람의 길흉화복을 말하거나 의술로써 생활하는 것〔雜口食〕을 말한다.

이러한 네 가지의 삿된 방법으로 먹을 것을 구해서는 안 된다. 출가 수행자는 오직 법으로써 먹을 것을 구하여 스스로 살아가지 않으면 안 된다고 이 경에서 가르치고 있다. 위 경전에서 네 가지만 언급한 것은 당시에 이러한 삶을 살았던 수행자가 있었기 때문에 이를 경계하기 위해 구체적으로 나열한 것으로 이해된다.

또한 『불수반열반략설교계경(佛垂般涅槃略說敎誡經)』에서도 판매·무역을 하거나 전택(田宅)을 두는 행위, 인민·노비·축생을 기르는 일, 종식(種植)이나 재보(財寶)를 가까이하는 일, 초목을 자르거나 토지를 개간하고 땅을 파는 일, 탕약을 만드는 일, 점성술을 보거나 역술 행위를 하는 것 등을 금하고 있다. 이로 미루어 출가자는 바른 직업이든 바르지 못한 직업이든 일체의 세속적 직업을 가져서는 안 된다는 것이다.

반면 교단에서 인정하고 있는 활동은 오직 정신적인 부분에 관한 것이다. 어느 때 부처님은 바라문 바라드바자와의 대화를 통해 출가자의 수행은 농부의 경작과 같은 것이라고 하였다. 즉 수행 생활이 물질적 생산 활동과 다름없는 정신적 노동이라고 하였다. 다시 말해서 수행

생활 자체가 사회적 생산 행위의 한 분야임을 강조한 것이다.

이처럼 불교 교단에서는 예로부터 출가자가 법을 설한 대가로 보시를 받는 것 외에는 일체의 직업을 갖는 것이 허용되지 않았다. 그런데 지금의 한국 승려는 어떤가. 몇몇 스님들은 부업을 통해 직접 혹은 간접적으로 생산 활동에 종사하고 있다. 그 중에는 가무(歌舞)에 종사하는 스님도 있다. 의식 있는 일반인도 노래하고 춤추는 직업을 좋은 직업이라고 말하지 않는다. 그런데 하물며 출가 수행자가 가수로 활동하고 있는 것은, 남방불교적 시각에서 보면 도저히 이해할 수 없는 일이다. 만일 부처님께서 당시 출가자 가운데 가수로 활동하는 자가 있는 것을 아셨다면 분명히 교단에서 축출시켰을 것이다.

이러한 부업에 종사하는 스님들은 자신들의 작업이 포교를 위한 방편이라고 말할 것이다. 물론 그들의 부업이 불교 포교를 위한 방편들 가운데 하나일 수도 있다. 하지만 방편이 본업이 되고 본업이 방편이 되는 데 문제의 심각성이 있다. 그리고 방편보다는 부처님이 제시한 '붓다의 길' 즉 정법 혹은 정도(正道)가 있다. 그 길이야말로 우회하지 않는 지름길임은 두말할 필요도 없다.

사실 승려가 불교를 소재로 한 미술품 혹은 훌륭한 음악을 창출할 수도 있다. 또 그것이 직접이든 간접이든 포교의 역할을 일부 담당하고 있다는 것도 부정할 수 없다. 그러나 냉철하게 생각해 보면 그것 또한 생사윤회의 근본업(根本業)일 뿐이다.

승려가 이러한 기예를 본업으로 삼는다면 그를 진정한 의미의 출가자 혹은 수행자라 할 수 없다. 그러므로 오늘도 본업을 등지고 부업에 종사하고 있는 스님들은 하루빨리 출가자의 본분인 본업으로 복귀하거

 ● 마음비움에 대한 사색

나, 아니면 세속으로 돌아갈 일이다. 불교의 발전을 위해 그들은 둘 중
어느 하나를 선택하지 않으면 안 될 것이다.

◉ 『부처님 마을』 제113호(1997년 7월)

39

흔히 스님들은 육체적 노동도 하지 않고 스트레스도 받지 않기 때문에 보통 사람들보다는 건강할 것이라고 생각하기 일쑤이다. 그러나 일반인들이 생각하는 것만큼 한가한 스님은 그리 많지 않다.

스님들의 건강 문제

올해 여름나기가 무척 힘들다. 며칠 전 무더위 속에서도 밀린 업무를 처리하느라고 무리하게 작업했다. 이로 인해 이빨이 몽땅 솟구쳤다. 과로에 의한 풍치였다. 참는 데까지 참고 견디기로 했다. 잇몸 전체가 부어 아무 음식도 씹을 수가 없었다. 밥을 물에 말아 울면서 억지로 먹었다. 밤에도 기온이 내려가지 않았다. 찌는 무더위 속에 치통은 참으로 견디기 어려웠다. 위빠사나 명상으로 아픈 부위에 마음을 집중했다. 마음이 집중되었을 때는 잠시 통증을 잊을 수 있었다. 그러나 너무 심한 통증으로 도저히 마음을 집중할 수가 없었다. 어찌할 방법이 없었다. 금요일 오전부터 아프기 시작한 것을 월요일 오전 치과에 가서 치료를 받기까지 미련스럽게 고통을 참았다. 의사 선생님이 이 정도 상태라면 굉장히 아팠을 것인데 어떻게 견뎠느냐고 물었다. 빨리 병원에 와서 치료받지 않았다고 힐책했다. 참는 것만이 능사가

마음비움에 대한 사색

아님을 깨닫게 되었다.

몇 해 전에는 엉덩이에 조그마한 종기가 생겼었다. 이 정도쯤이야 연고를 바르고 며칠 지나면 낫겠지 하고 그냥 내버려두었다. 그러나 고통은 날로 심해 갔다. 나중에는 종기에 속옷이 붙어 잘 떨어지지 않았다. 그때도 연고만 바르고 참고 견뎠다. 그런데 그 종기가 어마어마하게 커져서 앉을 수조차 없는 상태가 되었다. 그러나 병원에 가지 않았다. 병원에 가면 엉덩이를 까 보여야 된다는 생각에 참고 견디기로 했던 것이다. 어느 날 한의학에 조예가 깊은 노 거사님이 절에 찾아왔기에 종기에 관해 말씀드렸다. 그 거사님은 종기 상태를 보더니 이만큼 종기가 확장되기까지 얼마나 아팠겠느냐며 곰같이 미련한 짓을 했다고 나무랐다. 그는 당장 칼로 아픈 부위를 찢어서 농을 뺀 다음 약을 발라 주었다. 그후 곧바로 회복되었다.

그때 이미 육체적 질병은 참는다고 모든 것이 해결되지 않는다는 것을 알았다. 특히 세균에 의해 생긴 질병은 참는다고 해결되는 것이 아니라는 사실을 알면서도 나는 여전히 병원 가는 것을 꺼린다. 젊은 간호사로부터 엉덩이에 주사를 맞을 때는 참혹한 심정마저 들었던 것이다. 내 수행이 부족해서 그런 것인 양 부끄러워했고, 육체적 아픔을 잘 참고 견뎌야만 훌륭한 스님이 되는 것으로 착각하고 있었던 것이다.

최근 한국의 비구니 스님들의 건강 상태가 보통 심각한 수준이 아니라는 보도가 있었다. 보도에 의하면, 동국대 행정학과 김미영 씨는 '조계종 비구니 승려의 노후 복지에 관한 연구' 라는 석사 학위 논문에서 "비구니 스님들의 노후 문제 가운데 가장 걱정하는 부분은 의료 부분(64.7%)으로 경제 문제(22.4%)나 주거 문제(9.5%)에 비해 월등히

높았다”며 “이는 비구니 스님의 신분상 병원을 찾아 신체 부위를 드러 내 진단을 받는 일이 심리적으로나 정서적으로 큰 부담이 되기 때문” 으로 분석했다.

비구니 스님과 사미니 420명을 대상으로 설문 조사한 결과에 따르면 조사 대상 스님들 가운데 75.1%가 정기적인 건강 검진의 필요성을 느 끼고 있으나 10.6%의 스님만이 검진을 받는 것으로 조사됐다. 특히 부인과 진료의 경우 66.3%가 전혀 받아 본 적이 없다고 응답해 비구 니 스님의 건강에 대한 풍토나 환경이 심각한 상황임을 알 수 있다고 했다.

이러한 보도를 접하고, 나의 경험에 비추어 정말 그럴 것이라고 생 각했다. 남자 스님들도 병원 가는 것을 꺼리는데, 하물며 비구니 스님 들이 병원 가는 것을 좋아할 까닭이 없을 것이다. 아마 대부분의 비구 니 스님들도 나처럼 어지간하면 약 사 먹고 참고 견딜 것이다. 그래야 훌륭한 스님이 되는 것으로 널리 인식되어 있기 때문이다.

세상 사람들은 스님들이야말로 좋은 환경에서 편하게 생활하기 때 문에 병에 잘 걸리지 않을 것이라고 생각한다. 스님이 병원에 가면 같 은 환자들도 이상한 눈으로 쳐다본다. 그런 따가운 시선을 받기 싫어 서 지금도 참고 견디는 스님들이 많이 있을 것이다. 그런 스님들은 주 저하지 말고 병원을 찾아 치료받기를 권한다. 그리고 특별한 징후가 없더라도 정기적으로 건강 검진을 받는 것이 좋을 것이다.

대부분의 사람들은 어떤 스님이 아프다고 하면 그 스님의 수행력이 부족하기 때문이라고 생각한다. 그래서 스님의 건강을 돌봐 주어야겠 다는 생각보다는 경멸하는 눈치가 역력하다. 그러나 육체를 갖고 있는

 마음비움에 대한 사색

한 인간은 온갖 질병에 시달리지 않을 수 없다. 출가자라고 해서 예외일 수는 없다. 이 육체는 금강석처럼 단단한 것이 못 된다. 선천적으로 허약한 체질로 태어난 사람도 많이 있다. 스님들 중에는 한두 가지 질병을 갖고 있거나 약봉지를 안고 사는 스님들도 상당수 있다. 오랜 수행 생활로 인해 지친 스님들의 건강을 돌봐 주는 것도 재가 불자가 해야 할 몫이 아닐까 생각해 본다.

흔히 스님들은 육체적 노동도 하지 않고 스트레스도 받지 않기 때문에 보통 사람들보다는 건강할 것이라고 생각하기 일쑤이다. 그러나 일반인들이 생각하는 것만큼 한가한 스님은 그리 많지 않다. 조석 예불을 비롯한 사찰의 하루 일과는 세속 사람들의 중노동과 별반 차이가 없다. 다만 자기가 원해서 선택한 것이기 때문에 힘들다고 말하지 않을 뿐이다. 산사의 수행 프로그램에 한 번이라도 참석해 본 사람이라면 사찰의 하루 일과가 얼마나 힘들고 고된 수행의 연속인가를 충분히 알 수 있을 것이다.

스님들의 건강은 음식물과도 관련이 있다고 본다. 산사에서 참선과 같이 정적인 수행에 종사하는 스님들은 에너지 소모가 비교적 적다. 하지만 도회지에서 사회 복지 사업이나 포교 활동에 종사하는 스님들은 엄청난 에너지가 소모된다. 후자의 경우 소모되는 에너지만큼 필요한 영양분을 보충해 주어야만 건강을 유지할 수 있다. 채식 위주의 식단으로는 충분한 영양분을 보충해 줄 수 없는 것이 사실이다.

지나치게 채식주의를 고집할 필요는 없다고 본다. 부처님은 극단적인 채식주의자가 아니었다. 생선과 고기를 먹는다고 해서 부처님의 가르침에 위배되는 것이 아니다. 자기를 위해 직접 죽이는 것을 보지 않았고, 듣지 않았으며, 그러한 의심이 가지 않는 것이라면 먹어도 좋다고 부처님께서는 허락하셨다.

건강이 좋지 못해 수행과 포교에 어려움을 겪는 것보다는 주어진 음식을 맛있게 먹고, 그 에너지를 불교 발전을 위해 사용한다면 부처님께서도 좋아하실 것이다.

◉ 『불교정보센터』 2004년 8월 6일자, '초청칼럼' 에 게재

● 마음비움에 대한 사색

화가 났을 때 60초 동안만 시간을 늦추어라. 아무리 상대편에서 화를 부추기더라도 이것은 가치 없는 일이라고 자신에게 상기시켜라. 이렇게 분노의 마음을 뒤로 미룸으로써 자기 자신을 진정시킬 수 있는 시간적 여유를 얻게 된다.

인욕은 수행의 척도

인욕의 의미와 중요성

인욕(忍辱)을 국어사전에서는 '욕되는 일을 참음'이라고 풀이하고 있다. 불교에서의 인욕은 범어 끄산띠(Kṣānti)를 번역한 말이다. 팔리어로는 칸띠(Khanti)라고 하는데, 육바라밀(六波羅蜜) 또는 십바라밀(十波羅蜜)의 하나이다. 어떠한 모욕(侮辱)과 괴롭힘을 받을지라도 참고 견디어 결코 화를 내거나 원망하지 않는 것을 말한다. 남으로부터 모욕과 곤욕을 당하면서도 참고 견딘다는 것은 여간 어려운 일이 아니다. 그래서 가장 극복하기 어려운 수행 가운데 하나가 인욕바라밀이다. 이것을 다른 말로 찬제(羼提)바라밀이라고도 부른다.

인욕은 그 사람의 수행의 정도 혹은 인물 됨됨이를 판단하는 기준이 되기도 한다. 훌륭한 인격을 갖추었다는 것은 훌륭한 인욕의 품격을 갖추었다는 말과 같다. 흔히 인욕은 자신을 보호해 주는 갑옷에 비유

된다. 활이나 창, 칼 따위로부터 공격을 받을 때 자신을 보호해 줄 수 있는 것은 갑옷뿐이다. 인욕은 그 갑옷과 같은 역할을 담당한다고 해서 인욕개(忍辱鎧)라고 한다. 그리고 수행자는 어떠한 경우에도 화를 내거나 분노를 폭발해서는 안 된다. 그래서 수행자의 몸을 가리는 가사를 다른 말로 인욕의(忍辱衣)라고 부른다.

인욕의 사례를 언급할 때 자주 인용되는 설화가 『자따까(Jatāka, 本生經)』에 나오는 인욕선인(忍辱仙人)의 이야기이다. 이 이야기는 인욕의 극치를 보여 주는 것이다. 실제로 부처님께서도 참기 어려운 모욕을 당한 경우가 많았다. 그러나 그때마다 몸소 인욕함으로써 조복시켰다.

부처님은 『숫따니빠따(經集)』에서 인욕의 중요성에 대해 이렇게 말씀했다. "뱀의 독이 몸에 퍼지는 것을 약으로 다스리듯, 치미는 화를 삭이는 수행자는 이 세상〔此岸〕도 저 세상〔彼岸〕도 다 버린다. 뱀이 묵은 허물을 벗어 버리듯이." 이와 같이 인욕은 차안에서 피안으로 건너가는 나룻배에 비유된다. 욕됨을 참지 못하면 궁극의 목표를 이룰 수 없기 때문에 인욕은 수행에 있어서 매우 중요한 덕목이다.

성냄을 다스리는 방법

필자는 개인적으로 성냄과 분노를 다스릴 수 있는 특효약은 위빠사나(vipassanā) 수행법이라고 생각한다. 올바른 통찰〔正念〕은 현재 자신의 몸과 마음에서 생겨나는 현상을 있는 그대로 단순한 주의 집중(bare attention)을 통해서 분명하게 파악하는 것을 말한다. 즉 현재 분명히 깨어 있는 마음으로 자신의 몸과 마음에서 일어나는 모든 현상을

● 마음비움에 대한 사색

좋거나 나쁘다는 가치 판단을 하지 않으면서, 경험되는 그대로 명확하게 알아차리는 것을 의미한다.

참기 어려운 모욕과 분노가 일어났을 때 이 원리를 적용하면 해결된다. 지금 나를 괴롭히는 외적 자극이 왔구나 하는 것을 알아차린다. 알아차리기만 하면 이미 그것을 극복한 것이나 다름없다. 우리가 일으키는 성냄과 분노는 자신이 화가 나 있음을 알지 못하기 때문에 나중에 후회할 일을 저지르고 만다.

이와 같이 인욕행을 실천하는 사람은 어떠한 외부의 자극에도 마음의 동요를 일으키지 않는다. 왜냐하면 모든 현상은 덧없기 때문이다. 우리의 마음속에서 일어난 성냄과 분노도 결코 오래가지 않는다. 생겨났다가는 이내 사라진다. 그러므로 화가 났을 때 60초 동안만 시간을 늦추어라. 아무리 상대편에서 화를 부추기더라도 이것은 가치 없는 일이라고 자신에게 상기시켜라. 이렇게 분노의 마음을 뒤로 미룸으로써 자기 자신을 진정시킬 수 있는 시간적 여유를 얻게 된다.

성냄은 우리의 일상생활에서 일어나는 많은 사건들에 기인한다. 성냄은 숲 속에 숨어 있는 뱀과 같다. 막대기로 찌르기만 하면 머리를 곤두세우고 물려고 달려든다. 마찬가지로 매우 하찮은 일도 화를 내도록 사람을 격분시킨다. 평소에 분노를 다스리는 연습, 즉 인욕행을 닦지 않으면 언제 용수철처럼 분노가 튀어나올지 모른다. 잘 제어하는 능력이 곧 수행의 척도인 것이다.

초기경전에서는 분노〔惡意〕를 없애는 여섯 가지 방법을 제시해 놓았다. 즉 ① 자관(慈觀)을 닦을 것, ② 자관에 전념할 것, ③ 업은 자신의 것임을 생각할 것, ④ 자관의 좋은 점과 분노의 해로움에 대해서 깊이 생각할 것, ⑤ 분노를 잘 다스리는 좋은 벗을 가까이할 것, ⑥ 자관의 이로움과 분노의 불이익에 대한 말을 할 것 등이다.

　참음은 나약함이거나 비겁함의 표시라고 생각하는 사람들이 있다. 그래서 보복이나 복수를 통해 앙갚음을 표시해야 한다고 말한다. 하지만 이러한 행위는 결국 불행의 종국에 이르게 되고 만다. 사실 보복할 수 있는 힘과 능력을 가지고 있음에도 불구하고 인내로써 참고 견디는 자가 바로 지혜로운 자이며, 마지막 승리자이다. 참기 어려운 모욕을 참고 견딜 때 비로소 얻기 힘든 진정한 행복〔열반〕을 얻게 된다. 우리는 그러한 사람을 진심으로 존경하고 받들어야 한다.

◉ 『설법』 제148호(2002년 11월호)

41

중생의 아픔을 먼저 생각하고, 그것을 몸소 실천하는 것을 보살도라고 말한다. 이러한 보살도는 그야말로 보살이 나아가야 할 방향이자 궁극의 목표인 동시에 대승불교의 근본이념(根本理念)이다.

보살도의 의미와 그 실천적 수행

대승불교를 다른 말로 '보살불교' 라고도 부른다. 보살도가 대승불교의 핵심 사상이기 때문이다. 사실 대승불교에서 보살 사상을 빼 버리면 아무것도 남지 않는다. 그만큼 보살 사상은 대승불교를 지탱하는 중요한 버팀목이다. 이처럼 중요한 보살 사상을 지금에 와서 다시 강조하는 까닭은 무엇인가?

우리는 이러한 문제의식을 갖고, 보살도의 본래 의미와 그 실천적 수행[實修]에 대해 알아보자. 우선 인도에서 대승불교가 일어날 수밖에 없었던 사상적 배경에 대해 알아보고, 그런 다음 보살도의 개념과 실천적 수행에 대해 살펴보고자 한다.

대승불교 흥기의 사상적 배경

인간이 모여 하나의 집단을 이루고 있는 곳에는 언제나 보수적인 성향을 띤 쪽과 진보적인 성향을 띤 쪽이 있기 마련이다. 마찬가지로 불교 교단에서도 불멸 후 약 100년경부터 보수적인 상좌부(上座部, Theravāda)와 진보적인 대중부(大衆部, Mahāsanghika)로 나누어졌다. 이것을 '근본분열'이라고 하며, 그후 다시 분열하여 20부파가 되었는데 이것을 '지말분열'이라고 한다. 이와 같이 불교가 여러 부파로 나누어진 시대의 불교를 우리는 '부파불교'라고 부른다.

부파분열의 이유를 학자들은 여러 가지로 설명하고 있다. 일본의 불교학자 마스다니 후미오(增谷文雄) 박사는 근본적인 인간의 '삶의 방식'과 관련이 있는 개인과 대중의 문제에서 부파분열의 단서를 찾고 있다. 개인과 대중의 문제는 순전히 개인적 취향에 따라 달라진다.

이를테면 '무소의 뿔'처럼 자기 형성에 전념하여 아라한의 도를 갈 것인가, 아니면 차라리 자기의 해탈을 잠시 미루더라도 우선 대중의 구제에 나설 것인가. 개인의 도를 따르는 제자들은 자기 형성에 전념하도록 가르침을 받고 그대로 실천했다. 반면 대중의 도를 따르는 무리들은 모두가 부처가 되지 않으면 안 된다고 했다. 불교는 본래 만인이 평등하지 않으면 안 되기 때문이다.

그런데 역사적으로 부파불교는 출가 중심주의였기 때문에 자신의 구제에만 전념하고 타인의 구제에는 별로 관심을 갖지 않았다. 대승불교는 이러한 부파불교의 결함을 시정하고 불교를 그 타락의 결함에서 회복시키고자 했던 불교 부흥운동이었다.

물론 부파불교에서도 세인의 구제라는 것을 문제삼지 않은 것은 아니다. 출가 교단은 재가 신자에게 법을 전하고, 재가 신자는 그 보답으로 출가 교단에 재물을 시여 공양함으로써 부파불교의 종교적 사명을

 ● 마음비움에 대한 사색

다했다고 할 수도 있다.

그렇지만 부파불교의 수행은 역시 자기의 인격 완성을 위주로 하는 것이었다. 실제로 초기불교 이래의 수행 방법 가운데 가장 대표적인 팔정도(八正道)를 보아도 거기에는 자신의 수양에 대해서만 서술되어 있을 뿐, 적극적인 사회 구제에 관한 것은 한마디도 언급되어 있지 않다. 그리고 부파불교가 고정적·형식적으로 되어 침체해 가면서 그 경향은 한층 심해졌다.

부파불교의 저조와 침체를 염려한 혁신적인 이상주의자들은 이에 불만을 품고 적극적인 사회 구제라고 하는 것을 문제삼았다. 그러기 위해서는 종래의 수행법이었던 팔정도 등에 의하지 않고, 불타가 전생에 보살(菩薩)로서 인격 완성을 위해 수행하였던 육바라밀(六波羅蜜)이라고 하는 가장 뛰어난 수행법을 행하지 않으면 안 된다고 주장했다.

또한 이들은 계율의 형식에 구애되지 않고, 출가·재가 구별을 세우지 않으며, 형식적·평면적인 교리보다도 오히려 제1의적인 높은 입장에 서서, 고통을 싫어하고 즐거움을 구하는 업보적 타율 사상의 속박을 벗어나 고락을 초월한 무아(無我)의 실천을 행하고자 한 것이다. 그것은 개인의 인격 완성을 위한 수행이라기보다도 오히려 세인의 구제 지도를 목적으로 하는 수행이었다.

이와 같이 대승불교는 불교 교단 안의 보수파와 진보파의 대립에서 출발하여 진보적인 성향을 갖고 있었던 대중부의 계보와 연결된 사상에서 태어났을 것이라고 추측된다.

보살도의 개념

이러한 사상적 배경에서 태어난 대승불교가 어느 날 갑자기 성립된 것은 아니다. 마치 조그만 샘물에서 출발한 물이 점차 흘러가면서 다른 물줄기와 합해져서 큰 강이 되는 것과 같다고 할 수 있다.

그러면 대승불교가 표방하는 보살도는 어떤 것인가. 먼저 보살(菩薩)의 어의(語義)부터 살펴보자. 보살(Bodhisattva)의 기원적 의미는 '보리(菩提)를 구하고자 머무르는 유정(有情)으로서, 보리를 얻게 될 것임이 확정되어 있는 유정'이라는 말이다. 좀더 쉽게 풀이하면, '부처의 지혜를 구하면서 그것이 반드시 성취되도록 살아 있는 것'이라는 의미가 된다. 현대적 표현을 빌리면 '보살이란 반드시 붓다가 될 후보자'라는 것이다.

이러한 어의에서도 알 수 있듯이, 대승불교는 성불(成佛)을 목적으로 한다. 즉 모든 중생은 부처가 될 수 있는 성품을 가지고 있다. 따라서 모든 중생은 미완성의 불타이며, 불타는 완성된 중생이라는 것이다.

대승불교는 이러한 신념을 바탕으로 보살이 마땅히 행해야 할 행업(行業)을 구체적으로 정립하였다. 이른바 '상구보리 하화중생', '자리이타(自利利他)' 혹은 '자각각타(自覺覺他)'라고 표현되는 것이 그것이다. 즉 자신의 깨달음을 실현함과 동시에 다른 많은 사람들의 구제도 실현하고자 하는 것이다.

그런데 만약 우선 자신의 깨달음을 실현한 후에 비로소 타인의 구제에 나선다면, 사람은 대체 어느 때나 타인 구제에 나서게 되는 것일까. 왜냐하면 상구보리를 완성한 때가 오지 않을지도 모르기 때문이다. 그러므로 차라리 '상구보리'를 잠시 접어 두더라도 우선 '하화중생'에

 ● 마음비움에 대한 사색

몸을 바쳐야 한다는 입장에 서 있는 사람이 바로 보살이다.

『대지도론(大智度論)』에 의하면, "깊이 공법(空法)에 들어가 육바라밀의 대자대비를 실천하면 이런 자를 진정한 의미의 보살인(菩薩人)이라고 부른다."(『大正藏』 25, p.432上) 이와 같이 대승불교는 자기의 이익보다는 대중의 이익을 먼저 생각하는 보살의 마음에서 출발한 것임은 부정할 수 없다.

이러한 보살불교의 특징은 한마디로 자리이타의 실천행을 하는 데 있고, 그 실천의 구체적인 행법(行法)이 육바라밀이다. 이러한 보살도를 『대지도론』에서는 다음과 같이 표현하고 있다. "보살도(菩薩道)는 두 가지가 있다. 하나는 반야바라밀도이고, 다른 하나는 방편도(方便道)이다."(『大正藏』 25, p.754中)

따라서 보살은 자신의 깨달음에만 안주하는 성문(聲聞)과 연각(緣覺)과는 달리 반야바라밀다(prajñā-pāramitā)를 행하되, 마땅히 중생의 아픔을 먼저 생각한다. 이처럼 중생의 아픔을 먼저 생각하고, 그것을 몸소 실천하는 것을 보살도라고 말한다. 이러한 보살도는 그야말로 보살이 나아가야 할 방향이자 궁극의 목표인 동시에 대승불교의 근본이념(根本理念)이다.

이상에서 살펴본 바와 같이 보살도의 개념은 이론상으로는 매우 간단명료하다. 그런데 문제는 이 보살도를 어떻게 자기화(自己化)하여 실천할 것인가에 있다. 보살도를 실천한다는 것은 결코 쉬운 일이 아니기 때문이다. 지금 우리가 여기서 다시 보살도를 강조하는 까닭이 바로 여기에 있다. 역설적으로 말해서 보살도를 강조하는 것은 그만큼 보살도의 정신이 퇴색되어 가고 있다는 증거인 것이다.

앞에서도·언급한 바와 같이 대승불교가 일어날 때 표방했던 보살도
의 정신이 퇴색되어 간다는 것은 이 시대 대승불교도로서의 사명을 다
하지 못하고 있다는 말이다. 만일 지금의 대승불교도들이 보살도의 정
신을 잃어버린다면 대승불교의 존재 이유가 없게 되는 것이다.

그러면 처음 대승불교가 표방했던 보살도 사상이 점차 퇴색되어 그
기능을 다하지 못하는 이유는 무엇일까? 그 이유는 복잡하여 어느 한
가지 이유 때문이라고 단정할 수는 없다. 다만 한 가지 분명한 사실은
현대 사회가 점차 복잡해지면 복잡해질수록 미래에 대한 불확실성 때
문에 인간들이 더욱더 이기적으로 변해 간다는 것이다. 이러한 미래에
대한 불확실성과 개인적인 이기주의가 보살도 사상이 퇴색되는 근본
원인이라고 나는 본다.

하지만 모든 사람이 대중의 도보다는 개인의 도를 우선하는 개인주
의가 팽배해지면 팽배해질수록 이 사회는 점차 황폐화되어 갈 것이다.
이 정도라도 현상계를 유지하고 있는 것은 보살의 정신으로 살아가는
사람들이 아직도 많이 있기 때문일 것이다.

보살도의 실천 수행

사실 보살도는 누구의 강요에 의해 실천되는 것이 아니다. 각자 스
스로의 발원(發願)에 의해 실천하지 않으면 안 된다. 마스다니 후미오
(增谷文雄)가 지적한 바와 같이 대승의 여러 경이 그려 내는 보살의 모
습은 참으로 다양하다. 그러나 이들 보살 모두에게 공통되는 것은 그
들이 모두 각각 '원(願)'을 지니고 있다는 점이다.

육바라밀의 수행과 관련하여 보살은 성불의 수행을 위해 원(願)을

   ● 마음비움에 대한 사색

세운다는 것이 중시되고 있다. 성불을 위해서는 오랫동안 자리이타의 행(行)을 완성해야 한다. 그때뿐인 결심으로는 이 행이 달성되지 않는다. 그 때문에 보리심을 발한 보살은 어떠한 곤란에도 물러나지 않는 견고한 결의를 일으켜야 한다. 이 결의를 구체적으로 나타내는 것이 원(願)이다. 자리와 이타를 위해 모든 보살이 일으키는 원은 나중에 '사홍서원(四弘誓願)'으로 구체화된다. 이것이 보살의 총원(總願)이다.

이처럼 모든 보살이 갖추어야 할 사홍서원과 같은 총원이 있지만, 이보다는 이 시대 불자로서 실천 가능한 별원(別願)을 좀더 구체적으로 세워 행하는 것이 보살도를 실천하는 지름길이라고 나는 생각한다.

연꽃과 보살도

연꽃은 더러운 진흙탕 물속에서 자란다. 그러면서도 더러움에 물들지 않는 맑고 청아한 연꽃을 피운다. 이것이 연꽃의 첫 번째 역할이다. 지금까지 우리가 알고 있는 연꽃에 관한 상식이다.

이러한 연꽃의 역할 외에 주변의 더러운 물을 정화하는 기능이 있다. 연못에는 온갖 더러운 물이 흘러 들어간다. 하지만 연꽃은 자신의 뿌리와 입을 통해 오염된 더러운 물을 받아들여 맑고 깨끗한 물로 만들어 내보낸다. 연못에는 물고기와 다른 수많은 미생물들이 살고 있다. 물고기와 미생물들이 살고 있다는 것은 연못이 살아 있음을 의미한다.

사실 오염된 물을 정화하는 식물은 물옥잠이 대표적이라 할 수 있다. 그런데 연꽃도 옥잠화(玉簪花)와 같이 물을 정화시키는 능력을 갖고 있다. 이 점을 간과해서는 안 될 것이다.

　이러한 연꽃을 대승 보살도에 비유한다면, 보살은 세속에 물들지 않을 뿐만 아니라 주변을 맑고 향기롭게 가꾸어 가는 사람을 말한다. 또한 보살은 자신이 보살도를 행하고 있음을 스스로 알리지 않는다. 그러나 다른 사람들은 그가 보살도를 행하고 있음을 자연적으로 알게 된다. 왜냐하면 보살도의 향기는 바람을 거슬러 올라가기 때문이다.

　우리 사회에서 진정한 의미의 연꽃과 같은 보살이 많으면 많을수록 이 사회는 윤택해질 것이며, 그만큼 불국토는 가까워질 것이다.

◉ 『대중불교』 제173호(1997년 4월호)

붓다는 비록 지혜로운 사람이라 할지라도 법을 듣지 않으면 퇴락하기 때문에 이들을 구제하기 위해서라도 반드시 법을 설해야 한다고 했다. 왜 포교를 하지 않으면 안 되는가를 밝힌 부분이다.

전도의 길

"세존께서 여러 비구들에게 말씀하셨다. 비구들이여, 나는 신들과 인간들의 덫에서 벗어났다. 비구들이여, 그대들도 신들과 인간들의 덫에서 벗어났다. 비구들이여, 길을 떠나라. 많은 사람들의 이익을 위해서, 많은 사람들의·행복을 위해서, 세상에 대하여 자비를 베풀기 위해서, 신들과 인간들의 이익과 축복 및 행복을 위해서. 둘이서 한 길로 가지 마라.

비구들이여, 처음도 좋고 중간도 좋고 끝도 좋으며 뜻과 문장이 훌륭한 법을 설하라. 오로지 깨끗한 청정한 삶을 드러내라. 눈에 티끌 없이 태어난 사람이 있지만 그들은 가르침을 듣지 않았기 때문에 버려지고 있다. 그들은 가르침을 아는 자가 될 수 있을 것이다. 비구들이여, 나도 또한 가르침을 펴기 위해서 우루벨라의 세나니 마을로 간다."

(Vinaya Piṭaka(PTS), Vol. Ⅰ, pp.20-21)

이것이 저 유명한 '전도선언(傳道宣言)'이다. 붓다는 교단에 60명의 출가 제자들이 생겼을 때 이 전도선언을 단행했다. 이 전도선언은 불교 역사상 매우 중요한 사건이다. 그리고 이 전도선언에는 아주 중요한 내용이 담겨 있다. 다시 말해서 전도선언에는 불교 포교의 목적과 방법 등이 구체적으로 언급되어 있다.

이를테면 '많은 사람들의 이익과 행복을 위하여, 세상을 불쌍히 여기고, 인천(人天)의 이익과 행복과 안락을 위하여' 전도를 하지 않으면 안 된다고 그 목적을 분명히 밝히고 있다. 또한 붓다는 비록 지혜로운 사람이라 할지라도 법을 듣지 않으면 퇴락하기 때문에 이들을 구제하기 위해서라도 반드시 법을 설해야 한다고 했다. 왜 포교를 하지 않으면 안 되는가를 밝힌 부분이다.

또한 전도선언에는 포교하는 구체적인 방법까지 제시되어 있다. 즉 '비구들이여, 처음도 좋고 중간도 좋고 끝도 좋으며 뜻과 문장이 훌륭한 법을 설하라'고 했다. 즉 서론 · 본론 · 결론을 갖춘 조리 있는 문장으로 법을 설하라는 것이다. 다른 종교처럼 막무가내로 믿으라고 강요해서는 안 된다. 붓다의 가르침은 합리적이기 때문에 논리 정연하게 설하여 상대방이 완전히 이해하고 받아들이도록 하라는 것이다.

이에 덧붙여 '오로지 깨끗한 청정한 삶을 드러내라'고 하여 법을 전하는 자의 자세도 아울러 당부하고 있다. 이것은 청정한 지계 생활을 통해 몸소 진리를 실천해 보여 주어야 한다는 것이다. 말보다 실천을 강조한 대목이라고 할 수 있다. 그래야 설득력을 얻게 되기 때문이다.

이러한 전도선언의 정신에 따라 제자들은 각지로 유행하면서 법을 펼쳤다. 그 결과 불교는 역사상 전도 과정에서 단 한 방울의 피도 흘리

 ● 마음비움에 대한 사색

지 않았다. 다른 종교에서는 그 유례를 찾아볼 수 없는 일이다. 이러한 전통은 2,500여 년이 지난 지금까지도 그대로 지켜지고 있다(마성, 『불교신행공덕』(서울: 불광출판부, 2004), p.185).

이와 같이 붓다는 60명의 제자들에게 각자 전도를 위해 길을 떠날 것을 당부했다. 그리고 붓다 자신은 붓다가야의 우루벨라를 향해 길을 떠났다. 그때의 상황을 팔리『율장(律藏)』「대품(大品)」에서는 다음과 같이 기록하고 있다.

"그때 붓다는 가르침을 펼치기 위해 곧바로 바라나시를 출발하여 우루벨라로 가는 길이었다. 붓다는 도중에 길에서 좀 떨어진 숲으로 들어가 한 나무 밑에 앉았다. 바로 그때 그 고장의 상류층 청년 30명이 부인을 데리고 그 숲에서 유흥을 즐기고 있었다. 그런데 그들 중 한 명은 부인이 없어서 기녀를 데리고 나왔다. 이윽고 그들이 즐기며 술에 취하자, 기녀는 재물을 가지고 달아났다.

여러 친구들은 재물을 잃은 친구를 위해 기녀를 찾아나섰다. 그들은 숲을 이리저리 돌아다니다가 나무 밑에 앉아 계신 세존을 뵙게 되었다. 그들은 세존께 다가가서 말하였다.

'세존이시여, 한 여인을 보지 못하셨습니까?'

'젊은이들이여, 그대들은 그 여인과 무슨 일이 있었느냐?'

'세존이시여, 저희들 서른 명의 친구들은 부인들을 데리고 이 숲으로 놀러 왔습니다. 그런데 한 명은 부인이 없어서 기녀를 데리고 나왔습니다. 세존이시여, 저희들이 유흥을 즐기다 술에 취한 틈을 타서 그 기녀가 재물을 가지고 도망갔습니다. 세존이시여, 저희들은 재물을 잃어버린 친구를 위해 그 기녀를 찾으려고 숲을 이리저리 돌아다니고 있

습니다.'

'그렇다면 젊은이들이여, 어떻게 생각하느냐? 그대들에게 어떤 것
이 더 중요하냐? 그대들이 찾고 있는 여인이냐, 아니면 그대들이 찾아
야 할 자아(自我)이냐?'

'세존이시여, 저희들이 찾아야 할 자아야말로 더 중요합니다.'

'그렇다면 젊은이들이여, 앉도록 해라. 그대들에게 법을 설하겠다.'

'예, 세존이시여!'

그들은 세존께 공손히 절하고 한쪽에 앉았다.

세존께서는 그들에게 차례차례 법을 설하셨다.

'보시를 실천하고 계율을 준수하면 하늘에 나게 된다. 여러 애욕에
는 환난과 공허함과 번뇌가 있다. 애욕에서 벗어나면 큰 공덕이 드러
난다.'

세존께서는 그들이 마음의 준비가 되어 있고 법을 쉽게 이해할 수 있
으며, 번뇌에서 벗어나 청정하고 가르침을 따르고자 한다는 것을 아셨
다. 그리하여 본래 진실한 고집멸도의 가르침을 설하셨다.

마치 때 없는 흰 천이 잘 염색되듯이, 그들은 그 자리에서 먼지와 때
를 멀리 여읜 법안을 얻었다. 곧 '모여서 이루어진 것은 모두 소멸한
다' 라고 깨달았던 것이다.

진실로 그들은 법을 보았고, 법을 얻었고, 법을 알았고, 법을 꿰뚫
었다. 의심에서 벗어났고, 망설임은 제거되었고, 두려움은 없어졌으
며, 스승의 가르침 외에 다른 것은 필요 없게 되었다.

그러자 그들은 세존께 아뢰었다.

'세존이시여, 저희들은 세존의 곁으로 출가하여 구족계를 받고자 합

● 마음비움에 대한 사색

니다.'

　'오라, 비구들이여! 내 이미 교법을 잘 설해 놓았다. 바르게 괴로움을 소멸시키고자 한다면 청정한 수행을 하라.'

　이렇게 그들은 구족계를 받았다."(Vinaya Piṭaka(PTS), Vol. 1, pp.23-24)

　이와 같이 붓다는 우루벨라로 가는 도중에 서른 명의 청년들을 교화하였다. 그들은 붓다의 설법을 듣고 모두 즉석에서 출가했다. 이리하여 붓다의 초기교단은 점점 성장해 갔다. 이렇게 해서 붓다는 입멸하는 날까지 성스러운 전법 활동을 계속하였다. 제자들과 더불어 붓다는 인도의 크고 작은 길을 빠짐없이 두루 편력(遍歷)하면서 법을 펼쳤다. 처음 승단은 겨우 60여 명으로 시작되었지만 얼마 되지 않아 수천으로 늘어났다(피야다시 지음 · 정원 옮김, 『부처님, 그분: 생애와 가르침』(서울: 고요한 소리, 1988), p.39).

　녹야원에서의 설법을 계기로 붓다의 교화 활동은 급속히 전개되었다. 먼저 바라나시에서 장자의 아들 야사가 교화를 받고 출가하여 아라한이 되었다. 그리고 그의 부모와 아내도 삼보에 귀의하여 재가 신자가 되었다. 그 뒤 야사의 친구 4명과 50명의 옛 친구도 출가하여 아라한이 되었다. 그리하여 불교 교단에는 붓다를 포함하여 61명의 아라한이 생겼다. 그때 붓다가 '전도선언'을 단행했던 것이다. 이것이 불교 포교의 시작이었다.

◉ 『곰절』 2006년 8월호, pp.8-10

자항 스님의 가르침은 『자항법사전집』에 수록되어 있다. 그 가운데 자항 스님의 열 가지 교훈[慈航十訓]은 많은 사람들에게 귀감이 되고 있다.

자항십훈(慈航十訓)

처음 친견한 등신불

1987년 6월 17일은 내가 최초로 해외여행길에 올랐던 날이다. 나의 첫 해외여행지는 중화민국(대만)이었다. 그때는 외국어를 전혀 할 줄 몰랐다. 두려움과 긴장된 마음으로 비행기에 올랐다. 나는 이 최초의 해외여행에서 너무나 큰 충격을 받았다. 마치 산골 마을에서 태어나 그곳에서 자란 어린아이가 서울이라는 대도시에 처음 왔을 때 받는 그런 충격이었다. 이 최초의 해외여행을 통해 우물 안 개구리였던 나는 우물 밖에 드넓은 세계가 있다는 것을 알게 되었다. 그때 비로소 불교를 본격적으로 공부해야겠다고 다짐하게 되었다. 그래서 이 최초의 해외여행은 내 인생에 있어서 하나의 전환점이었던 셈이다.

나는 호기심으로 중화민국의 여러 사찰들을 둘러보았다. 그때 방문했던 사찰과 지명은 다 기억하지 못한다. 그때는 그냥 안내자를 따라

● 마음비움에 대한 사색

다니며 감탄사만 연발하고 있었다. 그런데 어느 절에 갔더니 김동리의 소설에 나오는 등신불(等身佛)이 모셔져 있었다. 등신불을 직접 친견하는 순간 전기에 감전된 듯한 전율을 느꼈다. 그 등신불의 주인공이 바로 자항(慈航) 스님이었다. 그때는 자항 스님에 대해 전혀 아는 바가 없었다. 그저 말로만 들었던 등신불을 직접 눈으로 확인했을 뿐이었다. 그런데 최근 어떤 계기로 자항 스님의 생애를 다시 살펴볼 기회가 있었다. 자항 스님의 생애와 가르침은 한국의 불자들에게도 도움이 될 것이라 생각되어 여기에 소개한다.

자항 스님의 생애

자항(1895-1954) 스님은 중화민국불교 발전에 큰 족적을 남긴 분이다. 스님은 자씨(慈氏) 보살로 추앙되고 있으며, 스님의 입적 후 그의 육신은 등신불로 조성 봉안되어 있다. 자항 스님은 중국 복건성(福建城) 건령현(建寧顯) 출신이다. 속성은 애(艾)이고, 이름은 계영(繼榮)이었다. 아버지는 청나라 황실 학술원의 학자였고, 어머니는 명문 사씨(謝氏) 가문 출신이었다. 11세에 어머니를 여의고 17세에 아버지마저 돌아가시자 고아가 되었는데, 그때 인근의 아미봉으로 출가하여 자충(自忠) 화상의 제자가 되었다.

출가 다음해 가을 구강(九江)의 능인사(能仁寺)에서 구족계를 받았다. 그때가 바로 중화민국 건국의 해인 1912년이었다. 그래서 스님의 승랍은 중화민국의 연호와 동일하다. 수계 후 구화(九華), 천태(天台), 보타(普陀)의 여러 도량을 편력하였으며, 양주(揚州)의 고민사(高閔寺)에서 참선 수행했다. 체한(諦閑) 대사의 가르침을 받았고, 도

액(度厄) 장로의 학문을 익혔다. 태허(太虛) 대사의 민남불학원(閩南佛學院)에서 깊이 연구했고, 법은 원영(圓瑛) 법사로부터 전해 받았다. 6년간 두문불출하고 대장경을 열람하여 교의(敎義)에 정통했다.

불법의 선포에 진력하기 위해 35세 때 안경(安慶)의 영강사(迎江寺) 주지로 취임했다. 거기서 불학연구부, 승가훈련반, 의무야학, 국민학교 등을 창설하여 교육에 진력함으로써 태허 대사의 신뢰를 얻었다. 36세 때에 홍콩으로 건너가서 앙광(仰光) 일대에서 경전을 강의했으며, 앙광중국불학회(仰光中國佛學會)를 창립하여 법연을 맺게 한 것은 일찍이 없었던 일이다. 41세 때에는 홍콩을 출발하여 광동(廣東), 상해(上海)에서 강을 거슬러 무석, 상주, 진강, 남경, 동성, 구강, 무창, 한구 등지를 둘러보고 귀국했다.

46세 때 태허 대사의 '중국불교국제방문단'에 참가하여 미얀마, 인도, 스리랑카 등을 편력하면서 항일전(抗日戰)의 국가 정책을 선전하였으며, 적의 음모를 막기 위해 교우의 관계를 긴밀히 유지했다. 중국-미얀마, 중국-인도, 중국-스리랑카문화협회를 설립했다. 당시는 일본에 대항하여 싸우고 있던 어려운 시기였다.

47세 때 자항 스님은 말레이시아에 머물다가 성주(星州)로 돌아와 여러 곳을 순례하면서 강연하기도 했다. 7년간 성주보리학원, 빈성보리학원, 성주보리학교, 빈성보리학교, 성주불학회, 설주불학회, 이보불학회, 빈성불학회 등을 창설했으며, 월간『불교인간』과 불교사회단체 등도 설립했다.

스님은 54세 때 대만 중력 원광사로 초빙되었다. 대만으로 돌아온 뒤 대만불학원 원장에 취임했다. 55세 때는 정수원(靜修院)에 주석했는데, 사방에서 학자들이 모여들었다. 미륵내원(彌勒內院)을 건축하여, 매일 인명(因明), 유식(唯識), 능엄(楞嚴), 능가(楞伽), 섭대승론(攝大乘論) 등을 강의했다. 58세 때인 임진(壬辰)년 9월 17일부터 3년간 폐관(閉關) 정진하였으며, 60세였던 5월 6일 법화관(法華關)에서 입적(入寂)하였다.

자항 스님의 열 가지 교훈

이와 같이 자항 스님은 17세에 출가하여 35세까지는 수행과 정진에 전념하였고, 그 뒤 35세부터 60세로 입적하기까지는 불교 포교를 위해 헌신하였다. 스님께서 입적하시기 전에 제자들에게 유촉(遺囑)하길, 입적 후 시신을 화장하지 말고 항아리에 그대로 안치해 두었다가 3년 뒤에 열어 보라고 하였다. 스님께서 가부좌하신 채 입적하셨는데, 만 3년이 경과한 뒤 항아리를 열어 보니 생전의 모습 그대로였으며 머리카락이 자라나 있었다. 그 육신에 금칠을 하여 봉안한 것이 바로 자항 스님의 등신불이다. 지금도 중화민국 정수원 미륵내원에 안치되어 있는데, 참배객의 발길이 끊어지지 않고 있다. 자항 스님은 오늘날의 중화민국불교의 토대를 마련하는 데 크게 기여한 분이다. 자항 스님의 가르침은 『자항법사전집』에 수록되어 있다. 그 가운데 자항 스님의 열 가지 교훈[慈航十訓]은 많은 사람들에게 귀감이 되고 있다.

첫 째, 반드시 밝은 스승을 친히 가까이하라[要親近明師].
둘 째, 반드시 착한 도반을 의지하여 붙어라[要依附良伴].
셋 째, 반드시 삼장을 정밀히 연구하라[要精硏三藏].

넷 째, 반드시 금한 계율을 엄격히 지켜라[要嚴持禁戒].

다섯째, 반드시 성인의 명호를 항상 염하라[要常念聖號].

여섯째, 반드시 예배를 부지런히 행하라[要勤行禮拜].

일곱째, 반드시 중생의 고통을 생각하라[要念衆生苦].

여덟째, 반드시 보리심을 일으켜라[要發菩提心].

아홉째, 반드시 중생의 이익을 위해 재물을 사용하라[要濟物利生].

열 째, 반드시 성불하겠다는 원을 세워라[要志願成佛].

◉ 『昌原佛敎』 제54호(2003년 1월)

44

초기경전에 제시된 재가자가 갖추어야 할 조건으로는 믿음의 완전한 갖춤[信具足]·지혜의 완전한 갖춤[慧具足]·버림의 완전한 갖춤[捨具足]·계율의 완전한 갖춤[戒具足] 등이 있다.

재가자가 갖추어야 할 조건

불교의 교단은 크게 출가자와 재가자로 구성되어 있다. 출가자와 재가자는 삶의 방식이 근본적으로 다르다. 그렇기 때문에 출가자에겐 출가자가 지켜야 할 계율이 있고, 재가자에겐 재가자가 갖추어야 할 조건이 있다. 여기서는 초기경전에 나타난 재가자가 갖추어야 할 조건에 대해 알아본다.

초기경전에 제시된 재가자가 갖추어야 할 조건으로는 믿음의 완전한 갖춤[信具足]·지혜의 완전한 갖춤[慧具足]·버림의 완전한 갖춤[捨具足]·계율의 완전한 갖춤[戒具足] 등이 있다.

1. 믿음의 완전한 갖춤[信具足]

재가자가 갖추어야 할 제1 조건은 믿음의 완전한 갖춤, 즉 신구족(信具足)이다. 신구족(saddhā-sampanna)은 삼보(三寶)에 대한 확실한 믿음을 의미한다. 삼보는 불교를 형성하고 있는 가장 기본적이고 근본적인 세 가지 뼈대이다. 이 삼보를 가장 명료하게 설한 것이 『증지부경전』에 나온다.

"그분 세존께서는 바로 아라한〔應供〕이시며, 완전히 깨달으신 분〔正等覺者 또는 正遍知〕이시며, 지혜와 실천이 구족하신 분〔明行足〕이시며, 피안으로 잘 가신 분〔善逝〕이시며, 세간을 잘 알고 계신 분〔世間解〕이시며, 가장 높으신 분〔無上士〕이시며, 사람을 잘 길들이는 분〔調御丈夫〕이시며, 하늘과 인간의 스승〔天人師〕이시며, 깨달으신 분〔覺者〕 세존〔世尊〕이시다."

"세존께서 잘 설해 주신 법은, 당장에 공덕을 드러내며, 시간을 초월하여 타당하며, '와서 보라'는 권유이며, 열반(涅槃)의 길로 이끌어 주며, 지혜 있는 자 누구나 스스로 증득할 수 있는 것이다."

"세존의 제자이신 스님들은 길을 잘 걷고 있으며, 길을 바르게 걷고 있으며, 길을 지혜롭게 걷고 있으며, 길을 충실하게 걷고 있으니, 저 네 쌍의 분들, 여덟 단계에 계신 분들이다. 이들 세존의 제자 분들은 공양 올려 마땅하며, 시중들어 마땅하며, 보시드려 마땅하며, 합장드려 마땅한, 이 세상에 다시없는 복전(福田)이다."

이러한 삼보에 대하여 재가자는 마땅히 확고한 믿음을 가져야만 한다. 그래야만 비로소 완전한 재가 불자라고 할 수 있다. 사실 재가자는 삼보에 귀의하는 것만으로 불교도가 된다. 그러므로 삼보에 귀의하는 자체가 재가자가 나아가야 할 바른 길이며, 구비 조건인 것이다.

한편 재가자가 불교에 입문하는 데 어떤 특별한 절차가 필요한 것은 아니다. 삼귀의문(Tisaraṇa)을 삼창(三唱)하는 것으로 충분하다. 이처

● 마음비움에 대한 사색

럼 비록 재가자가 교단에 들어가는 의식 절차는 매우 간소하지만, 불·법·승 삼보에 대한 절대적인 믿음이 우선되어야 한다. 그래야만 불교 이외의 교법(敎法)과 영묘(靈廟, cetiya) 등에 귀의하지 않게 되는 것이다.

믿음, 즉 신심(信心, saddhā-citta)은 인도의 우빠니샤드(Upaniṣad)에서부터 강조되었다. 우빠니샤드에서는 지식과 명상적 통찰과 함께 믿음을 수행의 중요한 방법론적 요소로 보았다. 이와 마찬가지로 불교에서도 신심은 해탈을 위하여 매우 중요한 것으로 보고 있다. 이것이 재가자가 갖추어야 할 첫 번째 조건인 믿음의 완전한 갖춤인 것이다.

2. 지혜의 완전한 갖춤〔慧具足〕

재가자가 갖추어야 할 두 번째 조건은 지혜의 완전한 갖춤, 즉 혜구족(慧具足)이다. 혜구족(paññā-sampanna)은 신구족과 관련된 것으로서 맹목적인 믿음이 아니라 교법에 대한 올바른 이해를 말한다. 이 혜구족을 견구족(見具足, diṭṭhi-sampanna)이라고도 부른다.

엄격히 말해서 지극한 신뢰는 교법에 대한 확실한 이해의 바탕 위에서 성립된다. 여기서 말하는 교법의 이해라고 하는 것은 한마디로 사제(四諦)의 법문에 대하여 확신을 갖는 것을 뜻한다. 이른바 '이것은 괴로움이다. 이것은 괴로움의 원인이다. 이것은 괴로움의 사라짐이다. 이것은 괴로움의 사라지는 길이다' 라고 바르게 아는 것을 말한다.

이러한 사제의 법문에 대한 확신에 기초해서 재가로 있으면서도 고의 원인인 욕망을 절제하고 욕망의 발동에 기초한 번뇌를 억누르며, 악을 그치고 선을 닦음〔止惡修善〕과 함께 끊임없이 자기의 마음을 맑혀 가는 것이 곧 재가자로서의 수행의 핵심이었다.

재가자는 이러한 사제(四諦)의 도리를 통해 불교의 올바른 세계관·인생관을 확립하게 된다. 재가자가 사제의 도리를 이론적으로 완전히 이해하게 되면, 법안(法眼, dhamma-cakkhu)을 얻어 최하위의 성자(聖者)가 된다. 이 최하위의 성자는 나중에 부파불교의 용어로는 견도(見道, darśana-mārga)의 성자라고 했다. 견도라는 것은 사제의 도리를 보는 수행 과정이다.

그런데 원론적으로는 첫 번째의 신구족이 갖추어진 다음에 혜구족이 수반되어야 하는 것이지만, 그 반대의 경우도 생각해 볼 수 있다. 특히 현대의 지식인들은 맹목적인 믿음을 거부하는 경향이 있다. 이들은 믿음을 일으키기에 앞서 무엇을 믿고 의지해야 하는가를 확실히 알고자 한다. 다시 말해서 교법을 바르게 이해해야만 확고한 믿음을 일으킨다. 이것은 어떤 면에서 보면 진리 탐구의 올바른 자세라 할 수 있다. 어쨌든 재가자는 신구족과 혜구족을 바탕으로 진리를 실천하여 깨달음을 추구하게 된다.

3. 버림의 완전한 갖춤〔捨具足〕

위에서 살펴본 신구족·혜구족과 마찬가지로 재가자가 되는 하나의 조건으로 버림의 완전한 갖춤, 즉 사구족(捨具足)이 있다. 사구족(cāga-sampanna)은 재가자가 집에 살면서 인색함의 때, 즉 간구(慳垢)를 마음으로부터 벗어 버리고 정진하며, 베푸는 것을 좋아하고 구걸에 응하며, 보시물을 나누어 주는 것을 말한다.

사구족(捨具足)은 남에게 조건 없이 베풂을 의미하므로 한역의 『별

　　　● 마음비움에 대한 사색

역 잡아함경』8권에서는 시구족(施具足)이라고 번역했다. 사구족은 베풂뿐만 아니라 마음속의 인색함까지 벗어 버리는 것을 강조하기 때문에 시구족보다 넓은 의미를 갖고 있다.

구체적으로 재가자는 출가자에게 기쁜 마음으로 보시(布施)를 행할 의무가 있다. 왜냐하면 재가자도 사중(四衆: 비구·비구니·우바새·우바이)의 일원으로서 교단에 대한 책임을 지고 있기 때문이다.

이것이 하나의 관습으로 정착된 것이 재시(財施, āmisa-dāna)와 법시(法施, dhamma-dāna)이다. 즉 재가자는 출가자에게 재시의 의무가 있고, 반면 출가자는 재가자에게 법시를 베풀 의무가 있다. 특히 재가자는 수행에 필요한 물건과 음식 등 물질적으로 출가자를 돕는 것이 그 주된 임무였다. 이것이 재가자가 갖추어야 할 세 번째 조건인 버림 혹은 베풂의 완전한 갖춤인 것이다.

4. 계율의 완전한 갖춤〔戒具足〕

재가자가 갖추어야 할 조건 가운데 하나가 계율의 완전한 갖춤, 즉 계구족(戒具足)이다. 계구족(sīla-sampanna)은 오계(五戒)와 팔재계(八齋戒)를 지키는 것을 말한다.

붓다는 『담미까경(Dhammika-sutta, 曇彌迦經)』에서 "아내를 거느린 재가자가 완전한 비구의 법(bhikkhudhamma)을 이행하기는 불가능하다"라고 말했다. 사실 재가자는 부양할 가속을 거느리고 있기 때문에 비구의 법, 즉 출가 수행자가 지켜야 할 계율을 완전히 이행한다는 것은 불가능하다.

뿐만 아니라 재가자의 생활은 욕망의 세계에 살면서 수도하는 것이기 때문에 아무리 욕망을 절제하고 마음을 청정하게 한다고 하더라도 거기에는 한계가 있기 마련이다. 그래서 재가 생활의 표준이 될 수 있는 규정을 정할 필요가 있었다.

이렇게 해서 정해진 재가자의 계율이 바로 오계(五戒)와 팔재계(八齋戒)이다. 오계(pañca-sīla)는 재가자가 평소에 지켜야 할 최소한의 계율이고, 팔재계(aṭṭaṅgika-uposatha)는 재가자가 특정월과 특정일, 즉 삼장(三長)·육재일(六齋日)에 지키는 계율이다.

오계는 불살생·불투도·불사음·불망어·불음주 등이다. 이 다섯 가지 계율은 만선(萬善)의 근본이며, 모든 사회악을 제거할 수 있는 묘약이라고 할 수 있다. 그래서 필자는 개인적으로 오계파지운동(五戒把持運動)이 보다 확산되어야 한다고 믿고 있다.

팔재계는 앞의 오계에 다시 ⑥ 시간이 지나서 먹지 않고, ⑦ 높고 넓은 침상에 눕지 않으며, ⑧ 노래부르고 악기 연주하고 꽃과 향으로 몸을 장식하는 것을 멀리하라는 것이다. 그런데 여기서 유의할 것은 오계 가운데 세 번째 계율인 사음(邪淫)은 불음(不淫)으로 바뀐다는 사실이다.

이 팔재계는 포살과 직접 관계가 있기 때문에 재(齋)를 지닌다는 의미로 지재(持齋, mah'uposatha)라고도 부른다. 이 지재는 순수한 대자기적(對自己的)·극기적(克己的) 수양법이다. 그래서 이 지재를 재가자의 출가법이라고도 한다. 왜냐하면 재가자는 출가자와 같이 일생 동안 지계 생활을 유지할 수 없기 때문에 특정월과 특정일만이라도 팔재계를 지키며 수행하기 때문이다.

여기서 말하는 특정한 날이란 반월(半月, pakkha)의 1일과 8일 및

15일을 말한다. 이것을 1개월로 계산하면 6회가 되는 셈인데, 이른바 육재일(六齋日)이 바로 그것이다. 기독교도는 일요일을, 유태교도는 토요일을 성일(聖日)·극기일(克己日)로 삼고 있는 것과 같이 불교도는 이 육재일을 성일·극기일로 삼았던 것이다.

위에서 언급한 재가자의 구비 조건 외에도『잡아함경』권33에서는 들음의 완전한 갖춤〔聞具足〕을 추가하기도 한다. 문구족(suta-sampanna)은 들은 것을 잘 기억해 쌓아 두는 것이다. 즉 처음도 좋고 중간도 좋고 마지막도 좋으며, 뜻도 맛도 좋고, 순일하고 원만하며 범행이 청정한 붓다의 가르침을 다 받아 가지는 것을 말한다.

이상에서 설명한 재가자가 갖추어야 할 조건을 요약하면, 삼귀(三歸)·오계(五戒)·지재(持齋)라고 할 수 있다. 모름지기 이러한 항목들을 준수하고 남을 위해 선행을 베풂과 동시에 스스로의 몸과 마음을 정결히 하는 것이 곧 재가자로서의 표준적 수도이다. 이것을 실천하는 사람을 일컬어 붓다는 성성문(聖聲聞, ariyasāvaka)이라고 하였다.

앞에서 언급한 바와 같이 불교에 있어서는 출가·재가의 구별을 두는 것이 그 본래의 존재 방식이었다. 따라서 출가자와 재가자의 역할과 의무는 전혀 다르다. 그러므로 이 양자가 건전하게 그 기능을 다할 때 불교가 융성하게 된다. 일본의 불교학자 미즈노 고겐(水野弘元)은 대승불교가 이 두 기능을 무시해 버렸기 때문에 불교의 포교나 경제적인 면에서 그 근거를 크게 약화시켰다고 지적한 바 있다. 이러한 지적에 우리는 귀기울일 필요가 있다고 생각한다.

◉ 『대중불교』 통권 제169호(1990년 12월호)

45

기복은 외부에서 구하는 것이고, 작복은 내부에서 찾는 것이다. 복을 외부에서 구하므로 이러한 신앙 형태는 타력적(他力的)이다. 반면 복을 내부에서 구하는 것은 자력적(自力的)이다.

기복(祈福)과 작복(作福)

흔히 한국불교를 기복불교(祈福佛敎)라고 부른다. 대부분의 한국 불자들은 부처님의 가르침에 대한 진정한 이해보다는 어떻게 하면 복을 받을 수 있는가에 더 많은 관심을 갖고 있다. 이러한 성향 때문에 복을 비는 기도가 크게 성행하고 있다. 복을 비는 자체를 나무랄 수는 없다. 그런데 문제는 복은 빌어서 얻어지는 것이 아니라는 점이다. 복은 짓는 것임을 알아야 한다.

누구의 작품인지 확실히 알 수는 없지만 '마음 다스리는 글'이란 것이 불자들 간에 널리 유행되고 있다. 이 글의 첫머리가 "복은 검소함에서 생기고 덕은 겸양에서 생긴다"라고 되어 있다.

한국의 불자들은 극성스럽게 기도도량, 영험도량을 찾아다닌다. '어느 곳에서 기도하면 한 가지 소원은 들어준다' 라는 소문만 나면 진위 여부에 전혀 상관없이 떼를 지어 다닌다.

● 마음비움에 대한 사색

기복은 외부에서 구하는 것이고, 작복은 내부에서 찾는 것이다. 복을 외부에서 구하므로 이러한 신앙 형태는 타력적(他力的)이다. 반면 복을 내부에서 구하는 것은 자력적(自力的)이다.

사실 짓지도 않은 복이 기원한다고 해서 얻어지는 것은 아니다. 복은 스스로 지어야만 언젠가 결실로 되돌아오는 것이다. 박복(薄福)한 사람이 횡재(橫財)를 하면 오히려 뜻밖에 얻은 그 재물로 말미암아 더 큰 불행을 초래하는 경우가 있다.

노력하지 않고 분수에 맞지 않게 큰 복을 바라는 것은 곧 불행의 시작이다. 기복자의 마음속에는 언제나 요행을 바라는 사행심(射倖心)으로 가득 차 있다. 이런 사람은 자연적으로 자신의 노력보다는 요행수를 바라는 경향이 농후하다. 자신의 노력의 대가로 정당한 부를 축적하려고 하지 않고, 복권이나 증권과 같은 일확천금(一攫千金)을 꿈꾸는 베짱이와 같은 사람이 될 가능성이 높다.

반면 작복자의 마음속에는 언제나 어떻게 하면 조금이라도 더 복을 지을 수 있을까 하는 생각으로 가득 차 있다. 이런 사람은 자연적으로 오직 자신의 근면과 성실한 자세로 자신에게 주어진 위치에서 최선을 다하는 노력가 형이다. 이런 사람은 가령 뜻밖에 재물을 얻는 횡재를 만났다 할지라도 자신의 노력 없이 얻어진 것이기에 크게 기뻐하지 않는다. 그렇기 때문에 그 횡재로 말미암아 재앙을 초래하는 경우는 별로 없다. 이런 사람은 그러한 재물로 오히려 더 큰 복을 지으려고 하게 된다.

인간으로서 가장 완벽한 복을 짓고 받은 분은 석가모니불이다. 그분께서는 얼마나 큰 복을 지으셨기에 세상을 떠나신 지 이미 2,500여 년이 지났건만, 그분의 형상을 모시고 그분과 같은 복색만 하고 있어도 최소한 먹고 입고 살 수 있는 집은 걱정이 없으니, 저 점술가나 역술가들도 한결같이 불상을 모시고 영업을 하고 있다.

한때 부처님께서 기원정사에서 아누룻다(Anuruddha, Aniruddha, 阿那律)를 위해 복을 지은 일이 있다. 『증일아함경』의 「역품(力品)」에 나오는 '복 짓는 사람'의 이야기가 바로 그것이다.

부처님이 기원정사에서 많은 대중을 위해 법을 설하고 계실 때였다. 그 자리에 아누룻다도 있었는데, 그는 설법 도중에 꾸벅꾸벅 졸고 있었다. 부처님은 설법이 끝난 뒤 아누룻다를 따로 불러 말씀하셨다.

"아누룻다, 너는 어째서 집을 나와 도를 배우느냐?"

"생로병사와 근심 걱정의 괴로움이 싫어 그것을 버리려고 집을 나왔습니다."

"그런데 너는 설법을 하고 있는 자리에서 졸고 있으니 어떻게 된 일이냐?"

아누룻다는 곧 자기 허물을 뉘우치고 꿇어앉아 부처님께 여쭈었다.

"이제부터 이 몸이 부서지는 한이 있더라도 다시는 부처님 앞에서 졸지 않겠습니다."

이때부터 아누룻다는 밤에도 자지 않고 뜬눈으로 계속 정진하다가 마침내 눈병이 나고 말았다. 부처님은 그에게 타일렀다.

"아누룻다, 너무 애쓰면 조바심과 어울리고 너무 게으르면 번뇌와 어울리게 된다. 너는 그 중간을 취하도록 하여라."

그러나 아누룻다는 전에 부처님 앞에서 다시는 졸지 않겠다고 맹세한 일을 상기하면서 타이름을 들으려고 하지 않았다. 아누룻다의 눈병

 　●　마음비움에 대한 사색

이 날로 심해진 것을 보시고 부처님은 의사 지바까(Jīvaka, 耆婆)에게 아누룻다를 치료해 주도록 당부했다. 아누룻다의 증상을 살펴본 지바까는 부처님께 말씀드렸다.

"아누룻다께서 잠을 좀 자면서 눈을 쉰다면 치료할 수 있겠습니다만, 통 눈을 붙이려고 하지 않으니 큰일입니다."

부처님은 다시 아누룻다를 불러 말씀하셨다.

"아누룻다, 너는 잠을 좀 자거라. 중생의 육신은 먹지 않으면 죽는 법이다. 눈은 잠으로 먹이를 삼는 것이다. 귀는 소리로 먹이를 삼고, 코는 냄새로, 혀는 맛으로, 몸은 감촉으로, 생각은 현상으로 먹이를 삼는다. 그리고 여래는 열반으로 먹이를 삼는다."

아누룻다는 부처님께 여쭈었다.

"그러면 열반은 무엇을 먹이로 삼습니까?"

"열반은 게으르지 않은 것으로 먹이를 삼는다."

아누룻다는 끝내 고집을 버리려고 하지 않았다.

"부처님께서는 눈은 잠으로 먹이를 삼는다고 말씀하시지만 저는 차마 잘 수 없습니다."

아누룻다의 눈은 마침내 앞을 볼 수 없게 되고 말았다. 그러나 애써 정진한 끝에 마음의 눈이 열리게 되었다. 육안을 잃어버린 아누룻다의 일상생활은 말할 수 없이 불편했다. 어느 날 해진 옷을 깁기 위해 바늘귀를 꿰려 하였으나 꿸 수가 없었다. 그는 혼잣말로 "세상에서 복을 지으려는 사람은 나를 위해 바늘귀를 좀 꿰어 주었으면 좋겠네"라고 하였다.

이때 누군가 그의 손에서 바늘과 실을 받아 해진 옷을 기워 준 사람이 있었다. 그 사람이 부처님인 것을 알고 아누룻다는 깜짝 놀랐다.

"아니, 부처님께서는 그 위에 또 무슨 복을 지을 일이 있으십니까?"

"아누룻다, 이 세상에서 복을 지으려는 사람 중에 나보다 더한 사람은 없을 것이다. 왜냐하면 나는 여섯 가지 법에 만족할 줄 모르기 때문이다. 여섯 가지 법이란, 보시와 교훈과 인욕과 설법과 중생 제도와 위없는 바른 도를 구함이다."

아누룻다는 말했다.

"여래의 몸은 진실로 법의 몸인데 다시 더 무슨 법을 구하려 하십니까? 여래께서는 이미 생사의 바다를 건너셨는데 더 지어야 할 복이 어디 있습니까?"

"그렇다. 아누룻다, 네 말과 같다. 중생들이 악의 근본인 몸과 말과 생각의 행을 참으로 안다면 결코 삼악도(三惡道)에는 떨어지지 않을 것이다. 그러나 중생들은 그것을 모르기 때문에 나쁜 길로 떨어진다. 나는 그들을 위해 복을 지어야 한다. 이 세상의 모든 힘 중에서도 복의 힘이 가장 으뜸이니 그 복의 힘으로 불도를 성취한다. 그러므로 아누룻다, 너도 이 여섯 가지 법을 얻도록 하여라. 비구들은 이와 같이 공부해야 한다."

한국의 불자들이 하루빨리 기복적 신앙에서 벗어나 작복적 신앙으로 전환한다면 한국불교는 날로 발전하게 될 것이다.

 ● 마음비움에 대한 사색

집착은 괴로움의 원인이다. 우리 모두는 언젠가 이 몸마저도 버리고 떠나야만 한다. 이 세상을 떠날 때 가지고 갈 수 있는 것이 무엇일까를 생각해 보면 집착할 것은 아무것도 없다는 것을 알게 된다.

괴로움의 원인은 집착

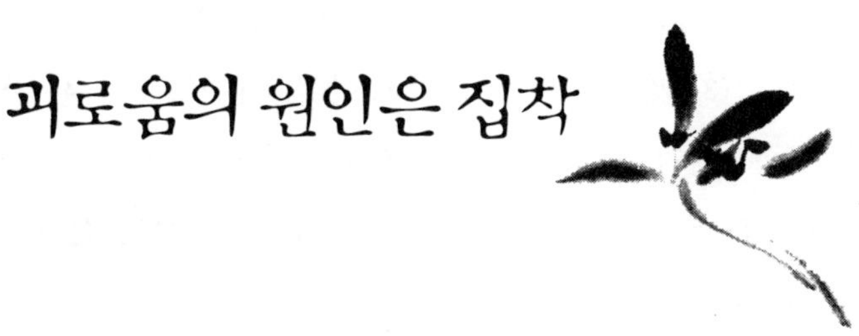

부처님은 인간들이 겪는 괴로움의 원인은 무지(無知)와 집착(執着) 때문이라고 진단했다. 이 무지와 집착을 불교 용어로는 무명(無明)과 갈애(渴愛)라고 한다. 불교에서는 이러한 무지와 집착은 '나〔我〕'와 '나의 것〔我所〕'이라는 관념이 남아 있기 때문이라고 보고 있다.

인간들은 본능적·맹목적으로 '나'라는 것을 변치 않는 존재로 믿거나 믿고 싶어한다. 여기에서 모든 종류의 괴로움이 생겨난다. 그래서 부처님은 인간들이 괴로움에서 벗어나기 위해서는 집착의 밑바닥에 놓인 '나'라는 관념에서 벗어나야 한다고 가르쳤다.

불교에서는 인간을 유정(有情)이라고 부르기도 한다. 유정이라는 말은 팔리어 삿따(satta) 혹은 범어 삿뜨바(sattva)를 번역한 것이다. 이 단어에는 '욕탐(欲貪)에 의해 염착(染着)되는 것'이라는 의미가 내포되어 있다. 즉 우리들 유정은 본래 염착하며 집착하는 존재자라는 것이다.

초기불교에서는 인간들의 집착을 크게 네 가지 종류로 분류하여 설명하고 있다. 즉 ① 감각적 쾌락에 대한 집착〔欲取〕, ② 잘못된 견해에 대한 집착〔見取〕, ③ 계율과 의례 등에 대한 집착〔戒禁取〕, ④ 자아(自我)에 대한 주장에의 집착〔我論取〕 등이다. 이 네 가지 집착 중에서 '자아에 대한 집착'은 오온(五蘊)에 대한 20가지 잘못된 견해를 말한다. 이것을 유신견(有身見)이라고 부른다.

오온이란 '인간의 존재를 구성하는 다섯 가지 요소가 모인 것'을 말한다. 즉 우리의 몸과 마음 전체를 가리키는 것이다. 그런데 우리 인간들은 이 오온에 대하여 욕탐을 가지고 집착하는 속성을 가지고 있다. 이 오온에 대하여 집착하는 것을 오취온(五取蘊)이라고 한다.

부처님은 '나'라고 할 만한 실체가 없다고 누누이 강조했다. 부처님은 일체의 존재는 다양한 원인과 조건에 의해 성립되는 것이라고 설했다. 부처님은 인간 존재란 다섯 가지 요소의 모임, 즉 오온에 불과할 뿐 영원불변하는 자아는 없다고 말했다. 그럼에도 불구하고 인간들은 오온에 대하여 욕탐을 가지고 집착하고 염착한다.

하지만 오온을 아무리 분석해 보아도 어떤 고정불변하는 실체를 찾을 수 없다. 다만 있는 것은 괴로운 현상, 즐거운 현상, 그리고 지각하는 현상들뿐이며, 이 현상들도 쉴 새 없이 변해 간다. 우리들 범부는 이 변하는 현상에 대해 순간순간 자기 자신이라고 집착한다. 그리고 오온의 실상(實相)은 덧없고〔無常〕, 괴로운 것이며〔苦〕, 실체가 없다〔無我〕는 것을 바로 알지 못하기 때문에 '나'라는 자아의식(自我意識)

이 생긴다. 이로 말미암아 생사윤회를 반복하게 되는 것이다.

그래서 부처님은 괴로움에서 벗어나기 위해서는 우선 오온에 대한 집착에서 벗어나야 한다고 가르쳤다. 즉 "색(色)은 무상(無常)하다. 무상한 것은 괴로움이다. 괴로움인 것은 '나[我]'가 아니다. 나[我]가 아닌 것은 '나의 것[我所]'이 아니다. 이렇게 관찰하는 이는 색(色)에서 해탈하고, 수(受)·상(想)·행(行)·식(識)에서 해탈한다. 이러한 것을 생로병사와 우비고뇌(憂悲苦惱)에서 해탈했다고 나는 설한다"라고 했다.

우리가 불교를 배우는 것도 앞에서 언급한 여러 가지 잘못된 집착에서 벗어나 해탈하기 위한 것이다. 부처님께서 오온의 무상(無常)·고(苦)·무아(無我)를 되풀이하여 강조한 까닭도 바로 여기에 있는 것이다.

초기경전에서는 "오온의 무상·고·무아를 여실히 아는 것이 해탈이다"라고 했다. 그리고 "모름지기 오온은 무상·고·무아라고 보아야 할 것이다. 이와 같이 보는 것을 '바르게 봄[正觀]'이라 한다. 바르게 보는 이는 오온을 싫어하여 떠나는 마음을 일으키게 되며, 싫어하여 떠나는 이는 기쁨과 탐욕을 멸(滅)하는 것이 가능하다"라고 했다.

최근 필자는 오랫동안 머물고 있던 사찰에서 떠났다. 그동안 '나의 절', '나의 신도'라는 집착에 얽매여 살았던 것이다. 신도들도 '우리 절', '우리 스님'이라는 집착에 매달려 있는 것 같았다. 나는 어리석게도 거기에 묶여 꼼짝달싹도 못하고 있었던 것이다. 이제는 무거운 짐을 벗어 버린 짐꾼처럼 홀가분하다.

한곳에 오래 머물다 보면 사소한 것에도 집착하게 된다. 그리고 소유물들도 점차 많아지게 마련이다. 나는 그곳을 떠나기 위해 많은 소지품들을 버리고 또 버렸다. 그리고 '나의 절', '나의 신도'라는 관념과 집착들도 모두 버렸다. 모름지기 수행자는 한곳에 오래 머물러서는 안 된다는 것을 뒤늦게 깨닫게 된 것이다.

이 세상에 영원한 것은 아무것도 없다. 남녀 간의 사랑도 마찬가지이다. 집착은 괴로움의 원인이다. 우리 모두는 언젠가 이 몸마저도 버리고 떠나야만 한다. 이 세상을 떠날 때 가지고 갈 수 있는 것이 무엇일까를 생각해 보면 집착할 것은 아무것도 없다는 것을 알게 된다. 나의 학문과 수행은 '버리고 떠나기' 위한 준비에 불과하다.

⊙ 『佛陀』 제194호(2004년 4월)

  ● 마음비움에 대한 사색

현명한 사람은 결코 허황된 환상을 좇지 않는다. 오직 노력할 뿐 큰 과보를 바라지도 않는다. 결과보다는 과정을 더욱 중요하게 여기고, 눈앞에 보이는 작은 이익에 현혹되지 않는다.

세상에 공짜는 없다

'세상에 공짜 점심은 없다'는 말이 있다. 영어로는 'There is no such thing as a free lunch'이다. 줄여서 'There is no free lunch'라고도 한다. 이 말은 '세상에 공짜는 없으며 모든 것에는 값이 있다'는 뜻이다. 원래 이 말은 미시경제학의 기초적인 원리를 제공하는 것으로서 주로 경제학에서 널리 통용된다. 하지만 이 말은 인생의 지침이 될 수 있는 훌륭한 교훈이라고 생각한다.

러시아 속담에 '공짜 치즈는 쥐덫에만 놓여 있다'는 말이 있다. 이 말은 쥐 잡을 때 놓는 덫에나 공짜가 있다는 것이다. 즉 이 세상에서 그 어떤 것도 절대로 공짜는 없다는 뜻이다. 사람들은 이러한 사실을 알면서도 공짜를 기대하는 마음을 갖고 있다. 이러한 인간 심리를 이용한 전략이 바로 '공짜를 미끼로 한 프리 마케팅'이다.

오늘도 우리 주변을 둘러보면 도처에 '무료' 혹은 '공짜'라는 광고

물들이 넘쳐나고 있다. 그러나 '세상에 공짜 점심은 없다' 는 이 명백한 사실을 한 번만 되새겨 보면 거기에는 무언가 함정이 있을 것이라는 것을 예측할 수 있다. 그럼에도 불구하고 많은 사람들은 '공짜' 라는 말에 현혹되어 낭패를 보거나 사기를 당한다.

사기를 행하는 사람도 나쁘지만 사기를 당하는 사람도 나쁘다. 사기를 당한 사람도 공짜를 바라는 기대 심리를 갖고 있었기 때문이다. 처음부터 공짜를 바라지 않았다면 사기를 당하지 않았을 것이다. 자기 스스로 노력하지 않고 공짜를 바라는 그 마음 때문에 사기를 당하는 것이다. 공짜를 좋아하면 결국 자기를 망치고 사회를 병들게 한다.

공짜를 바라는 마음은 한탕주의나 사행성 도박과 직접적으로 관련이 있다. 얼마 전 온 나라를 떠들썩하게 만들었던 오락실 게임 '바다이야기' 는 우리 사회에 얼마나 사행성 도박이 성행하고 있는가를 단적으로 말해 주고 있다. 이 외에도 카지노나 각종 사행성 도박이 만연하고 있는 것도 사실이다. '도박 공화국' 이라는 표현이 결코 과장이 아니다.

도박이 판을 치는 사회는 결코 건전한 사회가 될 수 없다. 도박은 정당하게 일하지 않고 일확천금을 얻겠다는 참으로 잘못된 사고방식에서 나온 사회악이다. 도박으로 인해 한 개인이 타락하면 그 가정은 파괴되고 만다. 그 가정이 파괴되면 결국 국가의 붕괴로 이어진다. 따라서 이러한 사회악을 뿌리뽑지 않으면 안 된다. 그런데 국가에서 사행심을 조장하는 정책을 펴는 것은 참으로 잘못된 것이 아닐 수 없다.

도박은 철저히 반불교적 행위이다. 이것은 '인과의 법칙' 에 어긋날 뿐만 아니라 불교의 계율에도 위배되기 때문이다. 한마디로 '콩 심은

 ● 마음비움에 대한 사색

데 콩 나고, 팥 심은 데 팥 난다' 는 것이 인과법(因果法)이다. 인(因)을 심지 않았는데 어떻게 과(果)를 얻을 수 있단 말인가.

도박은 재가 신자가 지켜야 할 기본적인 계율인 오계(五戒) 가운데 불투도계(不偸盜戒)에 위배된다. 불투도계는 '남이 주지 않는 물건을 취하지 말라' 는 것이다. 남의 물건을 훔치는 것만이 도둑질이 아니라 노력하지 않고 불로소득을 바라는 것도 곧 훔치는 것과 똑같다.

붓다는 '시갈라(Sigāla)' 라는 청년에게 음주·방탕·유흥·노름·악한 친구와의 교제·게으름 등 여섯 가지 행위로 말미암아 재산을 낭비하게 된다고 가르쳤다. 이러한 여섯 가지에는 언제나 여섯 가지 위험이 뒤따른다. 그 중에서 노름은 이기면 원한을 낳고, 지면 잃은 재산 때문에 슬퍼하며, 재산이 탕진되고, 그의 말은 공식 석상에서 신뢰받지 못하며, 친구와 동료들의 경멸을 받으며, 사람들이 노름꾼은 좋은 남편이 될 수 없다고 얘기하기에 결혼 상대를 구하지 못하게 된다.

인터넷이 널리 보급되면서 생긴 부작용은 음란물과 사행성 게임의 범람이다. 최근에는 이메일을 통한 '환전 사기' 가 판을 치고 있다. 환전 사기는 은행의 비밀 계좌에 입금되어 있는 비자금을 인출할 수 있도록 도와주면 몇 퍼센트의 수수료를 돌려주겠다는 것이다. 이러한 사기꾼들의 메일에 사기를 당한 사람들이 속출하고 있다고 한다.

며칠 전 모르는 외국인으로부터 국제 전화를 받았다. 그는 나의 정확한 신상 정보를 알고 있었다. 그는 나에게 기부를 하겠다닌서 계좌 번호 등을 가르쳐 달라는 것이었다. 나는 곧바로 사기임을 직감하고 기부를 받지 않겠다고 잘라 말했다. 만일 그가 정말 기부할 생각이 있었다면 내 계좌로 송금을 했을 것이다. 그때 내가 조금이라도 공짜를 바라는 마음이 있었다면 사기를 당했을 것이다.

간혹 나에게 절을 지어 주겠다거나 거액을 보시하겠다고 접근해 오는 사람들이 있다. 그러면 나는 아주 호통을 쳐서 돌려보낸다. 그런 사람의 말은 100% 거짓말이기 때문이다. 그리고 자신이 부자임을 은근히 자랑하면서 나중에 큰돈을 보시하겠다고 말하는 사람도 있다. 그러나 그러한 약속을 이행한 사람을 나는 아직 한 번도 보지 못했다. 지금 당장 작은 돈을 보시하지 않는 사람이 나중에 그렇게 할 확률은 거의 없다.

보시의 참뜻을 알고 있는 사람은 그렇게 말하거나 행동하지 않는다. 작은 돈일지라도 정성껏 보시하고 아무도 모르게 베푼다. 그런 사람이 참된 보살이다. 진정한 의미의 보시와 '공짜를 미끼로 한 프리 마케팅'을 구별할 줄 알아야 한다.

현명한 사람은 결코 허황된 환상을 좇지 않는다. 오직 노력할 뿐 큰 과보를 바라지도 않는다. 결과보다는 과정을 더욱 중요하게 여기고, 눈앞에 보이는 작은 이익에 현혹되지 않는다. 하물며 인(因)을 심지 않은 과(果)를 바라겠는가.

주변에 무료 혹은 공짜라는 광고물들이 넘쳐난다. 그만큼 공짜를 바라는 사람들이 많다는 의미일 것이다. 이러한 광고는 공짜를 바라는 나약한 인간들을 낚기 위한 미끼들이다. 그러한 미끼나 덫에 걸리면 낭패를 보게 된다. '세상에 공짜 점심은 없다.'

◉ 『지혜의 말씀』 제317호(2006년 12월), pp.8-10

우리는 다른 사람들을 사랑하지 않으면 안 되고, 도움이 필요한 사람들을 도와주고 성원해 주어야 한다. 평화와 행복으로 함께 살기 위해서는 모든 사람들이 4S의 원리를 따르지 않으면 안 된다.

4S의 원리

2005년 12월 중순, 태국 마하출라롱콘불교대학교의 불교진흥 및 사회봉사부장인 프라마하 빠이로 티따시로(Phramaha Pairoh Thitasilo) 대장로께서 한국 분교 학생들의 졸업시험 감독관으로 교직원들과 함께 부산에 왔다. 구술 시험을 모두 마치고 이어진 종강식에서 노스님께 격려의 말씀을 부탁했다. 그는 이런 시간을 기다린 듯 미리 준비해 온 원고를 읽기 시작했다.

모든 교직원과 학생들은 그가 무슨 내용의 격려사를 할 것인지 귀를 기울였다. 그런데 그는 서투른 영어로 아주 진지하게 종강식과는 전혀 관련이 없는 엉뚱한 내용, 즉 4S의 원리를 설명하는 것이었다. 엄숙했던 종강식은 이내 가족적인 분위기로 변했고, 폭소가 쏟아졌다. 참석한 대중들은 모두 그의 연설을 박수로 환영하였다.

그가 설명한 4S의 원리는 모든 사람들에게 적용 가능한 아주 훌륭한 내용이었다. 우리나라의 원로 스님들이 일반인들이 전혀 알아듣지 못하는 한문 투의 법문을 하는 것에 비하면 가슴에 와 닿는 살아 있는 법문이었다. 부처님의 가르침은 꼭 어려운 말로 표현해야 권위가 서는 것이 아니다.

행사가 끝나고 그는 자신의 연설문을 나에게 건네주면서 자신이 제창한 4S의 원리를 번역하여 한국의 불자들에게 널리 소개해 달라고 부탁했다. 그가 말한 4S의 원리는 붓다의 가르침을 현대인들이 쉽게 이해할 수 있도록 풀어 쓴 것이라 할 수 있다. 그 내용은 대략 다음과 같다.

우리는 다른 사람들을 사랑하지 않으면 안 되고, 도움이 필요한 사람들을 도와주고 성원해 주어야 한다. 평화와 행복으로 함께 살기 위해서는 모든 사람들이 4S의 원리를 따르지 않으면 안 된다.

첫 번째 S는 스마일(smile, 미소)이다. 누구나 다른 사람을 볼 때는 얼굴에 미소를 지어야만 한다. 선생님들은 학생들에게 미소를 보내고, 학생들은 또한 선생님에게 미소로 화답하며, 부모는 자식들에게 미소를 보내고, 자식은 부모님에게 미소로 화답하며, 친구는 다른 친구에게 미소로 대해야만 한다. 미소는 얼굴의 주름살을 제거하는 데 도움을 줄 수 있고, 또한 미소는 우울한 얼굴을 밝은 얼굴로 변형시킨다. 우리는 외적인 문제가 있을 때 미소를 지어야만 한다. 그래서 미소는 모든 사람들에게 매력적인 것이다.

두 번째 S는 스몰(small, 겸손)이다. 이것은 겸손과 관계된 것이다. 붓다에 의하면 겸손이야말로 최상의 축복이라고 했다. 이것이 두 번째의 매력이다. 훌륭한 교육을 받은 훌륭한 사람은 비록 많이 배웠더라도 드러내지 않고 겸손해야 하며, 다른 사람보다 자신이 뛰어나다고 여기고 거만해서는 안 된다. 거만한 사람을 좋아하는 사람은 단 한 사람도 없다. 만일 몸과 말과 마음으로 겸손해지면 그들은 모든 사람으로부터 사랑받고 존경받게 될 것이다. 이것은 곡식이 익으면 고개를 숙이는 벼와 비교할 수 있다. 또한 큰 과일을 가진 나무는 언제나 그 가지가 아래로 향한다. 겸손한 사람은 자기 자신과 가족, 이웃, 국가에 이익을 줄 것이며, 겸손은 장수, 안색의 극치, 몸과 마음의 건강, 그리고 강력한 힘의 원인이 될 것이다.

세 번째 S는 스무드(smooth, 부드러움)이다. 이것은 이완(긴장을 품)과 관계된 것이다. 누구나 안정된 마음의 상태로 있어야 하고, 너무 진지하거나 긴장해서도 안 되며, 너무 근심해도 안 되고, 남의 결점만 찾아도 안 되며, 다른 사람에 대해서 부정하게 말해도 안 된다. 이러한 것들은 불면증을 가진 사람이 되는 두통과 명백하지 않은 사고(思考)의 원인이 될 것이다. 최종적으로는 그런 사람은 신경증 환자가 될 것이다. 우리는 긍정적인 방법으로 다른 사람을 바라보아야만 한다. 그러면 다른 사람에게 좋게 말하고 행동하며 생각하게 된다. 우리가 우리의 마음을 점검하고, 집중할 수 있도록 마음을 훈련하고, 명상의 실천을 통해 집중하면, 마음은 강력해지고 견고해지며, 크고 작은 일들을 효율적으로 수행할 수 있게 된다. "집착하지 않음을 통해 적정(寂靜)과 깨어 있는 상태의 승리자가 되라"는 말과 같이 마음을 집중하도록 노력하라.

네 번째 S는 스마트(smart, 품위 있음)이다. 이것은 아름답게, 근시하게, 단정하게 그리고 영웅적으로 보이도록 하는 것과 관계가 있다.

누구든지 자신의 의무와 책임을 완전하게 그리고 잘 이행해야만 한다. 즉 부모·자식·스승·학생·사무원·군인·정치인은 속이지 않고 부패 없이 정직과 성실로 자신의 의무를 다하기 위해 부지런하지 않으면 안 될 것이다. 이렇게 하면 모든 사람이 이익과 명성, 행복과 칭찬을 얻고 번영할 것이다.

자신의 의무를 잘 수행하고자 하는 사람에겐 먼저 마음의 적정과 집중을 갖는 것이 요구된다. 나는 모든 사람들이 깨어 있음을 실천하기를 권한다. 몸〔身〕·느낌〔受〕·마음〔心〕·마음의 대상〔法〕에 대해 알아차려야 한다. 마음은 언제나 밝아야 하며, 얼굴은 빛나야 한다. 그러면 우리의 사회와 국가는 영원히 번영할 것이다.

이상의 내용이 티따시로 대장로가 설명한 4S의 원리이다. 간결한 내용이지만 불교도들이 어떻게 살아야 하는가를 일러주는 훌륭한 법문이 아닐 수 없다. 이 네 가지 S는 나를 위해 설한 것으로 느껴졌다. 그래서 나는 그때부터 이 4S를 실천하기 위해 노력하고 있다.

◉ 『지혜의 말씀』 제307호(2006년 2월), pp.8-10

 ● 마음비움에 대한 사색

인간은 끝없이 배워야 한다. 죽는 순간까지 배움을 멈추어서는 안 된다. 새로운 학문과 신지식이 끊임없이 생산되기 때문이다. 그런 의미에서 무엇인가 배우겠다고 뒤늦게 학업에 전념하고 있는 만학도들이 한없이 존경스럽다.

만학도 예찬

대학교 교정에 들어서면 언제나 활기가 넘친다. 젊은 학생들의 열기가 뿜어져 나오기 때문이다. 그런데 간혹 젊은 학생들 틈 속에 나이가 지긋한 아저씨 아줌마 학생이 있다. 이들이 바로 뒤늦게 배움의 길에 들어선 만학도(晩學徒)들이다.

지난 학기 야간 강의 때에는 여러 명의 만학도가 있었다. 그런데 이번 학기에는 육십이 넘은 노인 학생이 있다. 그의 배움에 대한 용기와 도전 정신에 머리가 숙여졌다. 그들의 향학열로 인해 오히려 수업 분위기가 좋아진다. 나이 어린 학생들은 자기들의 부모와 같은 사람과 함께 공부하면서 여러 측면에서 많은 것을 배운다. 반대로 만학도노 젊은 학생들로부터 새로운 감각을 익히게 되기 때문에 서로에게 도움이 된다.

내 주변의 두 사람도 지난해 새로 대학교에 입학했다. 이비 50을 넘긴 사람들이다. 낮에는 생업에 종사하고 밤에는 대학교에 다닌다. 둘 모두 자녀들도 대학교에 다닌다. 그렇기 때문에 아마 경제적 부담도 클 것이라고 여겨진다. 그럼에도 불구하고 그들은 늦게나마 배움의 길을 선택했다. 얼마나 장하고 아름다운 일인지 모른다.

무엇인가 새로운 것을 배우겠다고 노력하는 모습은 참으로 아름답다. 우리 사회에 평생 교육이라는 개념이 도입된 지는 얼마 되지 않았다. 그러나 몇몇 선진국에서는 이미 오래전부터 대학이 문호를 개방하여 지역 주민들의 배움의 터전이 되고 있다. 학문의 전당인 대학에서는 늘 새로운 지식을 생산해 낸다. 모든 분야에서 옛 지식은 전혀 쓸모가 없다. 그렇기 때문에 언제나 새로운 지식으로 보충하지 않으면 시대에 뒤떨어질 수밖에 없다.

배움에는 나이와 신분 등은 아무런 장애가 되지 않는다. 자신에게 주어진 환경에서 무엇이든 새로운 것을 배울 기회가 주어진다면 과감히 도전해 보라고 권하고 싶다. 무엇인가 배우겠다는 마음이 있으면 그는 결코 퇴보하지 않기 때문이다. 그러나 아무리 좋은 대학을 졸업했더라도 계속적으로 새로운 지식을 받아들이지 않으면 쓸모없는 인간이 되고 만다. 예전에 배운 지식은 이미 효용 가치가 없는 것일 수도 있기 때문이다. 그러므로 언제나 겸손한 자세로 배움을 멈추어서는 안 된다.

불교에서는 배움에 대한 훌륭한 본보기를 제시하고 있다. 『화엄경』의 「입법계품」에 나오는 선재동자의 구법 여행이 바로 그것이다. 선재동자는 53선지식을 찾아다니며 진리를 묻고 배운다. 그 53선지식 중에는 직업적으로 낮은 신분의 사람도 있다. 그러나 선재동자는 그들의 신분에 관계없이 오직 그들로부터 배움을 청한다. 이러한 선재동자의 구법 행각이야말로 진정한 배움의 자세라고 할 수 있다.

불교에는 이처럼 훌륭한 전통이 있다. 이러한 전통을 이어받아 현재 우리 불교계는 배움과 수행의 열기로 가득 차 있다. 각종 법회와 교양 강좌에 참석하여 좀더 정확한 불교 교리를 배우기 위해 노력하는 불자들이 많아졌다. 여러 불교교양대학에서 강의하다 보면 나이가 많은 사람들도 많이 동참하고 있다. 어떤 할머니는 돋보기를 쓰고 강의 내용을 받아 적는다. 그들 대부분은 강의를 들어도 곧바로 모두 잊어버린다고 걱정한다. 그럴 때마다 나는 조금도 염려할 필요가 없다고 격려해 준다. 그 나이에 강의를 듣는 것만으로도 충분하기 때문이다.

간혹 혼자서 불교를 공부하는 사람들이 있다. 이러한 독학(獨學)은 독각(獨覺)으로 빠질 염려가 있다. 불교를 체계적으로 공부한 사람들의 강의도 들어 보고, 다른 도반들과 만나 대화를 나누는 것도 배움의 한 방법이다. 그렇지 않으면 잘못된 사견에 빠져 헤어 나오지 못할 수도 있기 때문이다.

그리고 지금까지 자신이 알고 있던 것이 잘못된 것임을 알았을 때에는 그것을 과감히 버리고 새로운 지식으로 대체해야만 할 것이다. 어떤 사람은 자신이 알고 있는 것이 잘못된 것임을 알면서도 억지를 쓰고 받아들이려고 하지 않는다. 그것은 자기 자신에게 불행한 일이 아닐 수 없다. 이러한 태도는 구도자의 올바른 자세가 아니다.

인간은 끝없이 배워야 한다. 죽는 순간까지 배움을 멈추어서는 안 된다. 새로운 학문과 신지식이 끊임없이 생산되기 때문이다. 그런 의미에서 무엇인가 배우겠다고 뒤늦게 학업에 전념하고 있는 만학도들이 한없이 존경스럽다. 만학도들에게 아낌없는 찬사와 박수를 보낸다.

◉ 『지혜의 말씀』 제304호(2005년 11월), pp.8-10

마음을 고치지 않고 외형적인 성형만 해 가지고는 결코 아름다운 용모를 얻을 수 없다. 그 사람의 마음 씀씀이에 따라 관상, 즉 얼굴의 모습이 달라지기 때문이다.

아름다운 사람 

이 세상에는 아름다운 사람들이 많이 있다. 외형적으로 아름다운 사람도 있고, 내면적으로 아름다운 사람도 있다. 두 가지 모두를 갖추면 얼마나 좋겠는가. 모든 사람들이 바라는 바일 것이다. 외형적인 아름다움은 선천적이지만 내면적인 아름다움은 후천적이다. 선천적인 아름다움은 오래 지속되지 못한다. 반면 내면적인 아름다움은 자신의 노력 여하에 따라 얼마든지 가꾸어 나갈 수가 있다. 이러한 점 때문에 우리는 후자에 더욱 매력을 느끼는 것이다.

간혹 외형적으로는 뛰어난 외모를 가졌지만 텅 빈 머리를 가진 사람이 있다. 반대로 외모는 아름답지 못하지만 그 마음이 아름다운 사람이 있다. 그런 사람을 만나고 나면 그 향기가 오랫동안 남는다.

현대인들은 대부분 외형적인 아름다움을 추구한다. 텔레비전 화면으로 만나는 사람들은 거의 모두가 아름답다. 선천적으로 뛰어난 외모를 타고난 사람도 있지만, 인위적인 수술에 의해 아름답게 만들어진 사람도 있다고 한다. 이러한 매스미디어의 영향 탓인지는 알 수 없지만, 현대인들은 외모를 가꾸는 데 많은 시간과 돈을 투자한다고 들었다.

특히 젊은이들은 외모 때문에 고민하는 사람들이 많다고 한다. 외형적으로 아름답지 못하면 불리한 점이 한두 가지가 아니기 때문이다. 첫째, 외모는 직장을 구하는 데에도 크게 영향을 받는다. 둘째, 외모는 자신의 능력과는 관계없이 나쁜 선입견을 심어 주기도 한다. 그래서 많은 사람들은 인위적으로라도 아름다워지려고 한다.

빠세나디 왕의 부인이었던 말리카 왕비는 어느 날 부처님께 이렇게 여쭈었다. "왜 어떤 여자들은 예쁘고 영향력도 대단한데, 또 다른 여자들은 추하고 가난하고 권력도 없습니까?" 부처님께서는 "오랜 과거생에 걸친 업의 결과 때문이다"라고 말씀하셨다. 금생에 아름다운 용모를 갖고 태어난 것은 전생에 선업을 쌓았기 때문임은 틀림없다.

그러나 아무리 선천적으로 훌륭한 외모를 타고났더라도 죽을 때까지 계속되는 것은 아니다. 이 세상에서 영원한 것은 아무것도 없다. 이십대까지는 선천적으로 타고난 외모의 영향을 많이 받지만, 그 이후부터는 자신의 외모를 자기가 만들어 간다. 자신이 어떤 삶을 살고 있느냐에 따라 그 외모가 달라지기 때문이다. 그러므로 선천적인 외모보다 후천적인 외모가 더욱 중요하다.

외모에는 그 사람의 마음가짐과 인격까지 반영된다. 아무리 좋은 옷과 화장술로 변장하더라도 지나온 삶을 감출 수는 없다. 자신의 얼굴이 심술궂게 생겼다면, 그는 분명히 심술궂은 마음으로 살아왔을 것이다.

옛사람들이 이르길 관상(觀象)보다는 심상(心象)이 낫다고 했다. 관상은 심상에 따라 변화하기 때문이다. 좋은 관상을 갖고자 하면 그 얼굴을 뜯어고칠 것이 아니라 그 마음을 뜯어고쳐야 한다. 마음을 고치지 않고 외형적인 성형만 해 가지고는 결코 아름다운 용모를 얻을 수 없다. 그 사람의 마음 씀씀이에 따라 관상, 즉 얼굴의 모습이 달라지기 때문이다.

외모를 아름답게 가꾸기 위해서는 두 가지를 실천해야만 한다. 첫째는 건전한 생활을 영위해야 한다. 건전한 생활이란 재가 불자로서 지켜야 할 다섯 가지 계율을 잘 지키는 것을 말한다. 즉 오계를 바탕으로 한 건전한 생활은 자신의 삶을 아름답게 만들어 준다. 지계는 그 사람의 마음을 평안하게 해줄 뿐만 아니라 용모까지 아름답게 만들어 주는 묘약이다. 그러나 불건전하고 난잡한 생활을 하다 보면 자신도 모르는 사이에 타락한 얼굴로 변해 버린다. 조심하고 조심해야 할 일이다.

둘째는 자신의 마음을 닦아야 한다. 이를테면 탐내는 마음, 화내는 마음, 시기하는 마음, 질투하는 마음, 어리석은 마음을 제거해야 한다. 수행을 통해 마음속의 번뇌를 하나하나 제거해 나가면 그 사람의 용모는 점차 밝아진다. 그러면 그 사람의 인생도 함께 밝아진다. 마음이 아름다우면 외모도 점차 아름다워진다. 마음이 아름다운 사람이 그리워진다.

◉ 『지혜의 말씀』 제302호(2005년 9월), pp.8-10

 ● 마음비움에 대한 사색

세상에는 단 한 번이라도 만나고 싶은 사람이 있다. 그러나 반대로 절대로 만나고 싶지 않은 사람이 있다. 많은 사람들이 만나고 싶어하는 사람은 다른 사람들에게 이익과 안락을 줄 수 있는 사람이다.

아난다 존자의 장점 

초기경전에서 가장 많이 언급되고 있는 인물은 아난다(Ānanda, 阿難) 존자이다. 아난다 존자는 붓다의 사촌동생으로 25년간 부처님을 가장 가까이에서 시봉했다. 또한 그는 붓다의 가르침을 가장 많이 들었기 때문에 다문제일(多聞第一)로 널리 알려져 있다. 그는 붓다 입멸 직후 개최되었던 제1결집 때 법(法)을 송출(誦出)하였다.

아난다 존자는 제1결집에서 붓다의 가르침을 거의 완벽하게 기억해 내었다. 그때 오백 명의 장로들이 아난다 존자의 기억이 틀림없다고 인정하면 모든 대중들이 함께 그것을 암송했다. 이러한 과정을 거쳐 비로소 붓다의 가르침, 즉 불설(佛說)로 승인되었던 것이다.

이처럼 아난다 존자는 초기불교 교단에서 중요한 역할을 담당했던 인물이다. 하지만 현존하는 초기경전과 율장에 나타난 아난다 존자는 많은 잘못을 저지른 사람으로 묘사되어 있다. 특히 율장에 의하면 제1

결집을 주도했던 마하깟싸빠(Mahākassapa, 大迦葉) 존자로부터 아난다 존자는 심한 질책을 받았다. 이 이유는 그가 여러 가지 잘못을 저질렀기 때문이었다고 한다. 『팔리율』에는 아난다 존자의 다섯 가지 허물이 나열되어 있다.

이와 같이 아난다 존자는 교단에서 있었던 모든 잘못을 혼자 다 뒤집어쓰고 있다는 느낌을 받는다. 그 이유는 무엇이었을까? 현재까지의 연구 성과에 의하면, 제1결집을 주도했던 마하깟싸빠 존자와의 불화 혹은 갈등 때문이었다고 한다. 붓다 입멸 후 주도권을 쥔 마하깟싸빠 존자에 의해 아난다 존자는 아주 형편없는 인물로 격하되었다. 라이벌 관계였던 이 두 사람의 관계는 초기불교 교단사를 이해하는 데 많은 시사점을 제공해 주고 있다.

그런데 필자는 붓다께서 팔리어 『대반열반경』에서 아난다 존자의 장점에 대해 언급한 부분에 주목한다. 붓다는 입멸 직전 그동안 곁에서 시봉한 아난다 존자에게 다음과 같은 말씀으로 그동안의 노고를 치하하고 위로 격려하였다.

"아난다여! 너는 참으로 오랫동안 사려 깊은 행동으로 나에게 이익과 안락을 주었고, 게으름 피우지 않고 일심으로 시봉하였다. 너는 또한 사려 있는 말과 사려 있는 배려로써 나에게 이익과 안락을 주었고, 게으름 피우지 않으면서 일심으로 시봉하였다.

아난다여! 너는 많은 복덕을 지은 것이다. 이제부터는 게으름 피우지 말고 수행에 노력하여 빨리 번뇌 없는 경지에 도달함이 좋으리라."

이렇게 세존께서는 아난다를 칭찬하고 나서 비구들에게 말씀하셨다.

"비구들이여! 아난다에게는 특별히 네 가지 훌륭하고 뛰어난 점이 있느니라. 그 네 가지 장점이란 무엇이겠느냐?

비구들이여! 비구다운 이들이 아난다를 만나고자 한다. 이 사람은 단지 아난다를 만나는 것만으로 만족해한다. 아난다가 가르침을 설하면 그것을 듣고 더욱더 마음 흡족해한다. 그러나 비구들이여! 아난다가 침묵하면 그들은 만족해하지 않을 것이다.

비구들이여! 아난다에게는 이와 같은 네 가지 특별히 훌륭하고 남달리 뛰어난 장점이 있느니라.”

붓다는 전륜성왕에게도 이와 같은 네 가지 특별히 훌륭한 장점이 있다고 말씀했다. 이를테면 왕족 혹은 바라문·자산가·사문들이 전륜성왕을 만나러 온다. 그때 그들은 왕을 만나는 것만으로 만족해한다. 혹시 왕이 무엇을 말하면 그것을 듣고 더욱더 마음 흡족해한다. 그러나 반대로 왕이 침묵하면 그들은 만족해하지 않을 것이다.

이러한 경전의 말씀을 요약해 보면, 비구·비구니는 물론 우바새·우바이 등 모든 사람들이 아난다를 만나고 싶어한다. 그들은 아난다 존자를 만나는 것만으로 기뻐한다. 아난다 존자가 그들을 위해 무엇인가를 말하면 그들은 그것을 듣고 기뻐한다. 그러나 아난다 존자가 침묵하면 기뻐하지 않는다는 것이다.

세상에는 단 한 번이라도 만나고 싶은 사람이 있다. 그러나 반대로 절대 만나고 싶지 않은 사람이 있다. 많은 사람들이 만나고 싶어하는 사람은 다른 사람들에게 이익과 안락을 줄 수 있는 사람이다. 반대로 세상 사람들이 만나기를 원치 않는 사람은 이 세상에 있으나 마나 한 사람이다. 많은 사람들이 만나고 싶어하는 사람이 되어야 할 것이다.

⊙ 『지혜의 말씀』 제303호(2005년 10월), pp.8-10

별일이 생기고 나면 그때서야 아무 일 없던 그때를 그리워하며, 그때가 바로 행복이 었음을 뒤늦게 깨닫게 된다. 아무 일 없는 평범한 일상이 곧 행복임을 알아야 한다.

오늘도 큰 기적이 있었구나

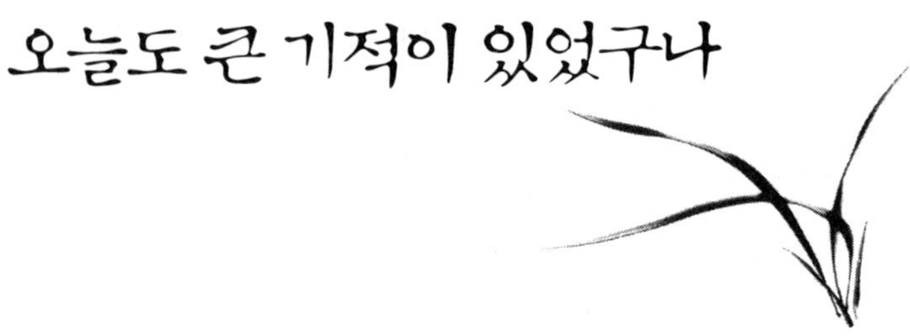

나는 몇 년 전부터 다이어리(diary)에 매일의 일과를 기록한다. 지난 일을 잊어버리지 않기 위해서이다. 예전과는 달리 다이어리를 보지 않으면 일주일 전의 일도 기억할 수 없기 때문이다. 그래서 그날에 있었던 중요한 사항을 잊기 전에 가능한 한 시간 순으로 기록해 둔다. 그러면 그날 내가 무슨 일을 했는지 나중에 알 수 있게 된다. 이 작업은 순전히 나 자신을 위해 꾸준히 계속한다.

이러한 나의 다이어리를 엄격히 말해서 일기라고 할 수는 없다. 왜냐하면 일기는 날마다 생긴 일이나 느낌 등을 적는 것이기 때문이다. 그러나 나는 중요한 행사나 그날 실시한 특별한 일을 중심으로 적는다. 이런 측면에서 보면 나의 기록은 일기라기보다는 일지에 가깝다. 그런데 일지에 기록할 만한 특별한 사항이 없을 때는 참으로 난처하다. '아무 일 없음'이라고 기록할 수도 없고, 그냥 비워 둘 수도 없기 때문이다.

● 마음비움에 대한 사색

어느 날 나는 평소와 같이 일지를 쓰려고 하는데 아무것도 쓸 내용이 없었다. 그래서 오늘 잠자리에서 일어나 다시 잠자리에 들 때까지 무엇을 했는지 꼼꼼히 생각해 보았다. 어제와 똑같은 그야말로 평범한 일상이었다. 그런데 문득 '아무 일 없음' 곧 '별일 없음이 기적'이라는 생각이 들었다.

흔히 "별일 없으십니까?" 혹은 "별고(別故) 없으십니까?"라고 안부를 묻는다. 이 평범한 인사말 속에 삶의 참뜻이 담겨 있다는 것을 깨닫게 되었다. '별일 없음'이란 '별다른 일이 없다'는 뜻이다. 별고란 '뜻밖의 사고'라는 말이다. 그러므로 별고가 있다면 큰일이다. 올여름 태풍과 홍수로 엄청난 피해를 입었다. 이런 것을 우리는 변고(變故)라고 한다. 변고란 '재난과 사고'를 말한다.

'별일 없다'라는 말을 군대에서는 '이상무(異常無)'라고 말한다. 반대로 '이상유(異常有)'라고 하면 정상이 아니라는 말이다. 군에서 아무 일 없는 것을 평상시(平常時)라고 한다. 줄여서 평시(平時) 혹은 상시(常時)라고도 한다. 평상시의 반대말은 비상시(非常時)다. 비상시란 곧 전시(戰時)를 말한다.

개인적으로는 잘 먹고, 잘 자고, 잘 배설하는 것이 별일 없는 것이다. 곧 건강하다는 의미이다. 반대로 잘 못 먹고, 잘 자지 못하고, 잘 배설하지 못하면 분명 신체 어딘가에 이상이 있다는 신호다. 별다른 일 없음이 곧 행복한 일상, 평범한 일상이라는 것이다.

가족이 한자리에 모여 단란하게 저녁 식사를 하는 것이 평범한 일상이다. 그런데 가족이 한자리에 모여 함께 식사할 수 없는 일이 생기면 무언가 잘못된 것이다. 이를테면 직장에 출근했던 남편이나 학교에 갔던 자녀가 제 시간에 돌아오지 않으면 이미 이상이 생긴 것이다. 그러다가 혹시 불행한 사고의 소식을 접하게 되면 혼비백산하게 된다. 이와 같이 별일이 생기고 나면 그때서야 아무 일 없던 그때를 그리워하며, 그때가 바로 행복이었음을 뒤늦게 깨닫게 된다. 아무 일 없는 평범한 일상이 곧 행복임을 알아야 한다.

붓다는 『숫따니빠따(經集)』에서 "부모를 섬기는 것, 처자를 사랑하고 보호하는 것, 일에 질서가 있어 혼란하지 않은 것, 이것이 더없는 행복이다"라고 말씀하셨다. 참으로 삶의 본질을 꿰뚫어 본 가르침이 아닐 수 없다. 이것은 평범한 일상 속에 최상의 행복이 있다는 말이다. 부모가 살아 있다는 것은 자식으로서 최상의 기쁨이다. 그리고 화목한 가정은 모든 사람들이 바라는 바다. 여기에 다시 일에 질서가 있어 혼란하지 않은 것이 바로 행복한 삶이라는 것이다.

이와 같이 행복은 평범한 일상의 범주를 벗어나지 않는다. 그런데 많은 사람들은 똑같은 일상에서 벗어나고 싶어한다. 안정된 가정에 만족하지 못하고 오히려 권태를 느껴 밖으로 눈을 돌리는 사람이 간혹 있다. 그때부터 그 가정에는 불행이 시작된다. 삶의 재충전을 위한 일상의 탈출이라면 권장할 만하다. 그런 것이 아니라면 아무 일 없음보다 못하다. 그 평범한 일상이 곧 기적임을 명심해야 한다.

사전에서 말하는 기적이란 '사람이 생각할 수 없는 아주 신기한 일'을 말한다. 기독교에서는 '인간의 능력으로는 불가능한 일을 하느님 · 성령의 힘을 입은 특수한 사람이 행하는 일, 곧 예수가 기도로써 문둥병 · 앉은뱅이를 고친 일' 등을 기적이라고 한다.

그러나 역설적으로 말해서 인간의 능력으로 불가능한 일을 이룬 것

　　　마음비움에 대한 사색

만 기적이 아니다. 일상이 곧 기적인 것이다. 아무런 이상이 없는 평상시가 곧 기적이다. 이 지구상에는 지금도 전쟁이 진행 중이다. 인간의 역사는 끊임없는 전쟁의 역사였다. 이 사바세계는 투쟁의 세계라고 할 수 있다.

사실 한 인간으로서 살아 있다는 그 자체가 기적인 것이다. 한마디로 삶 자체가 전쟁이다. 치열한 생존 경쟁에서 이기지 않으면 살아남을 수 없기 때문이다. 잠자리에서 일어나 다시 잠자리에 들기까지 별다른 일이 없었다는 것, 그 자체에 무한히 감사하는 마음을 가져야 할 것이다. 어떤 사람은 인생을 외줄타기에 비유하기도 한다. 매우 적절한 비유라고 생각한다.

그렇다고 해서 모조건 부처님께 매달려 기복적인 신앙을 하라는 것은 아니다. 맹목적으로 부처님께 구원을 청하는 것은 올바른 불교도의 신앙이 아니다. 부처님은 구세주가 아니기 때문이다. 그리고 구한다고 모든 것이 이루어지는 것도 아니다. 그보다는 다섯 가지 계율을 잘 지키고 바르게 하루하루의 삶을 영위한다면 오늘도 어제와 같이 아무 일 없을 것이다. 이러한 삶이야말로 보다 현실적인 불교도의 삶인 것이다.

외출했다가 사찰로 돌아오면 제일 먼저 종무소에 들러 '별일 없었느냐?'고 묻는다. 종무소 직원은 '절에 무슨 별일이 있겠느냐?'고 반문한다. 그러면 나는 속으로 '오늘도 큰 기적이 있었구나!' 하고 안심한다.

◉ 『지혜의 말씀』 제312호(2006년 7월), pp.8-10

부처님 말씀의 맹귀부목과 같이 어렵게 난 몸, 자신이 얼마나 소중한 존재인가를 깨
닫게 되면 자신을 닦고 다듬는 일도 게을리할 수만은 없을 것이다.

참으로 소중한 존재

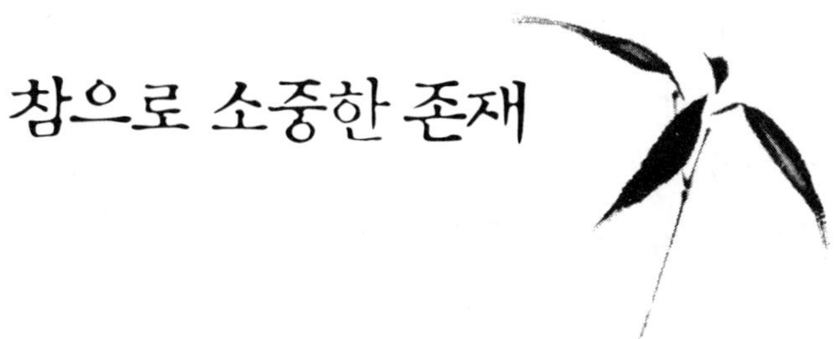

불교에서는 흔히 사람으로 태어나기 어려움을 설명하기 위
하여 '맹귀부목(盲龜浮木)'의 비유를 든다. 맹귀부목이란 눈먼 거북
이 백년에 한 번 물 위에 올라올 때 마침 망망대해를 떠다니는 구멍 뚫
린 판자의 구멍으로 목을 내미는 것을 말한다. 이런 일은 정말 비현실
적이어서 산술적으로는 거의 불가능하다고 할 수 있다.

그러나 불교 경전에 의하면 이처럼 거의 불가능해 보이는 우연의 일
치가 실제로 일어나는 것보다도 인간으로 태어나는 일이 훨씬 더 어렵
다고 한다. 여기에는 불교의 엄숙한 인간관이 담겨 있다. 즉 인간의 삶
은 얻기기 몹시 힘든 일이기 때문에 인간의 자유 역시 세계의 그 무엇
보다도 귀중하다는 것이다. 불교적인 관점에서 지혜롭고 덕이 있는 인
간이 어떠한 신보다도 고귀하며, 그린 사람은 모든 신들로부터 존경과
숭앙을 받는다고 가르친다.

지구상의 여러 종교 창시자들 중에서 부처님은 인간 이외의 그 어떤 것도 결코 내세우지 않았던 유일한 스승이었다. 다른 스승들은 신이었거나, 신이 화현한 모습이었거나 아니면 신의 뜻을 따르는 사자였지만 부처님께서는 인간만이 붓다가 될 수 있는 잠재적인 가능성을 자신 속에 간직하고 있다고 하셨다.

『법구경』에 보면 이런 말씀이 있다.

"자신이 귀한 줄 알면 자신을 잘 지키도록 하라. 지혜 있는 사람은 하루 세 때 가운데 한 번쯤은 자신을 살피나니."

부처님 말씀의 맹귀부목과 같이 어렵게 난 몸, 자신이 얼마나 소중한 존재인가를 깨닫게 되면 자신을 닦고 다듬는 일도 게을리할 수만은 없을 것이다.

◉ 『진리의 수레바퀴②』(서울: 불교방송 출판부, 1993), pp.327-328

◉ 마음비움에 대한 사색

훌륭한 스승과 훌륭한 벗을 만나면 올바른 길로 나아가게 되며 궁극에는 부처에까지 이를 수가 있다고 불교에서는 가르치고 있다.

좋은 만남

부처님께서는 인간 생활의 중요한 요소로 좋은 만남과 훌륭한 배움과 진정한 깨달음과 올바른 행동의 네 가지를 들었다. 보통 사람들의 삶은 만남을 통해 인생의 행로가 바뀌게 되는 경우가 많다. 그러므로 인간 관계에 있어서 만남은 매우 중요한 것이다.

좋은 만남이란 훌륭한 스승 혹은 좋은 벗을 만나는 것을 말한다. 불교에서는 훌륭한 스승을 선지식(善知識)이라 하고, 훌륭한 벗을 선우(善友)라 한다. 인간의 본성은 원래 선도 악도 아닌 중립적인 상태라 할 수 있다. 그러므로 훌륭한 스승과 훌륭한 벗을 만나면 올바른 길로 나아가게 되며 궁극에는 부처에까지 이를 수가 있다고 불교에서는 가르치고 있다.

하지만 악지식(惡知識), 악우(惡友)를 만나면 퇴보를 거듭하게 되고 점점 더 파멸의 구렁텅이로 빠져들게 된다. 그러므로 부처님께서는

『법구경』에서 이렇게 말씀하셨다.

"나쁜 친구와 어울리지 말고 저속한 사람들과 어울리지 마라. 좋은 친구와 사귀고 가장 훌륭한 사람과 벗이 되라."

또한 부처님께서는 『증지부경전』에서 이렇게 말씀하셨다.

"계를 지키지 않고 성질이 사나우며, 깨끗하지 못하고 의심스러운 행동을 하며 숨기는 일이 많고, 사문이 아니면서 사문이라 자칭하며, 깨끗한 행동을 하지 않으면서 한다고 하고, 안으로는 썩고 더럽혀져 깨진 그릇처럼 번뇌가 새는 사람은 멀리하고 친하지도 말며 의지하지도 말고 대접하지도 마라."

그러고는 이렇게 덧붙이셨다.

"그런 사람을 친하고 가까이하고 의지하고 대접하면 자신도 그렇게 닮아 갈 뿐만 아니라 나쁜 사람을 가까이하고 친하게 지내며 대접한다는 나쁜 소문이 퍼지기 때문이다."

반면에 부처님은 이렇게 말씀하셨다.

"계를 지키는 훌륭한 사람은 가까이하고 의지하고 대접해야 한다."

그렇게 하면 내가 비록 그 사람처럼 되지는 못해도 가까이에서 조금씩 배우게 될 것이고, 또 훌륭한 사람을 대접하고 친하게 지낸다는 좋은 평판을 받을 수 있을 것이기 때문이다.

◉ 『진리의 수레바퀴②』(서울: 불교방송 출판부, 1993), pp.328-329

   ● 마음비움에 대한 사색

"자기만이 자기의 주인이다. 자기 이외에 누가 따로 주인이 될 수 있으랴? 그러므로 자기를 잘 다스린다면 얻기 힘든 주인을 얻으리라."

인간의 운명 

불교에서는 인간의 운명을 조종하는 외적인 존재를 인정하지 않는다. 인간은 자신의 운명의 유일한 주인이다. 만약 우리의 삶이 다른 존재가 내리는 어떤 결정에 의존하고 있다면 그것은 진정으로 가치 있는 삶이라 할 수 없다. 그런 식의 의존은 인간성을 노예 상태로 떨어뜨리고 인간의 자존심과 존엄성을 파괴해 버린다.

만약 우리가 운명이라는 것을 신에 의하여 먼저 정해진 도저히 피할 수 없는 숙명적인 것으로 받아들인다면 그처럼 비참한 삶이 어디에 있을까. 물론 불교에서는 업(業)이라는 것을 가르치고 있지만, 그것도 운명을 결정짓는 족쇄는 아니다. 우리가 앞서 행한 업력(業力)에 의하여 어느 정도 영향을 받고 있다는 것이 사실이지만, 그렇다고 해서 이것이 미리 정해져 있다는 결정론을 뜻하는 것은 아니다. 부처님께서는 『법구경』에서 이렇게 말씀하셨다.

“자기만이 자기의 주인이다. 자기 이외에 누가 따로 주인이 될 수 있으랴? 그러므로 자기를 잘 다스린다면 얻기 힘든 주인을 얻으리라.”

누군가 혹시라도 인간은 자신이 앞서 행한 업의 노예라는 생각을 한다면, 그것은 부처님 가르침의 근본정신에 위배되는 어리석은 견해다. 인간이란 자기 업의 창조자이다. 만약 올바른 길을 따르기 위하여 자유를 행사하고자 한다면, 개인적인 노력과 지혜에 의하여 업의 과정을 변화시킬 수도 있는 존재가 인간인 것이다. 혹시 자신의 운명이 다른 존재에 의해 결정되어 있다고 믿고 자포자기 식의 삶을 살고 있는 사람이 있다면, 그런 함정에서 빨리 빠져나와야 할 것이다. 그러고 나서 보다 나은 삶을 위해 다시 한 번 자신의 노력과 지혜의 끈을 바짝 당겨 잡고 정진할 일이다. '자기를 잘 다스린다면 얻기 힘든 주인을 얻으리라'는 부처님의 말씀을 마음에 새기면서 말이다.

⊛ 『진리의 수레바퀴②』(서울: 불교방송 출판부, 1993), pp.329-330

 ● 마음비움에 대한 사색

"불교도는 수입을 4등분하여 그 중의 1/4은 자신의 생계비에 사용하고, 2/4는 생업을 영위하거나 자본으로 재투자하고, 나머지 1/4은 저축하여 자기 또는 타인의 빈궁에 대비하라."

불교의 경제관

불교의 수행자, 특히 스님의 삶은 갈아입을 세 가지 종류의 옷 한 벌과 발우 하나에 의한 무소유의 생활이다. 그런데 이러한 출가자의 금욕적인 생활만을 일방적으로 강조하다 보니, 일반 재가 불자들도 재물을 획득하는 것이 부처님의 가르침에 위배되는 것이 아닐까 염려하는 경우가 있다. 어떤 사람은 재물을 지니고 있는 것 자체를 불교 교리에 어긋나는 것으로 생각하고 스스로 죄책감까지 갖는다고 한다.

하지만 초기경전에 보면 부처님께서는 일반 재가자의 경제 생활에 대하여 정당한 방법으로 열심히 노력해서 보다 많은 재화를 획득하라고 가르치고 있다. 왜냐하면 재물은 자신의 삶은 물론 타인에게끼지 안락을 줄 수 있고, 또 나머지 여력으로 성자와 출가자에게 공양할 수도 있기 때문이다.

인간이 이 세상에서 생활하기 위해서는 많은 재화가 필요하다. 또 인간은 누구나 보다 안락하고 행복한 생활을 영위하고자 하는데, 그러기 위해서는 무엇보다도 재산이 있어야 한다. 그렇다고 부처님께서 수단 방법을 가리지 않고 무작정 재물을 축적하라고 하지는 않으셨다. 즉 재물을 축적하되 정당한 방법 곧 '이법(理法)에 적합한 행위', '비난을 받지 않는 행위', '순수한 노력에 의한 행위'에 의해 재산을 획득하라고 가르치셨다. 『잡아함경』에는 이런 말씀이 전한다.

"불교도는 수입을 4등분하여 그 중의 1/4은 자신의 생계비에 사용하고, 2/4는 생업을 영위하거나 자본으로 재투자하고, 나머지 1/4은 저축하여 자기 또는 타인의 빈궁에 대비하라."

그리고 부처님께서는 재가자가 획득한 재물을 헛되이 쾌락적인 향락 생활을 위해 소비하는 것을 금하셨다. 과소비가 사회문제화되고 있는 요즘의 현실에 비추어 보더라도 축적된 재물을 이웃과 사회를 위해 보시하거나 만일을 위해 대비하거나 또는 어떤 특별한 용도를 위해 비축해 두라는 초기불교의 경제관은 오늘날의 우리도 다시 한 번 새겨 보아야 할 유용한 가르침이라 하겠다.

◎ 『진리의 수레바퀴②』(서울: 불교방송 출판부, 1993), pp.330-331

불자라면 부처님께서 말씀하신 대로 이해하고 그대로 실천함으로써 이미 마음에
어지러움이 없는 자유롭고 편안한 경지에 이르는 것이 불방일이 될 것이다.

불방일의 의미

방일(放逸)이란 자기를 잊어버리고 자제함이 없이 온갖 욕
망에 이끌려 가는 것을 말하며, 반대로 불방일(Appamāda)이란 그런
상태에 빠지지 않고 자제와 집중을 지속하는 것을 말한다. 불자라면
부처님께서 말씀하신 대로 이해하고 그대로 실천함으로써 이미 마음에
어지러움이 없는 자유롭고 편안한 경지에 이르는 것이 불방일이 될 것
이다. 하지만 이것을 행하기란 결코 쉬운 일이 아니다. 그래서 부처님
께서는 기회 있을 때마다 다음과 같이 말씀하셨다.

"비구들이여, 게으르지 않은 비구라면 팔정도를 배위 익히고, 팔정
도를 잘 닦아 갈 것임에 틀림없다. 그러므로 비구들이여, 온갖 착한 법
은 모두 불방일을 근본으로 하며 불방일이 모든 착한 법 중에서 최상이
라고 말하는 것이다."

여기에서 불방일, 즉 게으름을 피우지 않는다는 것은 비단 수행자인

비구에게만 해당되는 것이 아니다. 이 세상의 모든 일이 노력 없이 이루어지는 것은 단 하나도 없으므로 불자들도 이 불방일이라는 가르침을 새겨들어야겠다. 『상응부경전』에서 부처님은 다음과 같이 말씀하셨다.

"비구들이여, 밤하늘에는 온갖 별들이 빛난다. 그러나 그것들은 달빛의 16분의 1에도 미치지 못한다. 그렇기에 달빛은 밤하늘에서 가장 위대하다고 여겨진다. 그와 마찬가지로 세상에는 여러 길이 있지만, 그것들은 모두 게으르지 않음을 근본으로 삼는다. 그렇기에 온갖 착한 법 가운데 부지런함이 최상이 되느니라."

진정한 불자라면 요행이나 사행을 바라지 말고 주어진 환경 속에서 각자 맡은 바 소임을 충실히 수행함으로써 삶의 행복을 찾아야 할 것이다.

◉ 『진리의 수레바퀴②』(서울: 불교방송 출판부, 1993), p.332

 ◉ 마음비움에 대한 사색

각 개인은 적어도 다른 사람에게 해를 끼치지 않고 남을 속이거나 부도덕한 죄를 저지르지 않아야만 한다. 그리고 진실되고 소박하게 동료나 가족, 이웃들과 함께하며 타인에 대한 책임을 게을리하지 않아야 한다.

불교의 이상 사회

불교의 이상 사회를 불국토라고 한다. 그렇다면 불국토는 어떤 사회를 말하는 것일까? 첫째, 정복 전쟁이 없는 사회이다. 승리자는 증오를 낳고 정복당한 자는 비참함에 시달리기 때문에 그런 사회에는 파멸만이 있을 뿐이다. 둘째, 평온한 삶이 정복과 패배와 싸워 이기는 사회이다. 셋째, 죄 없고 순진한 사람에 대한 박해가 철저하게 비난을 받는 사회이다. 넷째, 자기 자신을 정복한 자가 남을 정복한 자보다 더 훌륭하게 평가되는 사회이다. 다섯째, 사랑이 증오를, 선함이 악함을, 진리가 거짓을, 자비가 탐욕을 극복하는 사회이다. 여섯째, 사람들이 다른 사람의 결점이나 약점에 관심을 가시기보다는 자기 지신의 결점이나 약점을 똑바로 봄으로써 스스로를 향상시키고자 노력하는 사회이다. 일곱째, 자비심이 모든 인산의 행위의 추진력이 되어 마치 어머니가 자기 자식을 사랑하듯 사람들이 타인을 사랑하는 사회이다.

여덟째, 정직과 성실이 모든 관계의 바탕을 이루는 사회이다. 아홉째, 사람들이 자만과 독단에 빠지지 않는 사회이다. 열째, 가장 미천한 생물일지라도 모든 존재가 공평하게 사랑으로써 대우받는 사회이다. 이러한 사회를 이상적인 사회라고 말할 수 있다.

그런데 이러한 사회가 되려면 각 개인은 적어도 다른 사람에게 해를 끼치지 않고 남을 속이거나 부도덕한 죄를 저지르지 않아야만 한다. 그리고 진실되고 소박하게 동료나 가족, 이웃들과 함께하며 타인에 대한 책임을 게을리하지 않아야 한다.

불교가 이루고자 하는 사회는 관념적인 유토피아가 아니다. 역사 속에서 그러한 이상 사회를 건설하고자 했던 대표적인 분이 바로 기원전 3세기경 인도의 위대한 불교 황제 아쇼카 대왕이다. 그는 자신의 힘을 타인의 정복이 아니라 자기 자신의 정복을 위해 사용했으며, 머릿속에서만 맴도는 이상으로서가 아니라 실제로 부처님의 말씀을 역사 속에서 실천하셨다. 그리고 그의 뒤를 이어 이 땅에 불국토를 이루어 가야 할 책임이 이제 오늘을 살아가는 우리에게 있는 것이다.

"전쟁에서 수천의 적과 혼자 싸워서 이긴다 해도 자기 자신을 이기는 것보다 못하다. 자기 자신을 이기는 자야말로 최고의 전사이니라."

◉ 『진리의 수레바퀴②』(서울: 불교방송 출판부, 1993), pp.333-334

 ● 마음비움에 대한 사색

인색한 마음으로는 부처님을 볼 수 없다. 오직 자비로운 마음, 아낌없이 베푸는 실천을 통해서만 부처님을 만날 수 있는 것이다.

부처님 만나는 길

우리가 종교적인 삶을 산다는 것은 이기적 탐욕심을 절제하고 베풂의 공덕을 쌓아 가는 것을 의미한다. 이기심을 이겨야 베풂이 자연스럽게 행동으로 나타나는 것이다. 인색한 사람의 베풂은 자연스럽지 못하다. 가난해도 인색하지 않은 사람은 자연스럽게 베풀 수 있지만, 부자라도 인색하면 베풀지 못하는 것이다. 『자따까(본생경)』에 이런 말씀이 전한다.

"가난하면서도 베풀 줄 아는 사람이 있고, 부유하면서도 인색한 사람이 있다. 그런데 가난한 사람이 행하는 보시는 부유한 사람이 행하는 보시의 천 배나 가치가 있다."

욕심의 세계에 살면서 남을 돕는 행위처럼 아름다운 일은 없다. 작은 것이 아름답다고 했다. 그러므로 작은 것일지라도 마음에서 우러나는 진실한 마음으로 베풀 때 어디에도 집착함이 없이 베푸는 자연스러운 보시행이 되는 것이다.

덕은 작은 일에서부터 쌓인다고 했다. 그것은 물방울이 모여 큰바다를 이루는 것과 같다. 그러므로 작은 선행이라고 가벼이 해서는 안 되는 것이다. 나무가 자라는 것이 눈에 보이지는 않지만 세월이 지나면 커다란 나무가 되듯이 덕이 쌓이는 것도 이와 같다.

어떤 사람은 이 다음에 큰일을 하겠다고 말하면서 꽤나 인색하게 산다. 큰일을 하겠다고 벼르기만 하는 것보다는 작은 일이지만 그때그때 할 수 있는 일을 기꺼이 해내는 사람이 훨씬 많은 것을 베풀며 사는 사람이다. 『백유경』에 이런 이야기가 있다.

"어리석은 농부가 있었다. 그는 매일매일 소젖을 짜는 것이 싫어졌다. 매일 소젖을 짜 보았자 얼마 되지 않으니 이 다음 잔칫날 한꺼번에 많은 젖을 짜야겠다고 생각했기 때문이다. 그런데 막상 잔칫날 우유가 필요해서 소젖을 짜니 한 방울도 나오지 않았다."

이 다음에 큰일을 하겠다고 벼르면서 지금 할 수 있는 선행을 하지 않는 사람도 이 어리석은 농부와 같다. 우리는 큰 선행을 하겠다는 욕심보다 당장의 작은 선행에 힘쓸 줄 알아야겠다. 『증일아함경』에는 다음과 같은 말씀이 나온다.

"베푸는 마음에서 부처님을 볼 수 있다."

그러므로 작은 베풂일지라도 늘 실천하는 사람은 언제나 부처님과 함께 사는 사람이라 할 수 있다. 인색한 마음으로는 부처님을 볼 수 없다. 오직 자비로운 마음, 아낌없이 베푸는 실천을 통해서만 부처님을 만날 수 있는 것이다.

◉ 『진리의 수레바퀴②』(서울: 불교방송 출판부, 1993), pp.334-335

   ● 마음비움에 대한 사색

산에서 살다 보면 산짐승들의 언어는 물론 자연의 소리를 알아들을 수가 있다. 또 자연의 법칙을 역행하면 단 하루도 살 수 없음을 알게 된다. 그래서 별도의 기도가 필요 없다.

산사(山寺)를 그리며

노랗게 물든 가로수의 은행잎이 간밤의 비로 보도 위에 뒹굴고 있다.

작년 이맘때쯤 겨울 한철을 두타산에서 지냈다. 산에 들어간 며칠간은 어려움이 있었지만 곧바로 산 생활에 적응할 수 있었다.

산의 생활은 매우 단조롭다.

새벽에 일어나 소리 높여 도량석을 하면, 목탁 소리에 온 산에 같이 살고 있던 노루랑 토끼, 다람쥐, 산새, 멧돼지들도 잠을 깬다. 산짐승들도 도량석 소리에 길들여지기 전에는 어느 무법자가 이 조용한 산에 들어와 행패를 부리느냐고 원망도 했을 것이다. 하지만 우리는 곧바로 친해질 수 있었고, 후일 다정한 이웃이 되었다.

밤새 바위틈에서 흘러 내려온 맑은 물을 떠 부처님 선에 올리고 예불을 마치면 날이 밝아온다. 떠오르는 아침해를 맞으면서 산사의 하루는 시작된다.

낮이면 눈 덮인 산야를 헤매며 땔나무를 마련하고, 장작도 팬다. 그러다 보면 어느새 해는 서산에 걸린다. 밤의 추위를 이기기 위해서는 사람이나 짐승 모두 이때가 가장 분주하다. 한 사람은 저녁밥을 짓고, 또 한 사람은 군불을 지핀다. 양쪽 굴뚝에서는 모락모락 저녁 연기가 피어오른다. 사람이 살고 있다는 유일한 증거다.

밤이면 추위에 떨던 산짐승들이 불기가 남아 있는 아궁이까지 내려와 몸을 녹이고 가기도 한다.

처음 아침 산책을 나갔을 때, 인기척에 놀란 새들은 푸드득거렸고 짐승들은 도망갔다. 똑같은 시간의 아침 산책이 하루 이틀 계속되는 사이 그들도 나를 알아본다. 나중에는 멀리 있던 산새들까지 주위로 날아와 반갑게 인사한다. 산에서 살다 보면 산짐승들의 언어는 물론 자연의 소리를 알아들을 수가 있다. 또 자연의 법칙을 역행하면 단 하루도 살 수 없음을 알게 된다. 그래서 별도의 기도가 필요 없다. 그저 자연의 순리에 순응하는 생활 그 자체가 기도인 것이다.

산의 생활에 길들여져 갈 때쯤이면 거칠었던 마음은 가라앉고, 세상의 온갖 욕심과 명리를 떠나 하나의 자연인으로 돌아가게 된다.

그래서 저 신라의 원효(元曉) 스님은 발심수행장(發心修行章)에서 "높은 산 험한 바위는 지혜 있는 사람이 살 곳이요, 푸른 솔 깊은 골짜기는 수행자가 깃들 바니라[高嶽峨巖은 智人所居요 碧松深谷은 行者所棲니라]"라고 하시지 않았던가.

산사를 떠나 서울에서 생활한 지도 벌써 몇 개월이 되었다. 하지만 아직도 도회(都會) 생활은 서툴다.

산을 떠난 사문의 생활은 물을 떠난 고기와 같다. 그렇기에 수행자
가 머물 곳은 진정 산사뿐.

출가자는 비록 중생을 위한 방편으로 도시에 나와 살지라도 가끔씩
은 마음의 고향인 산으로 돌아가 자신의 삶을 되돌아볼 줄도 알아야겠
다.

인간들의 거친 목소리, 다툼의 소리가 도처에서 터져나오는 것도 자
연의 소리에 귀기울이지 않기 때문일 것이다.

거칠고 삭막한 환경 속에서는 우리의 성품 또한 거칠어지기 쉽다.
안개 속을 걷다 보면 자신도 모르는 사이에 옷이 젖는 것처럼.

산은 인간들의 영원한 마음의 고향이요, 안식처인 까닭에 산에 살면
다툴 일도 화낼 일도 없다. 오직 적적요요한 가운데 본 성품만 날로 뚜
렷이 드러날 뿐이다.

이번 겨울에는 단 며칠 동안이라도 눈 덮인 산사로 돌아가 자연과 하
나가 되어야겠다.

⊙ 『佛教』 1987년 11월 4일

정보화 시대

우리는 지금 급변하는 정보화 시대에 살고 있다. 자의든 타의든 정보의 홍수 속에서 살지 않을 수 없는 것이 현실이다. 이러한 사회적 현상은 거부하려고 해도 거부할 수 없는 하나의 도도한 시대적 흐름이다. 많은 사람들이 이러한 현대 사회에서 살아남기 위해 적극적으로 대처하고 있다. 그러나 일부의 불교도 중에는 의도적으로 외면하려는 태도를 취하고 있는 사람들이 있다.

이런 사람들에게 권하고 싶은 말은 우선 변화에 적응하지 않으면 안 된다는 사실을 인식할 필요가 있다는 것이다. 그리고 거부할 수 없는 정보화 시대를 외면하기보다는 그것을 적극적으로 수용하되 불교의 목적에 부합되도록 잘 활용할 방안을 모색하는 것이 바람직할 것이다. 다시 말해서 이러한 변화에 대처하면서 어떻게 불교도로서의 자신의 삶을 지키고 지탱할 수 있겠는가를 모색하는 것이 오늘을 사는 지혜가

 ● 마음비움에 대한 사색

아닐까 생각해 본다.

매일 언론을 통해 쏟아져 나오는 정보량은 엄청나다. 그러나 정보의 바다는 역시 인터넷이다. 단 몇 번의 클릭으로 많은 시간과 노력이 소요되는 잘 정리된 정보를 쉽게 가져올 수 있다. 이처럼 인터넷을 잘 활용하면 유익한 정보를 쉽게 얻을 수 있다는 장점이 있다. 하지만 인간을 나쁘게 만드는 해로운 정보도 수없이 많다. 이런 점이 인터넷의 역기능인 것이다.

그럼에도 불구하고 컴퓨터는 새로운 도구임에는 틀림없다. 특히 학문 연구에 있어서 없어서는 안 될 필수 도구가 컴퓨터이다. 예전에는 연필과 종이가 학문의 도구였지만 이제는 컴퓨터가 그러한 역할을 대신하고 있는 것이다. 이러한 도구의 발달로 학문의 속도는 광속으로 변하고 있는 것이다.

다만 가장 중요한 사실은 정보의 홍수 속에서 어떤 정보가 유익한 것인지를 판단하는 것이다. 가치 판단은 컴퓨터가 대신해 줄 수 없기 때문이다. 가치 판단의 기준은 그 사람의 교육 수준과 가치관에 따라 달라진다. 다만 우리 불교도들은 불교적 가치와 시각에 의존하지 않으면 안 된다는 점이다.

무엇이든 마찬가지이겠지만, 특히 컴퓨터는 활용하는 사람에 따라 유익할 수도 있고 해로울 수도 있다. 그리고 인터넷의 정보를 너무 맹신할 필요도 없다. 왜냐하면 가장 중요한 정보는 인터넷에 공개되지 않기 때문이다. 인터넷에 공개되는 정보는 이미 누구나 활용해도 괜찮은 정보뿐이다. 즉 최고의 고급 정보가 아니라는 점이다.

그리고 정보 제공처가 어디인가도 그 정보의 가치를 판단하는 기준이 될 수 있다. 상업적인 목적을 띤 단체나 개인이 제공하는 정보는 일단 의심해 볼 필요가 있다. 그러한 정보를 제공하는 궁극의 목적이 결국 소비자에게 구매를 유도하기 때문이다. 상업적인 정보에 현혹되지 않기 위해서도 올바른 지혜가 요구된다. 불교가 추구하는 마음의 평화와 고요는 컴퓨터를 통해 얻을 수 없다. 그럼에도 불구하고 현대를 살아가기 위해서는 컴퓨터라는 도구를 외면할 수도 없다. 유익한 방향으로 활용하는 길만이 최선일 것이다.

⊙ 『東國佛教』 제188호, 2000년 6월 28일자, 3면

● 마음비움에 대한 사색

좋은 생각을 일으켰을 때는 선의 기운이 주위를 감싸게 되지만, 나쁜 생각을 일으켰을 때는 악의 기운이 주위를 감싸게 된다. 이러한 기운이 우리의 눈에는 보이지 않지만 그 작용의 힘은 매우 크다.

좋은 생각

우리 주변에서 일어나는 모든 현상들은 자신의 마음이 밖으로 표출된 것이다. 인간사의 길흉화복은 어떤 절대자의 뜻에 따라 좌우되는 것이 아니라, 자신의 마음이 일으킨 현상에 불과하다고 불교에서는 보고 있다.

이러한 마음의 실체를 파악하기는 어렵다. 하지만 그 마음의 작용은 누구나 체험할 수 있다. 또한 인간의 운명은 처음부터 정해져 있는 것도 아니다. 자신의 마음가짐에 따라 얼마든지 변화시킬 수 있다. 어떤 생각을 갖느냐에 따라 그 사람의 인생과 운명은 달라질 수 있다.

성공한 사람과 실패한 사람의 가장 큰 차이는 생각이 전혀 다르다는 것이다. 좋은 생각을 가진 사람은 좋은 사람과 좋은 일을 만나게 되지만, 나쁜 생각을 가진 사람은 나쁜 사람과 나쁜 일을 만나게 된다. 이것은 그 사람을 감싸고 있는 생각, 즉 선한 기운 혹은 악한 기운 때문에 그렇게 되는 것이다.

좋은 생각이란 밝은 마음, 긍정적인 마음, 감사하는 마음, 칭찬하는 마음, 자비로운 마음, 사랑하는 마음을 말한다. 반면 나쁜 생각이란 욕심내는 마음, 성내는 마음, 어리석은 마음, 살의(殺意)의 마음, 투쟁의 마음, 증오의 마음을 말한다. 좋은 생각을 하면 맑은 기운이 감돈다. 반면 나쁜 생각을 하면 어두운 기운이 모인다.

또한 좋은 생각을 가지면 얼굴이 맑아지고 건강하며 향기로운 냄새가 풍긴다. 반대로 나쁜 생각을 일으키면 얼굴이 추해지고 몸과 마음이 쇠퇴해지며 몸에서는 악취가 난다.

매일 배설하는 대변의 색깔과 냄새까지 달라진다. 좋은 생각을 가지면 신체의 모든 기관이 완전하게 제 기능을 다하기 때문에 변의 색깔은 황토색을 띠게 된다. 그때의 냄새는 구수하고 향기롭다. 그러나 나쁜 생각, 즉 원한심과 증오심, 살의를 가졌을 때는 신체도 제 기능을 다하지 못하기 때문에 변의 색깔은 매우 검다. 그때의 냄새는 지독한 악취를 풍긴다.

이와 같이 생각에 따라 신체는 물론 주변 환경까지 달라진다. 즉 좋은 생각을 일으켰을 때는 선의 기운이 주위를 감싸게 되지만, 나쁜 생각을 일으켰을 때는 악의 기운이 주위를 감싸게 된다. 이러한 기운이 우리의 눈에는 보이지 않지만 그 작용의 힘은 매우 크다. 똑같은 조건의 두 식당 가운데 사람들은 자신도 모르는 사이에 선의 기운이 가득 차 있는 식당 쪽으로 발을 옮기게 마련이다. 그래서 좋은 생각을 품은 사람의 집은 잘 되고 나쁜 생각을 품은 사람의 집은 안 되는 것이다.

이러한 이유 때문에 성인들이 생각을 바꾸면 인생을 바꿀 수 있다고

말하는 것이다. 『화엄경』에서는 한마디로 일체유심조(一切唯心造)라
고 표현했다. '일체는 오직 마음이 창조한다.'

◉『東國佛敎』 제189호, 2000년 7월 31일자, 3면

한국불교가 신비주의나 영험주의로 빠지는 것은 붓다의 진실한 가르침에서 벗어날
염려가 있다. 왜냐하면 신비나 영험을 좇아다니는 사람은 또 다른 현상을 좇아가거
나 외도의 가르침에 빠질 가능성이 높기 때문이다.

신비적인 현상

요즘 한국의 불교계가 너무나 외형적인 현상을 좇아가고 있
다는 느낌이 든다. 때아닌 우담바라 진위 논쟁과 어떤 사찰에 신기한
현상이 일어났다는 광고를 지켜보면서 실소(失笑)를 금할 수가 없다.
한국불교의 문제점 가운데 하나가 영험주의와 신비주의로 흘러가고 있
다는 사실이다. 최근의 신비주의는 위험 수위에 도달했다고 본다.

종교에 있어서 과학으로 설명할 수 없는 불가사의한 측면이 없는 것
은 아니다. 하지만 과학적이고 합리적인 불교를 신비주의로 몰고 가는
것은 결코 바람직한 것이 아니다. 이러한 신비적인 현상을 강조하는
것은 부처님의 참뜻이 아니다. 진실한 불자는 어떠한 현상에도 현혹되
거나 흔들리지 않는다.

『금강경』의 현장역(玄奘譯)에 의하면, "모든 물질을 본질로 관찰하
거나 소리 등에서 나를 찾으려 하면, 그 사람은 사견에 덮여 자기의 본

● 마음비움에 대한 사색

래 모습을 보지 못한다"라고 하였다. 어떤 현상을 통해 진리를 보려고 하는 것은 참으로 어리석은 생각임을 일깨워 주는 대목이다.

모든 조건 지어진 현상은 덧없고 불완전하며 불만족스럽다. 또한 모든 조건 지어진 것과 조건 지어지지 않은 것은 자아가 없다. 이것은 불교의 특질이다. 흔히 삼법인(三法印)이라고 부르는 무상(無常)·고(苦)·무아(無我)의 교설이다. 이 가르침에 위배되는 사상은 불설이라고 할 수 없다.

사실 부처님의 가르침에 대한 확실한 이해가 없는 믿음은 완전한 신앙이라고 말할 수 없다. 특히 신비적인 현상이나 영험에 바탕을 둔 신앙은 위험하기 그지없다. 일시적인 현상은 일시적으로 소멸한다. 어떤 현상을 통해 일으킨 믿음은 그 현상의 소멸과 함께 사라진다. 나중에 더욱 큰 실망만 안겨 주게 된다.

법에 의지하지 않고 사람에게 의지했을 때 크게 실망하는 경우와 같다. 그러나 처음부터 법에 의지한 사람은 외형적인 형상이나 사람에 의지하지 않는다. 붓다의 가르침에 기초를 둔 믿음이야말로 고해를 건너갈 수 있다. 윤회의 바다에서 자신이 의지할 수 있는 유일한 대안은 자기에게 귀의하고 법에 귀의하는 것이다. 법이 아닌 어떤 절대자나 일시적인 현상에 의지하는 것은 불설이 아니다.

한국불교가 신비주의나 영험주의로 빠지는 것은 붓다의 진실한 가르침에서 벗어날 염려가 있다. 왜냐하면 신비나 영험을 좇아다니는 사람은 또 다른 현상을 좇아가거나 외도의 가르침에 빠질 가능성이 높기 때문이다.

⊛ 『東國佛教』 제191호, 2000년 11월 20일자, 3면

제8장 일반인을 위한 붓다의 가르침

가정의 중심축은 남편과 아내이다. 훌륭한 가정이 되기 위해서는 부부가 서로 신뢰하고 존경하며 헌신적이어야 한다. 불교에서는 부부 사이의 사랑은 거의 종교적이거나 성스러운 것으로 간주한다.

부부(夫婦)의 도

오월은 가정의 달이다. 가정의 행복은 모든 사람들이 바라는 바다. 사회 구성원의 기본 단위인 각 가정이 행복할 때 이 사회는 저절로 밝아진다. 가정이 화목하지 못하면 사회적으로 아무런 일도 할 수가 없다. 비록 사회적으로 성공한 사람이라 할지라도 가정이 파괴되었다면 실패한 인생에 불과하다. 사회적인 성공은 행복한 가정을 이루기 위한 하나의 수단에 불과하기 때문이다.

가정의 중심축은 남편과 아내이다. 훌륭한 가정이 되기 위해서는 부부가 서로 신뢰하고 존경하며 헌신적이어야 한다. 불교에서는 부부 사이의 사랑은 거의 종교적이거나 성스러운 것으로 간주한다. 그래서 '성스러운 가정생활' 이라고 일컫는다. 최고의 존중심이 이 관계에 바쳐진 것이다. 『육방예경(六方禮經)』에 의하면 부부는 시로에게 다음과 같은 다섯 가지 의무를 지닌다.

　남편은 아내를 존중해야 하고, 예의로써 대해야 한다. 남편은 아내를 사랑하고 아내에게 충실해야 하며, 아내로서의 위치와 안락을 보장해 주어야 한다. 또한 아내에게 의복과 보석을 선사하여 즐겁게 해주어야 한다. 반대로 아내는 가사를 감독하고 돌보며, 손님·내방객·친구·친척 및 고용원 등을 잘 접대해야 하며, 남편을 사랑하고 남편에게 충실해야 하며, 남편의 수입을 보호해야 하며, 모든 활동에서 현명하고 활기차야 한다.

　이 경전에 의하면 부부 관계는 수직적이고 봉건적인 의무와 복종의 관계가 아니라 수평적이고 상호적인 관계에 바탕을 두고 있다. 또한 서로가 감사하고 봉사하는 호혜적이고 합리적인 관계의 윤리인 것이다. 남녀가 평등한 오늘날에도 그대로 적용되는 가르침이다. 이 땅의 모든 남편과 아내들이 서로에게 각자의 의무, 즉 부부의 도를 다한다면, 그 가정은 분명히 행복이 가득한 보금자리가 될 것이다.

◉ 『慶南新聞』 2001년 5월 8일자, 5면

● 마음비움에 대한 사색

지금은 보다 열심히 일할 때이다. 열심히 일한 자만이 놀 수 있는 자격이 있다. 자신의 행복을 위해 우선 물질적으로 풍요로워야 한다. 그런 다음에는 진리를 배워야 한다. 정신적 발전 없는 물질적 풍요는 타락과 패망의 원인이 되기 때문이다.

놀기만 한다 

복잡하게 보이는 인간의 삶도 분석해 보면 크게 다섯 가지 범주를 벗어나지 않는다. 즉 먹기 · 일하기 · 놀기 · 짝짓기 · 잠자기다. 먹기와 잠자기는 생존을 위해서 꼭 필요한 것이다. 일하기는 먹이를 구하기 위한 활동이다. 오늘날의 직업을 말한다. 먹고 난 다음에는 즐긴다. 이것을 놀기라고 한다. 고상한 말로 연예 · 오락을 말한다. 예술과 문화 및 스포츠도 이에 속한다. 짝짓기는 동물적인 원초적인 본능이다.

인생이란 이러한 다섯 가지 삶의 형태가 반복되는 것을 말한다. 아무리 과학이 발달하더라도 인간이 생존해 있는 한 이러한 삶의 형태는 근본적으로 크게 달라지지 않는다. 동물은 먹고 난 다음에 비로소 놀기와 짝짓기 대상을 찾는다. 허기진 상태로는 놀기와 짝짓기를 할 수가 없기 때문이다. 얼마 전까지 우리는 먹고살기에 찌들어서 유흥과 외도를 생각할 여유가 없었다.

그런데 지금은 나라 전체가 온통 일하기보다 놀자 판이다. 국가 경쟁력인 생산적인 측면은 점차 줄고 소비적인 현상만 증가하고 있다. 영화를 포함한 연예와 오락 분야에서 대박이 터지고 있다. 또한 최근 보도에 의하면 일하지 않고 놀기만 하는 '백수'가 엄청나다고 한다. 빚을 내서라도 노는 데 소비한다. 그리고 잘못된 짝짓기는 이미 인간이기를 포기한 상태다.

그렇다고 놀기가 모두 나쁘다는 것은 아니다. 놀기에는 자신의 정신적·육체적 향상에 도움이 되는 건전한 것도 있다. 그러나 대부분의 사람들은 유흥에 빠져 몸과 마음을 망치고 있다. 이러한 개인적 타락은 곧 나라 전체의 파멸로 이어진다.

지금은 보다 열심히 일할 때이다. 열심히 일한 자만이 놀 수 있는 자격이 있다. 자신의 행복을 위해 우선 물질적으로 풍요로워야 한다. 그런 다음에는 진리를 배워야 한다. 정신적 발전 없는 물질적 풍요는 타락과 패망의 원인이 되기 때문이다. 진정한 행복은 물질적 발전과 함께 정신적 발전이 병행되어야만 가능하다. 출가자는 놀기와 짝짓기를 포기한 사람들이다. 그들은 감각적 쾌락과 물질적 풍요 대신 정신적 발전을 통해 진정한 행복을 추구한다.

◉ 『慶南新聞』 2001년 5월 14일자, 5면

 ● 마음비움에 대한 사색

부모는 자식에게 있어서 최초의 교사다. 개인적으로 인생에 있어서 가장 기본적인 것들은 부모가 가르쳐야 한다. 그리고 자식들을 사회와 세계에 잘 적응할 수 있도록 인도하는 것이 부모의 중요한 역할이다.

가정교육의 부재

많은 사람들은 학교에서 인성 교육이 제대로 이루어지지 않는다고 지적한다. 학생으로서 지켜야 할 기본적인 질서와 예의가 지켜지지 않고, 남을 전혀 배려할 줄 모르는 이기적인 학생들이 점차 늘어나고 있다고 한다. 대부분의 선생님들은 학생들의 비행을 모른 체하거나 그냥 내버려두는 실정이라고 한다. 잘못하면 교사가 학부모들의 거센 항의와 학생들로부터 봉변을 당하기 일쑤이기 때문이다. 학교가 이처럼 되어 버린 원인은 입시 위주의 교육 탓도 있겠지만 근본적으로는 가정교육의 부재에서 비롯된 것이다.

부모들은 대부분 자식들을 위해 힘들고 어려운 것도 참고 견딘다고 말한다. 그들은 학교 교육에 필요한 학비와 경비를 조달해 주면 부모로서의 역할을 다한 것이라고 생각한다. 부모들이 바라는 것은 오직 남보다 공부를 잘해서 좋은 대학에 들어가는 것뿐이다. 자식들이 이기적이고 자기밖에 모르는 인간이 되든 전혀 상관하지 않는다. 그러나 이러한 생각은 참으로 잘못된 것이다. 개인적인 인성 교육은 학교에서 담당하는 것이 아니라 각 가정에서 이루어져야 한다.

개인의 인생에 있어서 가장 중요한 역할을 담당하는 것이 부모다. 붓다는 "부모는 범천(梵天)과 같고, 또한 부모는 최초의 선생님으로 간주된다"라고 말했다. 여기서 범천이라는 말은 가장 고귀한 존재라는 의미다. 뿐만 아니라 부모는 자식에게 있어서 최초의 교사다. 개인적으로 인생에 있어서 가장 기본적인 것들은 부모가 가르쳐야 한다. 그리고 자식들을 사회와 세계에 잘 적응할 수 있도록 인도하는 것이 부모의 중요한 역할이다.

부모 중에서도 엄한 아버지〔嚴父〕와 자애로운 이머니〔慈母〕의 역할 분담이 잘 이루어져야 한다. 부모는 채찍과 당근을 통해 한 인간으로서 갖추어야 할 품성을 가정에서 가르쳐야 한다. 그러기 위해서는 부모가 먼저 모범적인 삶을 자식들에게 보여 주어야 하며, 무엇보다도 먼저 남을 배려할 줄 아는 사람으로 키워야 한다. 자기밖에 모르는 이기주의적인 자식으로 키울 경우, 그 부모는 노년에 자식들로부터 버림받을 수도 있다는 것을 명심해야 한다.

⊙ 『慶南新聞』 2001년 5월 19일자, 5면

　　　　　　　● 마음비움에 대한 사색

불교에서는 바른 직업과 바르지 못한 직업을 분명히 구분하고 있다. 바르지 못한 직
업이란 살생업에 종사하는 것, 무기·인신·육류·주류·독(마약)의 매매 등이다.

직업과 귀천

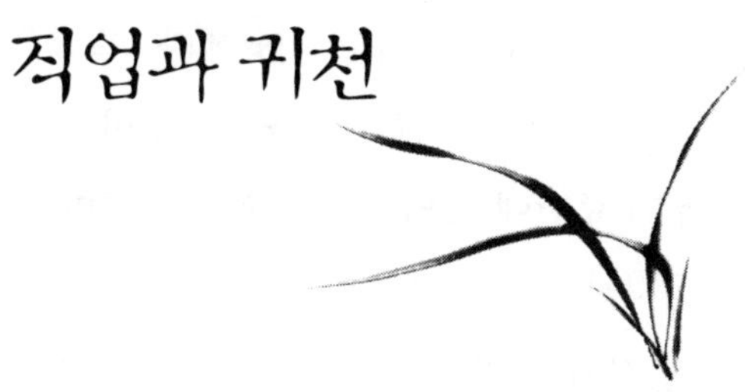

흔히 직업에는 귀천이 없다고 말한다. 이러한 사고는 물질
만능주의에서 나온 것이다. 올바른 직업관이라고 할 수 없다. 불교에
서는 바른 직업과 바르지 못한 직업을 분명히 구분하고 있다. 바르지
못한 직업이란 살생업에 종사하는 것, 무기·인신·육류·주류·독
(마약)의 매매 등이다.

붓다는 무기의 생산이나 판매와 같은 특정 거래는 사악한 생계 수단
으로 보았다. 이것은 불교의 기본 계율인 불살생계와 불음주계의 정신
에 위배되기 때문이다.

그런데 서양의 물질주의가 들어오면서 기존의 가치관이 무너져 버
렸다. 그들은 오직 물질만이 모든 것을 해결해 줄 수 있는 유일한 수단
이라고 생각하였다. 그래서 어떤 방법으로든 재물을 획득하기만 하면
된다는 식이다. 그들의 입장에서 보면 직업에는 귀천이 없다.

얼마 전 CNN 토크쇼를 본 적이 있다. 음란물 사이트로 엄청난 돈을 번 사람과의 대담 프로였다. 이 프로를 보고 나는 큰 충격을 받았다. 사회자가 몰래 카메라로 남의 사생활을 파헤치고, 온갖 외설로 청소년과 사회에 나쁜 영향을 끼치는데 양심적으로 가책을 느끼지 않느냐고 물었다. 그 사람은 '내 직업(My Business)'이라고 대답했다. 똑같은 질문을 세 번 반복하여 물었다. 그는 아무런 죄책감도 없이 세 번 모두 '마이 비즈니스'라고 답했다. 우리 주변에도 남이야 타락하든 돈만 벌면 된다는 사고로 이런 직종에 종사하는 사람들이 많이 있다.

붓다는 "태어나면서 신분이 결정되는 것이 아니다. 자신의 행동에 따라서 귀한 사람이 되기도 하고 천한 사람이 되기도 한다"라고 말했다. 다시 말해서 그 사람의 직업에 의해 귀한 사람이 되기도 하고 천한 사람이 되기도 한다는 뜻이다. 자신도 이롭고 남도 이롭게 하는 일에 종사하는 것이 좋은 직업이다.

◉ 『慶南新聞』 2001년 5월 25일자, 5면

 ● 마음비움에 대한 사색

정신적 부채는 인간이 살아가면서 많은 사람들의 도움을 받으면서 진 빚이다. 이것
은 오직 인격 완성인 '깨달음'을 통해서만 갚을 수 있다.

빚 없는 삶

소크라테스는 감옥에서 독배를 마시기 전 초연한 자세로 마
지막 유언을 남겼다. "이웃집에 사는 아크레클로서에게 빌린 닭 한 마
리를 갚아 주어라." 이 유언은 소크라테스가 얼마나 '빚〔負債〕 없는
삶'을 살려고 노력했는가를 보여 주는 단적인 예라고 할 수 있다.

『율장(律藏)』에 의하면 붓다가 깨달음을 이룬 직후 범천(梵天)은 부
처님을 '부채 없는 분'이라고 찬탄했다. 역사적으로 붓다는 정신적이
든 물질적이든 그 어떤 부채도 없는 삶, 즉 '무채락(無債樂)'을 즐긴
분이었다. 『숫따니삐따(經集)』에서 붓다는 말하길 "나는 그 누구에게
고용될 이유가 없다"라고 했다. 이 말씀은 붓다 자신은 그 어떤 빚도
없음을 상징적으로 말한 것이다.

사실 정신적 부채는 인간이 살아가면서 많은 사람들의 도움을 받으
면서 진 빚이다. 이것은 오직 인격 완성인 '깨달음'을 통해서만 갚을

수 있다. 그런데 물질적 빚은 개인적으로 '남에게 진 빚'을 말한다. 즉 '남에게 갚아야 할 돈'을 말한다. 이 물질적 빚은 가능한 한 빨리 갚지 않으면 안 된다. 이것은 채무자의 의무를 다하기 위함이 아니라 자기 자신의 진정한 행복을 위해서이다. 왜냐하면 부채를 지고 있는 한 진정한 의미의 행복을 기대할 수 없기 때문이다.

예컨대 고의적으로 부도를 내거나 사기 행각으로 남에게 크나큰 피해를 주고 도피 중인 사람들은 언제나 불안한 마음으로 가슴 조이며 지낸다. 이들은 하루에도 몇 번씩 깜짝깜짝 놀라게 될 것이다. 이런 것이 바로 금생에 받는 지옥의 고통이다. 지옥이란 꼭 죽어서만 가는 다른 세계가 아니다. 현세에서 정신적으로 극심한 고통을 받는 것도 지옥이다. 비록 이들이 숨긴 돈으로 겉으로 화려한 생활을 누릴지라도 참된 행복과는 거리가 아주 멀다.

부처님 당시부터 세상에서 빚을 진 사람은 출가하여 승려가 될 수 없었다. 붓다는 승려가 되는 데 있어서 출신 성분을 구별하지는 않았다. 하지만 세상에서 빚을 지고 승단으로 피신해 오는 사람의 출가는 허락하지 않았다. 그 이유는 바로 빚을 지고 있는 한 최고의 안락, 즉 열반을 이룰 수 없다고 보았기 때문이었다. 이런 의미에서 보면 우리가 추구해야 할 인생의 궁극적 목표는 물질적·정신적으로 '부채 없는 삶'이라고 할 수 있을 것이다.

◉ 『慶南新聞』 1994년 9월 29일자, 15면

 ● 마음비움에 대한 사색

불의와 부정을 저지르는 사람이 일시적으로 흥하는 것 같지만 영겁(永劫)의 시간에서 바라볼 때 결코 흥하는 것이 아니라는 평범한 진리를 명심할 필요가 있다.

진리만이 이긴다

입시 부정을 비롯한 각계각층의 비리가 연일 폭로되고 있다. 이런 보도를 접할 때마다 마치 이 나라 전체가 부정과 비리의 온상이라는 느낌을 받는다.

며칠 전 친구가 격분하여 말하길, "모두가 부정을 저지르는데 우리들만 바보처럼 살고 있다"고 한탄하였다. 비단 그 친구 한 사람의 생각은 아닐 것이다. 열심히 일하고 정직하게 살아온 일반 대다수 국민들이 너 나 할 것 없이 이런 생각을 한다면 이 사회는 머지않아 지옥이 되고 말 것이다.

인간들의 마음속에 불의(不義)가 싹튼다면 그 무엇으로도 막을 수가 없다. 범죄와의 전쟁을 신포하고 아무리 공권력을 강화한다 하더라도 큰 효과를 기대할 수 없다.

그런데 인도 사람들은 물질적인 풍요만이 최상의 행복이 아님을 잘 알고 있다. 그들은 물질적인 궁핍과 곤란이 있다 하더라도 정신적인 풍요 속에 생활하고 있다. 그들은 먹기 위해 살아가는 것이 아니라 진리 구현(具顯)을 위해 살아가고 있다.

다르마(Dharma, 法)의 구현자 아쇼카 대왕이 드러낸 '진리만이 이긴다(Satyamevayayante)'는 이 말이 곧 인도인들의 생활 목표이다. 다시 말하면 진리의 탐구와 실현이 그들의 삶인 것이다.

부처님께서는 『패망경(敗亡經)』에서, "법(法)을 즐기는 자는 흥하고, 법을 싫어하는 자는 패망한다"라고 하셨다. 불의와 부정을 저지르는 사람이 일시적으로 흥하는 것 같지만 영겁(永劫)의 시간에서 바라볼 때 결코 흥하는 것이 아니라는 평범한 진리를 명심할 필요가 있다.

지금 우리는 어느 한 곳도 성역(聖域)이 없는 도덕 부재(道德不在)의 시대에 살고 있다. 때문에 불의에 대한 유혹이 항시 도사리고 있다.

그러므로 우리 불교도들은 '모든 사람이 다 물들어도 나는 물들지 않겠다. 모든 사람이 다 취해도 나는 취하지 않겠다. 모든 사람이 다 잠들어도 나는 깨어 있겠다. 모든 사람이 다 불의와 타협하더라도 나는 결코 타협하지 않겠다'라는 각오로 오늘을 살아야 할 것이다.

그리고 지혜로운 사람은 진리〔法〕에 대한 확고한 믿음으로 법의 구현을 위해 살아간다. 오직 진리만이 이긴다.

◉ 『週刊佛教』 1991년 2월 21일자, 五分法壇

 ◉ 마음비움에 대한 사색

자호호타(自護護他)란 자기를 보호하고 남도 보호하라는 의미이다. 이 말은 자기를 보호하기 위해서라도 남을 보호해야 한다는 교훈이다. 이 원리는 모든 인간 관계에 다 적용된다.

자호호타(自護護他)

옛날 인도에서 아랫사람의 어깨 위에 대나무 막대를 올려놓고, 그 대나무 꼭대기에 어린 사람이 올라가 온갖 묘기를 연출하는 광대놀이가 있었다.

어느 날 묘기를 위해 스승의 어깨 위에 올라가는 제자에게 스승이 말했다. "너는 대나무 위에서 나를 보호하라. 나는 밑에서 너를 보호할 것이다." 그때 제자는 스승에게 이렇게 대답했다.

"그렇게 하지 말고, 각자 자기를 지키면서 재주를 부려 많은 재물을 벌어야 하겠습니다. 그러면 제가 아무런 사고 없이 편안히 땅에 내려올 수 있을 것입니다." 다시 스승이 제자에게 말했다.

"네 말대로 각자 자기를 지키자. 그런데 그 이치는 내가 말한 것과 같다. 자기를 보호할 때 그것은 곧 남을 보호하는 것이요, 남이 스스로 자신을 보호할 때 그것도 또한 자기를 보호하는 것이다. 이것이 바로 자기를 보호하고 남을 보호하는 것이라 한다."

한역의 『잡아함경』에 나오는 말씀이다. 자호호타(自護護他)란 자기를 보호하고 남도 보호하라는 의미이다. 이 말은 자기를 보호하기 위해서라도 남을 보호해야 한다는 교훈이다. 이 원리는 모든 인간 관계에 다 적용된다.

요즘 노동법과 안기부법의 기습 통과로 야기된 노동계와 정부의 갈등, 그리고 위천공단 설립을 굳이 고집하는 것도 자기중심적 발상에서 나온 것이다. 이처럼 세상에서 일어나는 대부분의 갈등은 남을 인정하지 않는 독존(獨尊)과 독선(獨善)에서 비롯된 것이다.

그러나 남이 죽으면 자기도 죽고, 남이 살면 자기도 산다. 비록 윗사람일지라도 무조건 아랫사람에게 강요하는 것은 잘못된 것이다.

마찬가지로 아무리 개정 노동법이 국가 경쟁력을 회복하고 경제를 회생시킬 수 있는 좋은 법이라 할지라도 그 절차가 잘못되었다면 국민들은 받아들이지 않는다. 그것은 자기 본위의 독선에서 나온 것이기 때문이다.

정치인들은 이 점을 명심하여 이제부터라도 두 가지 대립되는 상황에서 나도 살고 남도 살 수 있는 공존의 묘안을 찾아야만 할 것이다. 승자도 패자도 없는 우리 모두가 승자가 되는 길이 분명히 있을 것이다.

◉『慶南新聞』 1997년 1월 25일자, 10면

 ● 마음비움에 대한 사색

제9장 봉축 법회와 불교 의례

부처님은 보다 많은 것을 갖기 위해 욕심을 일으키라고 가르치지 않았다. 비우고 비움으로써 더 고귀한 정신적 행복을 얻을 수 있다고 가르치셨다.

비움과 나눔의 날 

음력 사월 팔일은 불교 최대의 명절이다. 불교도는 이미 한 달 전부터 부처님 오신 날 봉축 행사를 준비해 왔다. 각 사찰마다 신심 돈독한 불자들은 각양각색의 연등을 만들며 축제의 그날을 손꼽아 기다린다. 기다리고 기다리던 그날이 오면 불자들은 이른 새벽부터 목욕재계하고, 사찰을 찾아 부처님께 예배하고 공양을 올린다.

이날만큼은 남녀노소 빈부귀천의 구별 없이 그분 오심의 참뜻을 기리고자 성스러운 축제에 동참한다. 이 땅의 불교도라면 누구나 당연히 그러해야 할 것이다. 그러나 그것만이 부처님을 기리는 것이 아님을 유념해야만 한다.

부처님께서 구시나가라의 사라쌍수 밑에서 열반에 드시려고 할 때의 일이었다. 그때 많은 신들이 세존의 입멸을 슬퍼하며, 온갖 향과 꽃은 물론 기악과 무용으로 세존을 찬탄하고 예배하며 공양하였다. 이러한 광경을 신통력으로 지켜보신 부처님께서는 제자들에게 이렇게 말씀하셨다.

"비구들이여! 많은 신들이 나를 기쁘게 하기 위해 온갖 향과 꽃은 물론 기악과 무용으로 나에게 예배하고 공양을 올린다. 하지만 이러한 것은 내가 바라는 바가 아니며, 나를 기쁘게 하는 것이 아니다. 내가 바라는 것은 지금까지 내가 가르친 바의 진리를 바르게 이해하고 그것을 몸소 실천하는 것이다. 그것이야말로 진정 나를 기쁘게 하고, 나를 찬탄하는 것이니라."

흔히 초파일은 절에 가서 등불을 밝히는 것으로 불자의 도리를 다하는 것이라고 생각하기 쉽다. 불자라면 부처님의 탄생일에 등불을 밝혀 봉축하는 것은 지극히 당연한 일이다. 그보다는 부처님께서 이 땅에 오신 참뜻을 되새겨 보아야만 한다.

부처님은 입멸 직전 "내가 가르친 바의 법(法)과 율(律)을 너희들의 스승으로 삼으라"라고 말씀하셨다. 부처님의 가르침을 바르게 이해하고 그것을 실천하는 것이야말로 진정한 의미의 예배와 공양임을 알아야 한다. 그렇지 않고 봉축 행사에만 매달리면 축제가 끝난 뒤 공허해진다. 왜냐하면 축제는 축제일 뿐이기 때문이다.

또한 사람들은 부처님께 너무나 많은 것을 요구한다. 이를테면 건강과 재산, 명예와 권력 등 온갖 소원들이 다 성취되기를 바란다. 더 많은 것을 이루고 싶은 개인적인 욕망을 적어 성취해 달라고 기원한다. 이것은 순수한 종교심에서 나온 것임은 틀림없다.

그러나 부처님은 그러한 것들은 모두 인간들의 세속적인 욕망에서 비롯된 것이기에 가능한 한 그러한 마음을 비워야 한다고 가르치셨다.

   마음비움에 대한 사색

비움으로써 완전한 행복을 이룰 수 있다고 가르치셨다. 그러나 오늘도 많은 사람들은 채움으로써 행복해질 것이라고 믿고 있다. 이런 측면에서 보면 부처님의 가르침은 세상 사람들의 바람과는 정반대로 향하고 있다. 즉 부처님의 가르침은 세속의 흐름을 거슬러 올라가는 역류문(逆流門)임을 알 수 있다.

부처님은 처음 깨달음을 이룬 뒤, 자신이 깨달은 진리를 설해야 할 것인가를 망설였다. 왜냐하면 자신이 깨달은 진리는 깊고 미묘할 뿐만 아니라 세속 사람들은 탐욕에 빠져 있기 때문이다. 그래서 처음에는 자신의 가르침을 이해하는 사람이 없을 것이라고 생각하고 설법을 포기했다. 그러나 연못에는 여러 종류의 연꽃이 있듯이, 더러움이 적은 사람도 있음을 알고 법을 설하기로 결심했다고 한다.

부처님은 보다 많은 것을 갖기 위해 욕심을 일으키라고 가르치지 않았다. 비우고 비움으로써 더 고귀한 정신적 행복을 얻을 수 있다고 가르치셨다. 부처님은 재가자들에게 베풂과 절제의 생활을 통해 더없는 행복을 얻을 수 있다고 강조하셨다.

이번 초파일은 더 많은 것을 얻고자 기대하지 말고, 내가 가진 정신적·물질적 능력과 재산을 다른 이들에게 베풀고 나누어 주는 날이 되어야 할 것이다. 비우고 나눔으로써 더 큰 행복을 얻을 수 있기 때문이다. 이번 부처님 오신 날은 비움과 나눔의 날이 되기를 기원해 본다.

◉ 『경남도민일보』 2006년 5월 2일사

이제 우리나라의 불교도 외형적으로는 크게 성장하였다. 이러한 외형적 성장을 바탕으로 붓다의 가르침을 배우고 실천하는 질적인 성장 방향으로 나아가야 할 때라고 생각한다.

부처님의 승리

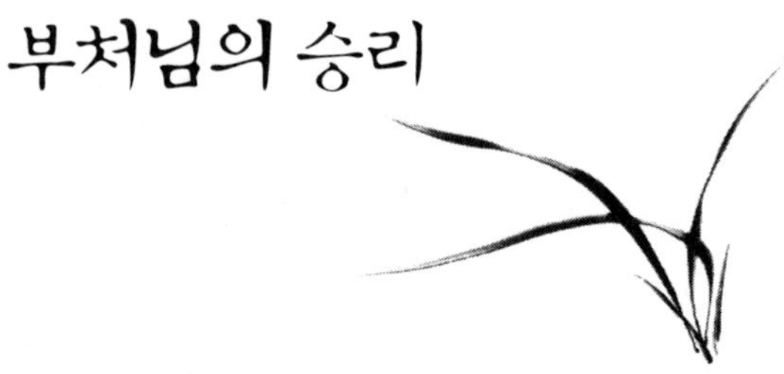

붓다의 생애를 다룬 전기를 불전(佛傳)이라고 부른다. 불전은 크게 인도를 중심으로 남쪽으로 전해진 남전과 북쪽으로 전해진 북전의 두 가지로 구분된다. 남전은 인간적인 붓다에 초점을 맞춰 탄생·성도·전법·입멸이라는 네 가지 사건을 중심으로 붓다의 생애를 다루고 있다. 반면 북전은 초인적인 붓다에 초점을 맞춰 붓다의 생애를 여덟 부분〔八相〕으로 나누어 설명하고 있다.

전자는 가능한 한 역사적으로 실존했던 붓다의 모습을 그대로 묘사하려고 한다. 반면 후자는 신화와 전설을 토대로 신격화된 붓다의 모습을 문학적으로 그리고 있다. 그래서 후자의 문헌들을 '불전문학(佛傳文學)'이라고 부른다. 이처럼 두 불전은 그 접근 방법이 전혀 다르다. 현재 학계에서는 신격화된 붓다가 아닌 인간적인 붓다의 생애를 가르치고 있다.

또한 붓다의 탄생 연대도 남전과 북전에 따라 크게 차이가 난다. 남·북전 사이에는 약 100년의 간격이 있다. 현재 대부분의 학자들은 남전의 전승이 보다 더 역사적인 사실에 가깝다는 것을 인정하고 있다. 하지만 아직 정확한 탄생 연도에 대해서는 의견의 일치를 보지 못하고 있다.

그래서 불교도 사이에 불교기원(佛敎紀元)을 통일해야 한다는 주장이 꾸준히 제기되어 왔다. 이러한 공감대가 형성되어 1956년 스리랑카에서 개최된 제4차 세계불교도대회에서 드디어 불기를 통일하였던 것이다. 즉 1956년을 '불멸 2500년'으로 하였다. 그러나 스리랑카를 제외한 다른 불교 국가에서는 실제로 '불멸 2500주년 축제'가 개최된 1957년을 불멸 2500주년으로 삼았다. 이 때문에 같은 상좌부불교 국가에서도 1년의 차이가 생기게 되었다.

우리나라는 당시 1956년 스리랑카에서 채택한 불기를 곧바로 사용한 것이 아니고, 약 15년이 지난 1970년경부터 사용하기 시작하였다. 그때 1956년을 불멸 2500년으로 계산한 것을 그대로 받아들여 오늘에 이르게 되었다. 그래서 우리나라와 스리랑카에서 사용하는 불기는 같지만 다른 나라와는 1년의 차이가 있다. 불기는 붓다의 입멸 연대, 즉 불멸을 기준으로 삼았다는 사실을 잊어서는 안 된다.

한편 붓다의 생애에서 중요한 기념일도 남·북방의 전승이 서로 다르다. 고대 인도의 역법(曆法)과 중국의 역법이 서로 달랐기 때문이다. 남전에 따르면 붓다는 위사카(Visākha, 毘舍佉) 월(月)의 보름날에 탄생·성도·입멸하였다고 한다. 위사카를 팔리어로는 웨사카(Vesākha)라고 하는데, 인도력 2월을 말한다. 태양력으로는 4-5월에 해당된다. 오늘날의 달력에 의하면 음력 4월 15일이 웨사카의 보름날이다. 현재 남방불교에서는 이날을 '웨삭(Vesak)'이라고 부른다. '불타제(佛陀祭)'라고 번역하기도 한다. 즉 '부처님의 날'이라는 의미이다. 그래서 영어로는 'Buddha's Day'라고 번역한다.

처음 스리랑카에서 전 세계의 불교 지도자들이 한자리에 모여 1956년을 불멸 2500주년으로 통일하자고 결의하고, '불멸 2500주년 축제'를 '붓다 자얀티(Buddha Jayanti)'라고 명명하였다. 붓다 자얀티란 '부처님의 승리'라는 뜻이다. 이 축제를 '붓다 자얀티'라고 이름 붙이게 된 것은 그럴 만한 이유가 있다.

오늘날 남방 상좌부불교의 전통을 계승한 나라들 가운데 타이(태국)를 제외한 스리랑카·미얀마·라오스·캄보디아 등은 오랜 식민지 통치를 받았다. 그러나 제2차 세계대전 이후 동남아시아 국가들은 거의 대부분 서양의 식민지 지배에서 벗어날 수 있었다. 사실 식민지 통치 기간 동안 각국의 불교는 너무나 많이 피폐해져 있었다. 각 나라마다 약간의 사정들은 달랐지만, 외세의 영향으로 불교 고유의 전통이 단절되거나 심하게 훼손되었던 것이 사실이다.

이러한 시대적 상황에 처해 있던 동남아시아 불교 국가들은 1950년대에 들어서면서 자국의 정치적 안정과 함께 승단도 점차 제자리를 찾아 가기 시작하였다. 그동안 침체해 있던 불교계에도 새로운 활기가 넘치기 시작하였다. 특히 동남아 상좌부불교 국가들에서는 자국의 민족주의와 함께 그 어느 때보다도 불교의 역할이 크게 증대되고 있었다. 이것은 '부처님의 위대한 승리'가 아닐 수 없었다.

그래서 이 축제의 이름을 '붓다 자얀티'라고 하였다. 또한 여기에는

 ● 마음비움에 대한 사색

이 여세를 몰아 불교 번영을 이룩하자는 염원도 담겨 있는 것이다. 어쨌든 지난 50년 동안 전 세계적으로 불교는 괄목할 만큼 크게 성장하였다. 지난 세기에 피폐해졌던 승단을 정화하거나 복원하였고 불적을 보수하는 등 여러 측면에서 성장한 것은 사실이다. 세계불교사를 둘러보면 50년 내지 100년 주기로 불교가 흥하기도 하고 쇠하기도 하였음을 알 수 있다. 즉 불교의 교세도 주기적으로 흥망성쇠를 되풀이하였다.

전 세계적으로 1956년을 계기로 약 50년 동안 외형적으로 엄청난 발전을 계속해 왔다. 특히 금년 2006년은 불멸 2550주년이 되는 매우 뜻깊은 해이다. 그래서 스리랑카에서는 지금 50년 전인 1956년에 했던 것과 같은 '붓다 자얀티' 축제를 준비하고 있다. 금년 불멸 2550주년을 기념하는 '붓다 자얀티' 축제는 세계의 불교 지도자들을 초청한 가운데 매우 성대하게 개최될 것이라고 한다. 앞으로의 50년 동안 세계 불교가 크게 번영하기를 기원하기 위해서일 것이다.

지난 50년 동안 우리나라의 불교도 외형적으로는 크게 성장하였다. 특히 국가 경제력의 향상과 함께 사찰 경제가 좋아짐으로 인해 도량 정비와 건물 불사를 위주로 진행되어 왔다. 그 결과 옛날의 쇠락한 사찰의 모습은 찾아보기 어려울 정도로 많이 좋아졌다. 이제 앞으로의 50년은 이러한 외형적 성장을 바탕으로 붓다의 가르침을 배우고 실천하는 질적인 성장 방향으로 나아가야 할 때라고 생각한다. 그러한 징후들이 여기저기에서 나타나고 있다. 이제 진정한 의미의 '붓다의 승리'가 우리 자신 안에서 구현되어야 할 것이다.

◉ 『지혜의 말씀』 제310호(2006년 5월), pp.8-10

부처님을 기쁘게 해 드리는 유일한 길은 오직 법을 알고 법을 보고 법에 따라 실천하는 것임을 잊어서는 안 될 것이다.

봉축 행사를 마치고

해마다 반복되는 부처님 오신 날의 봉축 행사도 끝났다. 봉축 행사로 한 달 전부터 분주했던 불자들은 이제 일상으로 되돌아가고 있다. 봉축 분위기를 돋우기 위해 사찰 주변을 장엄했던 등과 현수막도 걷어야 할 때이다. 소란스러웠던 잔치를 마치고 차분히 앉아 봉축의 참된 의미를 다시 생각해 본다.

『여시어경(如是語經)』에 다음과 같은 법문이 실려 있다.

"비구들이여, 한 비구가 나의 옷자락을 잡고 나의 뒤에서 나의 발자국을 밟는다 해도, 그가 만약 욕망의 격정을 품고, 성내는 마음과 삿된 생각으로 방일(放逸)하여 깨달은 바가 없다면 그는 나에게서 멀리 있는 것이며, 나는 그와 멀리 떨어져 있는 것이다. 그 까닭은 무엇인가? 비구들이여, 그 비구는 법을 보지 않기 때문이다. 법을 보지 않는 자는 곧 나를 보지 않는 자이기 때문이다.

마음비움에 대한 사색

또 비구들이여, 혹 그 비구가 나를 떠나 백일 걸리는 먼 곳에 있더라도, 그가 만약 욕망의 격정을 품지 않고, 성내는 마음, 삿된 생각을 품지 않고 방일하지 않아 깨달은 바가 있다면 그는 나에게서 가까이 있는 것이며, 나는 그와 가까이 있는 것이다. 그 까닭은 무엇인가? 비구들이여, 그 비구는 법을 보기 때문이며, 법을 보는 자는 나를 보는 자이기 때문이다."

'법을 보는 자는 나를 본다' 는 구절이 내용의 핵심이다. 설명을 덧붙이면, 나와 부처님의 관계는 거리적으로 멀고 가까움은 아무런 의미가 없다. 거리뿐만 아니라 시간적으로도 붓다 시대에 태어났거나 그 이후에 태어났거나, 혹은 혈통적으로 석가족 출신이거나 다른 종족이거나 아무런 상관이 없다. 그것은 오직 법을 보느냐 법을 보지 못하느냐에 달려 있다는 가르침이다.

한국의 많은 불자들은 부처님을 기쁘게 해 드린다고 초파일 당일 헤아릴 수 없을 정도로 절을 많이 했을 것이다. 그리고 바라는 바 소원이 이루어지고, 자신들의 가정에 불은(佛恩)이 충만케 해 달라고 기원했을 것이다.

하지만 부처님께 예배한다고, 부처님의 가사를 붙잡고 매달린다고, 등을 많이 만들었다고, 행사를 성대하게 치렀다고 부처님께서 기뻐하시겠는가? 부처님을 기쁘게 해 드리는 유일한 길은 오직 법을 알고 법을 보고 법에 따라 실천하는 것임을 잊어서는 안 될 것이다.

지금쯤 초파일에 등을 많이 팔아 한몫 단단히 챙겼다고 기뻐하고 있는 사람도 있을 것이다. 그들이 기뻐하고 있는 모습을 보고 부처님께서는 얼마나 서글퍼하시겠는가!

‘법을 보는 자는 나를 보는 자’ 라는 대목은 우리에게 봉축의 의미가
무엇인가를 일깨워 주는 부처님의 금구직설(金口直說)이 아닐 수 없
다. 봉축의 의미를 바르게 알고 부처님 탄신일을 맞이했던 불자가 몇
명이나 될까?

◉ 『東國佛敎』 제187호, 2000년 5월 11일자, 3면

◉ 마음비움에 대한 사색

상근기 불자들에게는 별도의 예수재라는 형식이 필요치 않다. 불교에서 말하는 일체의 수행 행위가 모두 미리 닦음[預修] 아닌 것이 없기 때문이다.

윤달과 예수재의 참뜻

윤달에는 많은 사찰에서 예수재(預修齋)를 지낸다. 윤달은 평년보다 역일수(曆日數) 또는 역월수(曆月數)가 많다. 이를테면 태양력에서는 2월이 평년보다 하루 많고, 태음력에서는 평년보다 한 달을 더하여 윤달을 만든다. 태양력에서는 1년을 365일로 정했으나, 지구의 회귀년(回歸年)은 정확하게 365일 5시간 48분 46초이다. 그런데 나머지 시간인 5시간 48분 46초는 대략 4년이면 1일이 되기 때문에 4년째 해의 2월을 29일로 하여 1년을 366일로 정하여 윤년이라 하며, 그해의 2월을 윤달이라고 한다. 한편 태음력에서는 1년을 약 360일로 정했으므로 5년에 두 번의 비율로 1년을 13개월로 하고, 그해는 이면달을 두 번 반복하고 그달을 윤달이라 하며, 윤달이 든 해를 윤년이라고 한다.

예수재란 죽은 후에 행할 불사(佛事)를 생전에 미리 닦는 재(齋)라는 뜻이며, 또한 자기가 죽은 뒤의 불사를 살아서 거꾸로 닦는다는 뜻에서 '역수(逆修)'라고도 한다. 그러면 이 윤달과 불가의 예수재는 어떠한 관계가 있는 것일까. 흔히 윤달을 일러서 '공달(空月)' 혹은 '섞은 달'이라 하여 집안의 크고 작은 일들을 처리하는 달로 삼았다. 그런데 윤달의 의미가 불교의 신앙과 융합되면서 예수재의 성행을 가져오게 되었다. 하지만 그 정확한 이유는 자세히 알 수 없다. 다만 윤달은 없던 것이 공짜로 생긴 것이므로 없는 셈치고, 이 공달을 아무런 의미 없이 보낼 것이 아니라 중생들로 하여금 부처님 곁으로 끌어들여 복덕을 닦도록 하기 위해 옛 스님들이 창안해 낸 방편법이 아닌가 추측될 뿐이다.

『팔양경(八陽經)』에 의하면, "날마다 좋은 날이요, 달마다 좋은 달이요, 해마다 좋은 해이다〔日日好日 月月好月 年年好年〕"라고 하였다. 그런데 얼마나 중생들이 선근을 닦지 않았으면 윤년의 윤달을 핑계로 예수재를 봉행하도록 유도했겠는가. 옛 스님들의 고심을 알 것도 같다.

근래 예수재를 부정적인 측면으로 보는 사람도 많다. 하지만 생활과 불법이 둘로 나누어져 있는 사람에게는 예나 지금이나 여전히 예수재라는 형식이 필요하다. 왜냐하면 근기가 낮은 사람들은 이러한 방편에 의해서나마 자신의 삶을 되돌아보게 되고, 또 그동안 지은 바 죄업을 참회하게 되기 때문이다.

『관정수원왕생십력정토경(灌頂隨願往生十力淨土經)』에 "사부대중은 이 몸이 그림자와 같음을 알고 부지런히 닦아 보리도를 행하고, 죽기 전에 미리 3·7일, 즉 21일 동안 닦되, 등을 켜고 번을 달고 스님들

마음비움에 대한 사색

을 청하여 경전을 읽고 복덕을 쌓으면 한량없는 복을 얻으며 소원을 이룬다"라고 하였다.

그렇다고 예수재에 함정이 없는 것은 아니다. 극히 일부 사찰이긴 하지만 예수재의 참 의미를 모른 채 오직 예수재만을 지내야 극락왕생할 수 있다고 동참을 권유하고 있다. 만일 돈을 내고 예수재라는 행사에 동참하기만 하면 극락에 갈 수 있다고 말한다면, 저 중세의 로마 천주교회에서 금전 또는 재물을 바친 사람에게 그 죄를 면한다는 뜻으로 교황이 면죄부(免罪符)를 판매하던 일과 무엇이 다르겠는가?

다시 말해서 근기가 낮은 사람들에게는 지금도 예수재라는 형식이 꼭 필요하다고 본다. 그러나 상근기 불자들에게는 별도의 예수재라는 형식이 필요치 않다. 불교에서 말하는 일체의 수행 행위가 모두 미리 닦음〔預修〕 아닌 것이 없기 때문이다. 쉼 없는 정진을 통해 일상의 나날이 미리 닦는 예수재가 되어야 할 것이다.

◉ 『법보신문』 제609호, 2001년 5월 30일자

우란분재의 본뜻은 '승재(僧齋)' 혹은 '승공(僧供)'의 의미였으나, 지금은 영가 천
도의식(薦度儀式)으로 변질되어 버렸다. 참으로 안타까운 일이 아닐 수 없다..

우란분재의 참뜻

한국불교에서 매우 중요하게 생각하는 명절은 다섯 가지가
있다. 이 가운데 네 가지는 부처님의 생애와 관련된 것이다. 이를테면
불탄일(음력 4월 8일)·성도일(음력 12월 8일)·출가일(음력 2월 8
일)·열반일(음력 2월 15일)이다. 여기에 우란분절(음력 7월 15일)을
추가하여 5대 명절로 삼고 있다.

앞의 4대 명절은 부처님의 생애에 있어서 중요한 날을 기린다는 의
미가 있기 때문에 쉽게 이해할 수 있지만, 우란분절의 의미를 정확히
아는 사람은 많지 않다. 더욱이 불교 입문서에서조차 우란분재의 본래
의미를 잘못 해석한 곳이 있다. 이처럼 우란분재의 본뜻이 왜곡된 가
장 큰 원인은 '우란분(盂蘭盆)'이란 말이 인도 고전어인 산스크리트
〔梵語〕에서 유래되었기 때문일 것이다.

'우란분'의 원어는 범어 '울람바나(Ullambana)'이다. 이것을 중국

● 마음비움에 대한 사색

에서 '우란분(盂蘭盆)' 혹은 '오람바나(烏藍婆拏)'라고 소리나는 대로 번역하기도 하고, 구도현(救倒懸)이라고 뜻으로 번역하기도 했다. 구도현이란 '거꾸로 매달린 것을 구제한다'는 의미이다.

그런데 이 '울람바나(Ullambana)'라는 단어는 범어사전에 나오지 않는다. 왜냐하면 울람바나는 형용사 람바나(lambana) 혹은 아와람바나(avalambana)가 변형된 말이기 때문이다. 울람바나(Ullambana)는 형용사 람바나에 다시 접두사 U(…위에)가 첨가된 단어다. '람바나'는 '아래쪽으로 매달린' 혹은 '거꾸로 매달리게 하는 것'이란 뜻이며, '아와람바나'는 '매달린', '기댄'의 뜻이다. 따라서 울람바나는 '거꾸로 매달린 것을 구제한다'는 의미의 구도현(救倒懸)으로 번역하였는데, 이것은 원어의 의미를 정확히 번역한 것이라 할 수 있다.

지금까지 우란분이란 단어가 갖고 있는 뜻을 살펴보았다. 하지만 이 어의(語義)만으로는 우란분절의 참뜻을 알기 어렵다. 이제 우란분재의 본래 의미를 살펴보자.

『우란분경(盂蘭盆經)』에 의하면, 매년 승려들의 안거(安居)가 끝나는 음력 7월 15일에 여러 스님들에게 공양을 베풀면, 그 공덕으로 현재의 부모는 물론 과거 7대의 부모까지도 구제할 수 있다는 것이다.

부처님의 십대 제자 가운데 신통제일이었던 목련(目連) 존자는 비록 육신통(六神通)을 얻었지만 자신의 능력으로는 아귀도(餓鬼道)에 빠진 자신의 어머니를 구제할 수가 없었다. 그래서 부처님께 자문을 구하였는데, 부처님께서는 목련 존자에게 스님들의 안거가 끝나는 음력 7월 15일에 승재(僧齋: 승려들에게 공양을 올리는 의식)를 베풀면 그 공덕으로 선망부모를 구제할 수 있다고 일러주었다. 목련 존자는 부처님이 일러주신 대로 이날 승려들에게 공양한 결과 자신의 어머니를 구제할 수 있었다. 이것이 우란분재의 시초이다.

다시 말해서 우란분이란 생전에 지은 무거운 죄업으로 지옥에서 거꾸로 매달려 심한 고통을 받을지라도, 이날 시방의 스님들을 청해 모시고 맛있는 음식으로써 공양을 올리면 그 공덕으로 지옥에서 벗어날 수 있다는 것이다.

하지만 지금은 우란분재의 본뜻인 '승재(僧齋)' 혹은 '승공(僧供)'의 의미는 퇴색되고 영가 천도의식(薦度儀式)이 주로 행해지고 있는데, 이러한 오해는 이미 오래전부터 있었던 것 같다.

운서(雲棲) 스님이 지은 『정와집(正訛集)』에 의하면, "세상 사람들이 7월 15일에 귀신에게 음식을 올리는 것을 우란분대재(盂蘭盆大齋)의 모임이라고 생각하나 이는 와전(訛傳)된 것이며, 이날 선조(先祖)의 혼령(魂靈)과 아귀에게 공양 올리는 것은 본래의 의미가 아니다.

우란분재란 목련 존자에게서 비롯된 것으로, 7월 15일이란 많은 승려들이 해제를 하여 마음대로 규약을 받지 않는 날이니 90일을 참선하여 득도(得道)한 사람이 많기 때문에 이날에 공양을 하면 그 복이 백배나 된다는 것이며, 귀신에게 시식(施食)하는 것은 아니다. 시식이란 아난(阿難)에게서 비롯된 것이니 7월 15일에만 한정된 것은 아니다"라고 분명히 말하고 있다.

우란분재에 대한 또 다른 오해는 범어 울람바나(Ullambana)의 음역인 우란분(盂蘭盆)을 다시 한자로 풀이함으로써 빚어진 해프닝을 들 수 있다. 이를테면 우란분의 분(盆)을 그릇의 이름으로 이해한 것이 그 대표적인 예다. 앞에서 언급한 바와 같이 분(盆)은 bana의 음역이

   마음비움에 대한 사색

기 때문에 그릇과 전혀 관계가 없다. 이러한 잘못을 『현응음의(玄應音義)』 제13에서 이미 지적하고 있다.

한편 우란분절은 민족의 고유 풍습인 백종날과 혼동되었다. 백종일(白踵日: 음력 7월 15일)은 우리 민족의 축제일로 모든 농민이 일손을 놓고 한바탕 잔치를 벌이는 날이었다. 절기상으로 농한기(農閑期)인 이때 우리 조상들은 백 가지 과실과 음식을 나누어 먹으면서 풍류를 즐겼다. 현재 경남 밀양 지방에 전승되고 있는 백중놀이가 그 대표적인 풍습이다.

이러한 민족 고유의 풍습이었던 민중의 축제, 즉 백종과 불교의 우란분재가 결합함으로써 백종(百種·白踵), 혹은 백중(百衆·白衆·百中) 등으로 불리었다. 그런데 최근에는 이날을 효도의 중요성을 강조하는 명절로 부각시키고 있는데, 이것은 우란분재의 본뜻과는 아무런 관련이 없다.

이와 같이 우란분재의 의미가 여러 가지로 변질될 경우, 불가 고유의 행사였던 안거(安居)와 자자(自恣), 그리고 승공(僧供)의 의미가 점차 퇴색되어 버리지 않을까 염려스럽다.

한편 우리는 음력 7월 15일 이날을 백종 혹은 백중으로 부르기보다는 원어에서 유래한 우란분절 혹은 우란분재로 부르는 것이 바람직하고, 우란분절보다는 우란분재로 부르는 것이 보다 불교적이라고 생각한다. 왜냐하면 우란분절은 단순히 절기〔날짜〕에 초점을 맞춘 것인 데 반해 우란분재라는 말에는 본래의 의미인 승재(僧齋) 및 재계(齋戒)의 뜻이 함축되어 있기 때문이다.

◉ 『부처님 마을』 제114호(1997년 8월)

76

종교에 있어서 의례가 차지하는 비중은 거의 절대적이라 할 수 있다. 하지만 의례는 어디까지나 방편이지 본래의 진실한 교법(敎法)이 아님을 명심해야 할 것이다.

근기(根機)에 따른 불교 의례

오늘의 한국불교에 있어서 재가 불자를 위한 교육 프로그램은 거의 없는 실정이다. 재가 불자를 위한 별도의 교육 과정이 없기 때문에 일반 불자가 불교를 접할 수 있는 기회는 각종 사찰의 행사에 동참했을 때뿐이라고 할 수 있다.

그러나 대부분의 사찰에서 진행되고 있는 행사는 불공과 제사가 주종을 이루고 있다. 다시 말하면, '한국의 불교에는 행사와 제사는 있으나 진정한 의미의 법회는 없다'고 할 수 있다. 왜냐하면 아직까지 상당 수의 사찰에서는 불공·기도·방생 등 각종 이름을 붙인 불사와 49재·천도재·위령재·수륙재 등 제사 의례가 1년 내내 계속되고 있기 때문이다.

한국불교가 이처럼 의례 불교화(儀禮佛敎化)된 것은 조선시대라고 할 수 있다. 배불정책 하의 조선시대의 불교는 교학(敎學)의 부진, 교

● 마음비움에 대한 사색

단의 쇠퇴 등으로 말미암아 상층 사회에 포교의 기반을 잃어버리고, 그 대신 일반 민중을 대상으로 한 의례불교가 크게 성행했다.

하지만 18세기 이후 의례불교에 대한 비판과 함께 의례요집(儀禮要集)의 새로운 정비가 몇 차례 이루어졌다. 그 대표적인 의식집으로『범음집(梵音集)』,『작법구감(作法龜鑑)』,『동음집(同音集)』,『일판집(一判集)』등이 있다.

그런데 근대에 와서 안진호(安震湖) 스님이 1931년『석문의범(釋門儀範)』을 편찬했다. 이『석문의범』이 곧 현행 한국불교의 '의식(儀式)'인 것이다.『석문의범』은 상하 2편으로 나누어져 있는데, 상편은 예경(禮敬)·축원(祝願)·송주(誦呪)·재공(齋供)·각소(各疏) 5장이고, 하편은 각청(各請)·시식(施食)·배송(拜送)·점안(點眼)·이운(移運)·수계(受戒)·다비(茶毘)·제반(諸般)·방생(放生)·지송(持誦)·간례(簡禮)·가곡(歌曲)·신비(神秘) 등 13장으로 편성되어 있다.

『석문의범』의 특징은 재래의 불교 의식집에서 강조한 의식 음악인 범패(梵唄)의 기능보다는 지금까지 별도로 유행하고 있던 세분화된 의식문을 교리에 맞도록 합리적으로 간추려 재편성했다는 점이다. 하지만 이 중에는 아직도 비불교적인 요소가 많이 포함되어 있기 때문에 새로운 정비가 요망되고 있다.

사실 불교 의례는 자행의례(自行儀禮)와 화타의례(化他儀禮)로 나누어 생각할 수 있다. 자행의례란 수도(修道)를 위한 수행의례이고, 화타의례란 기원의례·회향의례 등을 말하는 것인데, 이는 출가자가 재가자의 의뢰에 의하여 가지(加持)나 기도를 하고 그 선근(善根) 공덕을 사자(死者) 혹은 일체 중생에게 회향하는 의례를 말한다.

여기서 『석문의범』의 예경 · 축원 · 송주 등은 모든 불자가 조석으로 행해야 할 자행의례이지만, 기타 시식 · 다비 · 방생 등은 화타의례에 속한다.

그런데 안진호 스님이 『석문의범』을 편찬하게 된 동기가 서문(序文)과 범례(凡例)에 나타나 있다. 이에 의하면 첫째 의식은 상근기(上根機)를 위한 것이 아니고 중류(中流) 이하의 근기를 가진 사람을 대상으로 한 것이며, 둘째 의식은 어디까지나 방편문(方便門)이라는 것이다. 염불과 참선도 방편인데 하물며 의식은 말할 나위 없이 방편 중에서도 방편임은 자명(自明)한 것이다.

주지하다시피 붓다 재세시의 교단 형태를 거의 원형 그대로 전승하고 있는 남방 상좌부불교에서는 자행의례는 있으나 화타의례는 찾아볼 수 없다. 그 이유는 불교라는 종교가 발생하게 된 배경에서도 나타나 있다.

붓다 재세시 인도에는 바라문교가 크게 성행하고 있었다. 바라문교는 철저한 계급 제도 위에서 출발한 것이며, 종교적으로는 제사 만능주의였다. 이러한 때에 활동한 석가모니 부처님은 성도 후 중생을 교화함에 있어 재래 바라문교, 즉 힌두이즘(Hinduism)에 정면으로 반박하였는데, ① 계급을 반대했고, ② 제사를 반대했으며, ③ 관념적 명상을 반대했고, ④ 행의식주의(行儀式主義)를 반대했으며, ⑤ 주정주의(主情主義, emotionalism)를 반대했고, ⑥ 비합리적인 고전(古典: 베다 등)을 반대했다.

이러한 초기불교의 가르침이 어떻게 해서 변질되었는지 살펴보자.

 ● 마음비움에 대한 사색

일본의 불교학자 다케우치(竹中信常)에 의하면, 불교 교리는 3단계의 계정(階程)으로 변했다고 한다. 첫째는 자율자수(自律自修)의 수행 단계이며, 둘째는 수행의 공덕을 인정하고 자타공수(自他共修)의 형식을 취하는 단계이고, 셋째는 그 공덕을 타인에게 혹은 사자(死者)에게 회향하기 위하여 승려에게 의뢰하여 타수적(他修的)으로 추선공양(追善供養)하는 단계라고 하였다. 이와 같이 불교 의식도 교리 변천과 함께 대자적(對自的) 단계에서 대타적(對他的) 단계로 변해 갔음을 알 수 있다.

위에서 살펴본 바와 같이 방편문인 의식이 현재 한국불교의 주류를 이루고 있다면 이는 어딘가 모르게 주객이 전도된 것이 아닐 수 없다.

붓다의 가르침은 수행과 포교를 통해 전승된다. 그러므로 사찰의 기능 또한 수행과 전법의 장소가 되어야 할 것이다. 따라서 진정한 의미의 법회가 모든 불교 의식보다 우위에 서야 함은 당연한 것이다.

그렇다고 여기서 불교 의식의 무용론(無用論)을 주장하는 것은 아니다. 종교에 있어서 의례가 차지하는 비중은 거의 절대적이라 할 수 있다. 하지만 의례는 어디까지나 방편이지 본래의 진실한 교법(敎法)이 아님을 명심해야 할 것이다. 또한 한국불교에서 행하고 있는 각종 제사 의례는 분명 붓다의 진의(眞意)에 위배되는 것임도 알아야 할 것이다.

따라서 법(法)에 의지(依支)할 것이냐 방편문인 의례에 의지할 것이냐, 의례에 의지한다면 자행의례에 의지할 것이냐 아니면 화타의례에 의존할 것이냐는 그 사람의 근기에 따라 달라질 것이다.

⊚ 『부처님 마을』 제59호(1990년 9월)

77

타종은 수행의 방편, 즉 도구(道具)로 활용한 것이다. 이를 28천이니 33천이니 하는 하늘[天]과 연관시키는 것은 오히려 불교적 의미를 희석시키는 결과를 초래할 뿐이다.

타종의 불교적 의미

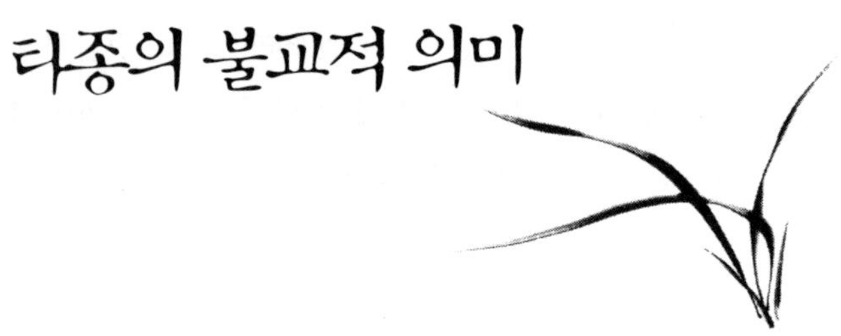

불가에서는 범종 · 북 · 운판 · 목어를 사물(四物)이라 부른다. 범종은 지옥 중생을 제도하기 위함이며, 북은 축생들이 듣고 해탈하라는 염원에서, 운판은 허공을 날아다니는 조류들을 위하여, 목어는 물속에 사는 어류들이 그 소리를 듣고 해탈하라는 염원으로 치게 된다. 범종은 원래 사찰의 대중을 모으기 위함과 때를 알리기 위해서 치던 것인데, 그것이 세월의 흐름과 함께 조석 예불이나 의식 때 타종하게 되었을 뿐만 아니라 종소리 그 자체에 신성한 의미를 부여하게 되었다.

안진호(安震湖) 편(編)『석문의범』에 의하면, 재래 사찰에서는 초경(初更) · 이경(二更) · 삼경(三更) · 사경(四更) · 오경(五更)에 대종을 울려 시간을 알렸다.

초경(하오 8시)에는 대종을 2번 쳤는데, 이것은 수행의 단계인 십신(十信) · 십주(十住)를 나타냈으며, 이경(하오 10시)에는 3번 대종을

● 마음비움에 대한 사색

울려 십행(十行) · 십회향(十回向) · 십지(十地)를 의미했다.

삼경은 자정으로 대종을 108번, 사경(상오 3시)에는 견도(見道) 등 오위(五位)를 상징하여 5번을 타종했으며, 오경(상오 5시)에는 대종을 28번, 저녁 예불(하오 6시) 때에는 36번을 쳤다.

그 외에도 사시(巳時: 상오 9시-11시)에는 대종 대신 마지쇠[摩旨金]를 쳤으며, 사찰의 재난 등 위급 시나 고승의 열반, 기타 중요 법요시에는 반드시 대종을 쳐서 대중에게 알렸다.

이것이 재래 불가의 오랜 전통이었는데, 근래에 와서 이것이 잘못 전승되어 일부 사찰에서 새벽 예불 때 대종을 33번을 타종하고, 저녁 예불 때 28번을 타종한다고 하며, 새벽의 33번은 33천의 문을 연다는 의미로, 저녁의 28번은 28천을 닫는다는 뜻을 담고 있다고 한다.

그러나 이것은 잘못 전해진 것이다. 새벽 예불시 대종을 28추 타종하는 의미는 28수(宿) 혹은 몸에 28대 인상을 구족키 위함이며, 저녁 예불시 대종을 36추 타종하는 의미는 사생구류(四生九流)가 분수(焚修)의 공덕에 의지하여 함께 정토에 태어나기를 발원하는 뜻으로 타종한다고 한국불교 의식의 원본이라 할 수 있는 『구감(龜鑑)』, 『일용작법(日用作法)』, 『석문의범(釋門儀範)』 등에 분명히 기록되어 있다. 그런데 새벽의 28번, 저녁의 33번으로 전해진 것은 옛날부터 큰 도시에서 통행금지를 알리기 위해 지닌 인경에서 유래된 것으로 추측된다. 인경은 순수 우리말로 원어는 '인정(人定)'인데, 통행금지 시간을 알리기 위해 33번 종을 쳤고, 새벽에 통금을 해제한다는 신호로 28번 타종한 것이 잘못 전해진 것 같다.

그리고 한 해를 마무리하고 새해를 맞이하는 제야에 서울의 보신각

종과 경주박물관에 보관되어 있는 성덕대왕신종(일명 에밀레종)을 33
번 타종하는 것도 이 인경 풍습에서 유래된 것이라 사료된다.
  오경송(五更頌)에 의하면,

> 오경은 장차 뭇 별들이 드물고,
> 밝은 빛은 동방의 정토를 바라기에,
> 내 이제 지극한 마음으로 귀명례하오니,
> 원컨대 곧바로 대보리를 성취하여지이다.

라고 하였다. 한편 아침쇳송〔朝禮鐘頌〕에는

> 원컨대 이 종소리 법계에 두루 퍼져,
> 철위산간의 어두운 지옥이 모두 밝아지고,
> 삼도의 고통을 여의어 도산지옥이 무너져,
> 일체 중생이 정각을 이루어지이다.

라고 발원하였던 것이다. 또 저녁쇳송〔夕禮鐘頌〕에도

> 이 종소리를 들을 때 번뇌 끊어지고,
> 지혜 자라고 도심(道心)이 일어나,
> 지옥을 여의고 삼계에서 뛰어나,
> 불도를 이루어 중생 건지옵소서.

  ● 마음비움에 대한 사색

라고 간절히 발원하였다. 이러한 간절한 원이 담긴 범종소리는 마침내 지옥 중생의 영혼에까지 미쳤던 것이다.

이와 같이 범종을 타종하는 가장 큰 의미는 이 종소리로 말미암아 '일체 중생이 삼도의 고통을 여의고, 보리심을 발하여 구경에는 성불하여지이다' 라는 불교도의 비원(悲願)을 담고 있다. 타종은 수행의 방편, 즉 도구(道具)로 활용한 것이다. 이를 28천이니 33천이니 하는 하늘[天]과 연관시키는 것은 오히려 불교적 의미를 희석시키는 결과를 초래할 뿐이다.

범종은 순간에서 영원으로 이어지는 영혼의 소리이다. 거짓이 없는 순수의 음성이요, 가장 밝은 생명의 언어이다. 또 열린 마음과 마음을 이어 주는 설법의 소리이며, 한순간의 소리가 아닌 영원의 소리로서, 물리적 음향이 아닌 영혼의 모음(母音)이다.

그러므로 한국의 범종 속에는 진실한 마음을 가다듬는 한국인의 영혼, 어둠을 물리치고 광명을 바라는 간절한 염원이 담겨 있다.

그리고 범종소리는 멀리서 들어야 한다. 가까이 가면 깨어지는 듯한 굉음밖에 들을 수가 없다. 새벽 절간에서 울려 오는 범종소리는 밝아 오는 여명을 맞아들이고 어스름을 물리치는 신비의 음성이다. 그렇기에 멀리서 고요히 앉아 있어야 혼탁한 마음에 정화수(井華水)와도 같은 맑음을 전해 주는 범종소리를 들을 수 있다.

제야 법회 때 사람으로 북적대는 시장판과 같은 소음 속에서 어떻게 영혼의 소리를 들을 수 있으며, 무슨 수로 범종 속에 깃든 한국인의 깊은 명상과 고요하고 은근한 정신의 깊이를 헤아릴 수 있단 말인가.

날마다
새 날임을 알리는
저 산사의
새벽 범종소리
듣는 자
닫힌 마음 모두 열고,
깨달음의 세계 들게 하소서.

⊙ 『부처님 마을』 제42호(1989년 3월)

● 마음비움에 대한 사색

법회(法會)란 말 그대로 '법을 설하는 모임'이거나, '불·보살을 공양하기 위하여 재를 올리는 모임' 또는 '승려나 신도가 한곳에 모여 불사를 하는 모임'을 말한다. 이러한 모임에는 법(法)이 주(主)가 되어야 함은 두말할 필요가 없다.

법회유감(法會有感)

지금으로부터 100여 년 전 광서(光緒) 임오(壬午)년에 해인사에서 발행한 『일용작법집(日用作法集)』에 보니, 조석 예불 후 불전에 기원하는 행선 축원문에 이런 대목이 있었다

주상전하수만세(主上殿下壽萬歲)
왕비전하수제년(王妃殿下壽齊年)
세자저하수천추(世子邸下壽千秋)
제궁종실각안녕(諸宮宗室各安寧)

조선조 5백 년 동안 흑독한 억불정책으로 승려가 도성에 출입할 수도 없는 그런 상황이었는데, 승려들은 조석으로 주상 전하와 왕비 전하, 세자 저하의 만수무강과 제궁 종실의 안녕을 축원하고 있었다.

이것이 부처님의 무한한 대비심(大悲心)이었는지, 아니면 호국불교라는 이름 아래 능라승(綾羅僧)들이 행한 짓인지 알 수 없다. 다만 스님들이 모든 사찰에서 그렇게 조석으로 부처님께 축원한 공덕으로 억불정책이 숭불(崇佛)정책으로 바뀐 적이 있다는 사실을 아직 역사책에서 본 일이 없다.

지난날 대형 법회들을 여러 번 기획하고 준비한 적이 있었다. 그때는 으레 기관장을 초청하여 축사 자리를 만들어야 큰 법회인 줄 알았다. 그래서 그분들을 한번 초청하기 위해서는 몇 번을 찾아다니며 꼭 참석해 주기를 신신당부하기도 했다. 참석하겠다는 승낙을 받으면 그 사람을 위한 단상의 특별석을 마련하는 등 법석(?)을 떨었다.

또 어떤 경우에는 아예 그분들이 읽을 식사문(式辭文)을 미리 써 가지고 찾아간 경우도 한두 번이 아니었다. 그때는 기관장이 참석해야 행사를 성대하게 치른 것으로 알았으니 한심한 일이 아닐 수 없다.

그런데 요즘도 신문지상에서 '무슨 대법회에 어떤 직함을 가진 사람들이 참석한 가운데 성황리에 행사를 마쳤다'고 보도하고 있다. 이것은 그 법회의 내용보다 어떤 직위의 사람이 참석했다는 사실 자체를 부각시켜 법회의 성공 여부를 판가름하도록 하고 있다.

무언가 잘못되어도 크게 잘못된 의식 구조가 아닐 수 없다. 타종교의 목회에 그런 일이 있는지 살펴볼 일이다. 특히 기성세대가 아닌 청년 불자들의 모임에 국회의원이 참석했다는 보도를 보고 서글픈 생각마저 들었다.

법회(法會)란 말 그대로 '법을 설하는 모임'이거나, '불·보살을 공양하기 위하여 재를 올리는 모임' 또는 '승려나 신도가 한곳에 모여

● 마음비움에 대한 사색

불사를 하는 모임'을 말한다.

　이러한 모임에는 법(法)이 주(主)가 되어야 함은 두말할 필요가 없다. 그런데 법회라는 이름으로 모인 군중집회나 연합 행사시에는 큰 대(大)자를 앞에 붙인다. '큰 법을 설하는 모임'이라는 말이다. 그러나 이러한 법회치고 법이 주가 된 것을 별로 보지 못했다. 그야말로 주객(主客)이 전도된 것이다.

　법회에 기관장을 초청하는 것이 호국불교인 양 착각하는 것은 참으로 어리석은 짓이다. 앞으로 선거철을 앞두고 제발 법회장이 국회의원 입후보자들의 유세장이 되는 일이 없기를 당부드린다.

　물론 신심 돈독한 입후보자가 한 사람의 불자로 참석한다면 모를 일이지만, 사찰에 음료수 몇 상자 갖다 준다고 이교도인 후보자들이 설법대에서 자기를 선전하는 그런 소음일랑 한국불교계에서 영원히 사라지기를 바라는 마음 간절하다.

◉ 『부처님 마을』 제22호(1987년 2월)

79

만고불변의 진리인 불법을 영세무궁(永世無窮)하도록 계승 발전시키기 위해서는
이 시대 불자들 스스로가 호법선신이 되어 불법을 수호하는 길밖에 없다.

호법선신(護法善神)

불법을 수호하고 나아가서 불교 경전을 수지 독송하는 자를
외호(外護)하는 선신(善神)의 군상(群像)을 흔히 신중(神衆)·신장
(神將) 또는 호법선신(護法善神)이라고 한다.

이러한 호법신에는 금강력사를 비롯한 사천왕·호세·팔방신천·
10나찰녀·12신장·16선신·28부중·30번신·36신왕 등 불법을 좋
아하며 존경하고 옹호하는 모든 천인·귀신·용왕 등이 있다.

신중은 붓다 이전에도 인도와 중국, 기타 여러 나라 사람들로부터
귀의와 존경을 받아 오던 성신(聖神)들이다. 이러한 신들은 불교가 인
도나 중국, 우리나라에 토착화되는 과정에서 자연스럽게 불교화한 것
들이다.

이들 제신(諸神)들은 한결같이 붓다의 위대한 정신력과 무적(無敵)
의 자비심에 감동되어 불교에 귀의하여 불법의 유통과 옹호를 맹세한

● 마음비움에 대한 사색

성중(聖衆)들로서, 전적으로 불법 수호(佛法守護)의 역할을 담당하고
있다.

예를 들면 금강력사는 금강신(金剛神)이라고도 하는데, 여래의 온
갖 비밀 사적(事迹)을 알고 5백 야차 신을 시켜 현겁(賢劫) 천불의 법
을 수호한다는 두 신이다. 이 두 신의 형상은 모두 상반신을 벗은 채
허리에 옷을 걸쳤고 용맹스런 모양을 하고 있다. 보통 사찰 입구에서
사찰 안으로 들어오는 악귀(惡鬼)를 제거하는 기능을 갖고 있다.

한편 사천왕은 욕계 6천의 제1인 사왕천(四王天)의 주인으로서, 수
미산(須彌山)의 사주(四洲)를 수호하는 신이다. 호세천(護世天)이라
고도 하며, 수미산 중턱 4층급을 주처(主處)로 하고 있다. 이들 사왕
천〔持國天王, 增長天王, 廣目天王, 多聞天王〕은 모두 도리천(忉利天)
의 주(主)인 제석천(帝釋天)의 명을 받아 4천하를 돌아다니면서 사람
들의 동작을 살펴 이를 보고하는 신이라 한다.

이 외에도 위에서 열거한 선신들도 모두 각자의 권능(權能)으로 불
법을 수호하겠다고 자원한 신인 것이다. 요즘 말로 표현하면 불법 수
호를 위한 자원봉사 신(神)인 셈이다.

그런데 인도를 비롯한 모든 불교 국가들의 불교사를 통해 볼 때 그
찬란했던 문화가 파괴되고 유실된 것도 이 많은 신들이 자기의 역할을
완전히 이행하지 못했기 때문이 아닌가 생각된다.

우리나라의 경우만 살펴보더라도 중요 박물관에는 목 없는 불상과
수많은 파불(破佛)들이 진열되어 있다. 이 많은 파불들은 자연재해에
의해 부서진 것보다 배불자(排佛者)들의 인위적인 파괴에 의해 손상된
것이 대부분이다.

또한 한국 사찰의 폐사(廢寺) 원인을 찾아보면 대부분의 사찰은 '절에 빈대가 번성하여 망했다'는 전설이 남아 있다.

하지만 이런 전설의 이면(裏面)에는 억불정책 시 위정자들의 학정에 의해 승려들이 절을 버리고 떠난 것을 오히려 '빈대가 끓어 승려들이 절을 불태우고 떠났다'라고 와전시켰기 때문이라고 보는 사람이 많다.

그러므로 불법과 가람 수호는 이제 호법 신중에게만 맡겨 둘 일이 아니다. 부처님의 가르침을 신봉하는 불자 모두가 지키고 보호하지 않으면 안 된다. 따라서 만고불변의 진리인 불법을 영세무궁(永世無窮)하도록 계승 발전시키기 위해서는 이 시대 불자들 스스로가 호법선신이 되어 불법을 수호하는 길밖에 없다.

'부처님 마을'에서는 발족 당시부터 경주 남산 불적 순례(佛蹟巡禮)를 통해 선조들이 남긴 위대한 불교 문화유산이 더 이상 손실되지 않도록 보호하고, 또 아끼는 마음을 심어 주고 있다. 이러한 불적 순례 운동은 우리 스스로가 호법선신임을 자각하는 일과 맥락을 같이한다고 볼 수 있다.

◎ 『부처님 마을』 제25호(1987년 5월)

　　　　● 마음비움에 대한 사색

불교도들이 한결같이 삼보를 공경하고 찬탄한다면 불법은 날로 발전하겠지만 불자들이 한결같이 삼보를 비방한다면 불법은 결국 세인의 비난을 면치 못할 것이다.

찬탄삼보(讚嘆三寶)

“손님을 대해 말할 때에 집안의 추한 면을 드러내어 말하지 마라〔對客言談에 不得揚於家醜하라〕.” 이 말은 불문에 처음 들어온 초심자가 배우는 『계초심학인문(誡初心學人文)』에 나오는 말이다.

간혹 만나는 불자들 중에 의식적으로나 무의식적으로 승단을 규탄하거나 비방하는 사람을 본다. 어떤 사람은 자기 스스로 불자임을 자랑하면서 공연히 삼보를 비방하고 다닌다. 이런 사람일수록 대부분 자기 자신은 으뜸가는 불자임을 강조한다.

불자가 승단을 비방해서 무엇을 얻자는 것인지 알 수 없다. 참다운 불자라면 이교도들이 불교를 비방하더라도 그것을 막고 지켜야 할 사람이 아닌가. 외도가 아닌 불자가 부처님의 교단을 비방한다는 것은 마치 자기 집안의 허물을 남에게 알리고 자기 부모를 욕하는 불효자의 행위와 다를 바 없다.

자기 부모를 욕하는 것이나 삼보를 비방하는 것은 누워서 침 뱉는 격이다. 이것은 마치 메아리가 소리에 응하고 그림자가 물체를 따르는 것과 같이 자신에게 되돌아오고 만다.

세상에서도 남편이 아내를 업신여기면 남도 자기 아내를 업신여긴다. 이와 같이 불교도가 승단을 업신여기면 이교도들이 불교를 업신여기게 되는 것은 당연한 이치이다.

물론 승단에 잘못이 전혀 없다는 것은 아니다. 그 잘못을 시정하기 위한 건전한 비판은 오히려 필요하다. 하지만 비판과 비방은 전혀 다르다. 비판은 잘못된 부분을 시정할 수 있는 대안을 제시하는 것이고, 비방은 그 잘못을 보완할 수 있는 새로운 방안을 제시하는 것이 아니라 무조건 잘못된 점만을 꾸짖고 성토하는 경우이다.

전자의 비판은 불교 발전을 위해 꼭 있어야 하는 것인 데 반해 후자의 비방은 백해무익(百害無益)한 일이다. 또한 비방은 자기 자신을 욕되게 하는 결과만 초래할 뿐 아니라 계율로도 금지되어 있는 사항이다.

"부처님이나 부처님 법이나 제자를 자기가 비방하거나 남을 시켜 비방하지도 마라. 외도와 악한 사람이 부처님 교단을 비방하는 한 마디 말이라도 들으면 삼백 개의 창으로 나의 가슴을 찔린 듯 여겨야 한다." 이것은 대승보살이 지켜야 할 보살계의 열 가지 무거운 계율 가운데 열번째 계목(戒目)이다.

우리 스스로 우리의 허물을 남에게 알려서 좋을 게 뭐 있는가? 결국 돌아올 것이라곤 이교도들로부터의 비난과 비웃음 그리고 우리 스스로 불법을 천하게 만드는 결과뿐이다.

그리고 업(業)에는 개인이 지어 개인이 받는 불공업(不共業)이 있는 반면 함께 지어서 함께 받는 공업(共業)이 있다. 불교도들이 한결같이 삼보를 공경하고 찬탄한다면 불법은 날로 발전하겠지만 불자들이 한결같이 삼보를 비방한다면 불법은 결국 세인의 비난을 면치 못할 것이다.

그래서 부처님께서는 『사십이장경(四十二章經)』에서 이렇게 말씀하셨다. "악한 사람이 어진 사람을 해치는 것은 허공을 향해 침을 뱉는 일과 같다. 침은 허공에 머물지 않고 자기 얼굴에 떨어지게 마련이다. 그리고 바람을 거슬러 티끌을 뿌리는 일과 같다. 티끌은 저쪽으로 가지 않고 도리어 자기 몸에 와 묻을 것이다. 어진 사람은 해칠 수 없는 것이며, 화는 반드시 자신에게 되돌아오고 만다."

그러므로 우리 불자들은 이 점에 유의하여 농담으로나 꿈속에서라도 삼보를 비방해서는 안 될 것이다. 부처님의 가르침을 따르는 불자들이 삼보를 가벼이 여기고 천하게 대한다면 불법은 세인의 지탄을 피할 길 없다. 하지만 불자들이 스스로 삼보를 귀하게 여기고 공경한다면 불법은 만인으로부터 존중받게 될 것이다. 이렇듯 불자들의 일거수일투족에 의해 불법이 존중되기도 하고 천하게 되기도 한다.

그리고 불법 문중에는 우리가 찬탄하고 공경할 일이 수없이 많다. 그 좋은 점들을 공경하고 찬탄하자.

⊛ 『부처님 마을』 제29호(1987년 11월)

81

가부좌는 몸과 마음의 안정을 유지하고 명상하기에 가장 적합한 자세이다. 또한 가부좌의 자세는 신체의 건강은 물론 올바른 정신 상태를 유지시켜 준다.

결가부좌(結跏趺坐)

『좌선의(坐禪儀)』에 의하면, 참선의 기본자세는 결가부좌(結跏趺坐)이다. 결가부좌란 오른쪽 다리를 왼쪽 무릎 위에 올려놓고, 다시 왼쪽 다리를 오른쪽 무릎 위에 올려놓은 자세를 말한다. 그 반대로도 앉을 수 있다. 이렇게 양쪽 다리를 양 무릎 위에 올려놓은 자세를 결가부좌라 하고, 어느 한쪽 다리만 올려놓은 자세를 반가부좌(半跏趺坐)라고 한다.

이러한 가부좌의 자세는 원래 인도의 요가 수행에서 유래한 것이다. 붓다도 결가부좌의 자세로 보리수 밑에서 깨달음을 성취했다. 이 때문에 좌불상은 모두 결가부좌의 자세를 취하고 있다. 이처럼 가부좌의 자세는 인도 문화권에 있는 사람들의 기본 앉음새였다.

그러나 지금은 그렇지 않다. 상좌부불교 국가의 스님들은 대부분 결가부좌로 앉지를 못한다. 필자가 처음 스리랑카에 갔을 때, 그들이 가부좌의 자세로 앉지 못한다는 사실을 도저히 이해할 수가 없었다.

나중에 알게 된 일이지만, 인도 문화권인 스리랑카 사람들도 예전에는 가부좌의 자세로 생활했다고 한다. 하지만 오랫동안 의자와 침대 생활을 계속하는 동안 원래 그들의 문화였던 가부좌의 자세를 잊어버렸다고 한다. 스리랑카는 역사적으로 440년 동안 포르투갈 · 네덜란드 · 영국 등의 식민 지배를 받았다. 특히 근대 200년 동안은 영국의 식민 통치를 받으면서 의자와 침대를 사용하는 문화로 바뀌었다고 한다.

이처럼 오랫동안 의자와 침대 생활을 계속하는 동안 자신들도 의식하지 못하는 사이에 다리가 굳어져 버린 것이다. 의자와 침대 문화가 가져다준 부작용인 셈이다. 인간도 동물과 마찬가지로 어떤 특정한 부위를 오랫동안 사용하지 않으면 자연적으로 퇴화하고 만다는 사실을 확인할 수 있다.

중국 · 한국 · 일본 등 동양 삼국은 일찍부터 방바닥에서 생활해 왔다. 하지만 지금의 중국, 특히 대만은 이미 오래전부터 침대와 의자 문화로 바뀌었다. 그래서 그들도 결가부좌의 자세로 바닥에 잘 앉지를 못한다. 반면 일본인들은 의자와 침대를 많이 사용하지 않고 다다미 바닥 위에서 주로 생활하기 때문에 가부좌로 앉거나 꿇어앉는 자세가 몸에 배어 있다. 현재의 한국인은 중국인과 일본인의 중간 단계라고 할 수 있다.

하지만 우리의 생활 방식도 빠른 속도로 변화하고 있다. 즉 온돌 문화에서 침대 문화로 바뀌고 있는 중이다. 현대인의 생활을 살펴보면, 직장에서는 의자에 앉아 일을 하고, 가정에 돌아와서는 소파에 앉아 쉬며, 식탁에 앉아 식사를 한다. 그런 후 잠은 침대 위에서 잔다. 방바닥에 앉을 일이 점차 줄어든다.

이와 같이 침대와 의자를 사용하는 빈도가 높으면 높을수록 가부좌는 불편한 자세가 될 것이다. 이런 추세로 간다면 우리도 머지않아 외국인처럼 바닥에 똑바로 앉지 못하는 사람들이 하나둘 늘어날 것이다. 이러한 현상은 시간이 경과하면 할수록 더욱 증가하게 될 전망이다.

이제 앞으로는 바닥에 두 무릎을 꿇고 단정하게 앉거나 결가부좌의 자세를 취하면, 어떤 특별한 요가를 수행한 사람으로 선망의 대상이 될 날도 멀지 않았다고 본다.

다행히 대부분의 사찰에서는 아직까지 온돌 문화를 간직하고 있다. 이제 결가부좌의 자세는 사찰에서나 찾아볼 수 있게 되었다. 그런데 문제는 사찰도 점차 현대식으로 소파나 침대 문화로 변해 간다는 사실이다. 일반 신도들도 절에 와서 법당에 오래 앉아 있지 못하거나 불편해한다. 편안하게 앉을 수 있는 의자가 마련되어 있지 않기 때문이다.

처음 가부좌의 자세에 익숙하지 못한 사람은 고통스러울 수도 있다. 하지만 가부좌는 몸과 마음의 안정을 유지하고 명상하기에 가장 적합한 자세이다. 또한 가부좌의 자세는 신체의 건강은 물론 올바른 정신 상태를 유지시켜 준다. 왜냐하면 가부좌로 앉았을 경우에는 자연적으로 척추가 바로 세워지고 단전에 기(氣)가 모여지기 때문이다.

어떤 사람은 명상을 함에 있어서 자세가 중요하지 않다고 말한다. 하지만 자세가 바르지 못할 경우 신체의 불균형을 초래할 뿐만 아니라 올바른 정신을 함양할 수가 없다. 건강한 정신은 바른 자세에서 나온다고 나는 믿는다.

필자는 경험을 통해 자세가 정신 집중에 큰 영향을 미친다는 사실을

　　● 마음비움에 대한 사색

체득할 수 있었다. 개인적으로 가부좌의 자세로 앉아 공부를 했을 때
에는 능률이 올랐지만, 눕거나 엎드려 책을 읽었을 경우에는 머리에
잘 들어가지 않는다는 것을 알 수 있었다. 그래서 지금은 책상에 앉아
공부를 할 때에도 가능한 한 가부좌의 자세를 유지하려고 노력한다.

　이처럼 가부좌는 보다 높은 정신적 경지를 체험하기 위한 참선, 즉
명상 수행에 꼭 필요한 자세일 뿐만 아니라 일상적인 세속의 공부를
함에 있어서도 유익한 자세라는 것을 알 수 있다. 하지만 우리의 안방
에 침대가 물밀듯 들어오고 있다. 이런 추세로 간다면 우리도 머지않
아 남방의 사람들처럼 가부좌의 자세를 잊어버리지나 않을까 크게 염
려된다.

◉ 『부처님 마을』 제112호(1997년 6월)

82

우리가 몸담고 있는 단체 이름인 부처님 마을은 어느 한정된 지역에 실존하는 것이
아니므로 정토라는 의미보다는 불국이라는 뜻에 더 가깝다.

부처님 마을

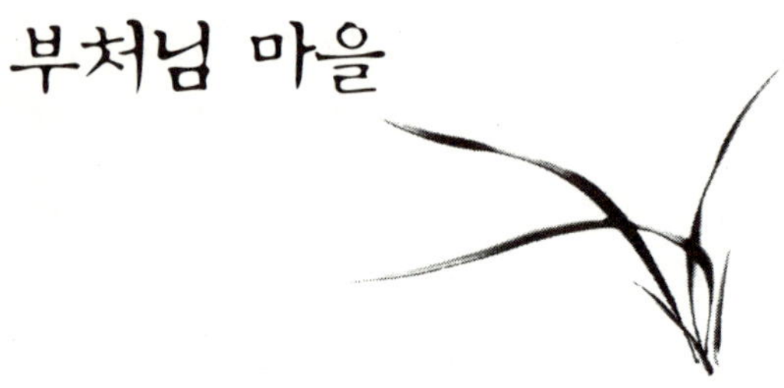

'부처님 마을' 이라는 단체 이름은 참으로 인상적이다. 이 단체 이름을 처음 대하는 사람은 먼저 그 이름에서부터 신선한 충격을 받는다. 다른 단체 이름과는 색다른 이 명칭에 무엇이라고 표현할 수 없는 그 어떤 매력을 느껴 입회한 회원도 상당수에 이른다.

부처님 마을!

이 말은 언제 들어도 우리에게 고향과도 같은 친근감을 느끼게 한다. 어떤 사람은 부처님 마을이 어디에 있느냐고 묻기도 한다. 그러나 이 지구상의 그 어디에도 실재(實在)하지 않는다. 물론 지도에도 없다.

그래서 이 기회에 부처님 마을이라는 단체 이름에 담겨 있는 참뜻이 무엇인지 살펴보고자 한다.

먼저 불교를 신앙하는 목적에는 크게 두 가지가 있다. 첫째는 개인 완성이요, 둘째는 불국토 건설이다. 전자의 개인 완성은 일체 중생이

● 마음비움에 대한 사색

모두 다 성불함을 의미하는 것이고, 후자의 불국토 건설은 국토의 현현(顯現)을 말하는 것이다.

그런데 부처님 마을이라는 명칭 속에는 전자의 목적보다는 후자의 목적이 숨어 있음을 알 수 있다. 따라서 이 명칭 속에 담겨 있는 사상은 역시 정토 사상(淨土思想)에서 찾아야 할 것이다.

정토 사상에는 서방정토 극락세계에 왕생하고자 하는 입장과 이 사바세계, 즉 예토(穢土)를 그대로 정토로 변현(變現)하고자 하는 입장의 두 가지를 들 수 있다. 그러나 두 입장 모두 대승불교 중에서 가장 종교적이며 실천적이라는 점이다. 또 이 사상은 진실한 자기를 영원한 정토에서 구하고 이룩할 것을 가르치며, 자기를 떠나서는 정토가 없음을 강조한다. 이것이 곧 유심정토(唯心淨土)이며, 자성미타(自性彌陀)이다. 때문에 오늘날 물질문명으로 인한 풍요와 그 반대편 그늘인 결핍 속에서 자기를 잃고 방황하며 고통 받는 현대인에게 희망을 안겨 주는 사상이 아닐 수 없다.

그리고 불토(佛土)는 부처님이 거주하는 세계를 말하는데, 불국토(佛國土) · 불국(佛國) · 불계(佛界) · 불찰(佛刹)이라고 한다. 이 불토에는 두 가지 의미가 있다. 하나는 깨달음을 여신 부처님이 사는 청정한 세계라는 의미이고, 다른 하나는 부처님이 어리석은 중생을 제도하기 위해 출현하시는 어리석음〔迷〕의 세계라는 의미이다.

다시 말하면 불토는 ① 부처님께서 만든 청정한 세계이며, ② 어리석은 중생을 제도하기 위하여 출현하신 세계, 즉 오염된 세계를 의미한다.

그런데 정토(淨土)란 말도 '국토를 깨끗이 한다' 와 '깨끗한 국토' 라는 두 의미를 갖고 있다. 앞의 정의(定義)는 '정(淨)'을 동사로 사용한 경우이고, 뒤의 것은 형용사로 사용한 것이다.

위의 불토(佛土)와 정토(淨土)를 굳이 구별한다면, 불토는 깨끗함과 더러움〔淨穢〕에 관계없이 부처님이 머무시는 세계를 말하는 것이다.

그러므로 막연히 부처님 마을 하면, 불국을 뜻하는지 정토를 뜻하는지 명확하지 않다. 왜냐하면 앞에서도 살펴본 바와 같이 부처님 마을이란 말을 동사로 보면 '부처님께서 머무실 수 있는 마을〔國土〕로 만들자' 라는 불국의 의미가 있고, 형용사로 쓰일 경우 '이곳은 부처님이 상주하시는 수승한 땅〔마을〕' 이라는 정토의 의미도 내포하고 있기 때문이다.

그러나 우리가 몸담고 있는 단체 이름인 부처님 마을은 어느 한정된 지역에 실존하는 것이 아니므로 정토라는 의미보다는 불국이라는 뜻에 더 가깝다.

이런 의미에서 본다면 부처님 마을이란 이름 속에는 '비록 우리가 사는 이 세계〔此土〕가 오염되고 나쁜 곳이라 할지라도 부처님께서 우리를 제도하기 위해 오시기로 예정된 곳이므로 우리 스스로 이 땅을 부처님의 나라〔佛國土〕로 만들자' 라는 뜻이 함축되어 있다.

그러면 어떻게 부처님 마을을 건설할 것인가? 이 물음에 대한 해답이 『방광반야경(放光般若經)』에 있다. 이 경에 의하면, 수보리가 부처님께 "보살은 어떻게 불토(佛土)를 건설합니까?"라고 여쭈었다. 이 물음에 부처님께서는 "신구의(身口意) 삼업(三業)을 청정히 하고, 다른 사람에게도 삼업을 청정히 하도록 가르쳐야 하며, 삼업을 청정하게

     ● 마음비움에 대한 사색

하기 위한 구체적인 실천 덕목으로 육바라밀(六波羅密)을 행하라"라
고 말씀하셨다.

이런 측면에서 본다면 이 단체에서 무주상보시(無住相布施) 운동만
강조하는 것은 바람직하지 못한 것이다. 육바라밀의 실천을 통해 우리
가 살고 있는 이 땅을 바로 부처님 마을로 만들어야 하는 것이다.

그리고 회원 개개인은 불교의 첫째 목적인 개인 완성에 힘쓰고 단체
를 통해 불국토 건설에 앞장선다면 이보다 더 좋은 모임이 어디에 있겠
는가. 그야말로 이론과 실천을 겸한 신행 단체가 될 것임에 틀림없다.

⊙ 『부처님 마을』 제28호(1987년 9월)

83

불국토 사상은 내가 몸담고 있는 내 이웃, 내 마을, 내 고장을 화장세계(華藏世界)로
만들겠다는 정신이다. 이것을 요즘 말로 표현한다면 국토 사랑, 나라 사랑, 이웃 사
랑이라 할 수도 있을 것이다.

불국토 사상

신라불교의 특징 가운데 하나는 불국토 사상이다. 신라인들
은 신라야말로 이 지상에서 가장 훌륭한 불교 국가이며, 또 현실적인
불국토라고 믿었다. 그렇기 때문에 현재세에서만 불법을 신봉하는 불
교 국가가 아니라 오랜 과거부터 불법과는 인연이 깊었다고 믿었다.

『삼국유사』에 의하면 신라 서라벌에 전불시(前佛時: 석가모니불 이
전의 가섭불 재세시)의 가람터가 일곱 군데나 있었으며, 경주 외에도 가
람터가 있었다는 것이다. 그리고 지금의 황룡사 자리에 가섭불(迦葉
佛) 연좌석(宴坐石)이 있었다는 기록도 남아 있다.

이와 같이 신라인들은 그들이 생을 영위하고 있는 이 땅이 구원한 과
거부터 불법과 인연이 깊은 수승한 곳이라 여겼다. 또한 신라는 가섭
불 때 이미 불법 숭봉의 땅으로서 많은 사찰이 세워졌을 뿐 아니라 가
섭불이 직접 이 땅에서 설법 교화하였다고 확신하였던 것이다.

마음비움에 대한 사색

따라서 신라인들은 신라야말로 전불시부터 유연국(有緣國)이며 가장 수승한 불연국(佛緣國)이라는 긍지와 자부심을 갖고 있었다. 신라인들은 여기서 한 걸음 더 나아가 신라가 바로 불국정토라는 현실 정토 사상을 갖게 되었다.

이렇듯 신라인들은 그들의 이상 세계인 불국토를 다른 곳에서 찾으려고 한 것이 아니라 그들의 힘으로 직접 이 땅 위에 불국토를 건설하려고 노력하였다.

그 대표적인 예가 경주 남산의 불적지이다. 남산에서는 지금까지 112곳의 절터, 68기의 석탑, 73체의 부처님이 발견되었다. 그야말로 남산은 산 전체가 법신의 현현(顯現)이며, 하나의 장엄한 불국 세계이다. 이처럼 신라인들은 서라벌을 중심으로 곳곳에 불탑을 세우고 불상을 조성하여 봉안했다.

이러한 불국토 사상은 내가 몸담고 있는 내 이웃, 내 마을, 내 고장을 화장세계(華藏世界)로 만들겠다는 정신이다. 이것을 요즘 말로 표현한다면 국토 사랑, 나라 사랑, 이웃 사랑이라 할 수도 있을 것이다.

그러나 신라인들이 그토록 이룩하고자 한 불국토는 남산 불적지와 같은 현상 세계만은 아니었다. 그들이 이룩하고자 한 세계는 온갖 부정과 부패, 더러움과 미혹, 나쁜 행과 나쁜 생각이 없는 그야말로 이상적인 불국정토(佛國淨土)의 구현이었다.

이러한 신라인들의 현세 정토사상의 근원에는 유심정토(唯心淨土) 사상이 밑바탕에 깔려 있다. 유심정토설은 한마디로 '그 마음이 청정함에 따라 불토도 청정하다〔心淸卽佛土淸〕'는 사상이다.

『유마경(維摩經)』「불국품(佛國品)」에 "만약 보살이 정토를 얻고자 하면 마땅히 그 마음을 청정히 하라. 그 마음의 청정에 따라 곧 불토도 청정해진다”라고 하였다. 그리고 인간의 심성은 본래 청정하다. 그렇기에 마음이 본래 청정한 것임을 깨달아 자신의 마음을 밝히면 그대로 이 세계가 정토라는 것이다.

그런데 어리석은 사람은 마음이 물들어 있기 때문에 이 세계를 부정하다고 볼 뿐이다. 우리 중생들이 미혹하여 그 세계를 보지 못할 따름이지, 부처님의 지견으로 본다면 이 세계는 청정 장엄의 정토라는 것이다.

이처럼 신라인들은 자신의 마음속에서 유심정토의 세계를 스스로 체득하였을 뿐만 아니라 보살도의 실천을 통해 정불국토(淨佛國土)를 이룩하고자 하였으며, 한편으로는 기세간(器世間)인 사바세계를 불국토화하려고 하였다.

이 얼마나 훌륭한 사상인가.

오늘을 사는 우리는 신라의 불국토 사상에서 두 가지 정신을 배우고 실천해야 할 것이다. 하나는 스스로의 수행과 보살도의 실천을 통해 자기와 이웃을 정화하여 이상적인 사회를 만드는 일이며, 다른 하나는 이 나라 이 국토를 가꾸고 보존하겠다는 나라 사랑의 정신으로 승화시키는 일이다.

◉ 『부처님 마을』 제34호(1988년 5월)

 ◉ 마음비움에 대한 사색

불가의 편지 중에는 문안 편지도 있지만 자신의 사상을 전달하는 수단으로 더 많이 활용된 듯하다. 서장의 경우 편지로 스승께 도(道)를 묻기도 하고, 또 편지로 가르침을 전하기도 하였다

불가(佛家)의 편지

옛 스님들의 행장(行狀)을 보면, 의외로 고승들 간에 주고받았던 편지가 후일 중요한 역사적 문헌으로 취급되고 있음을 알 수 있다.

그 실례로 중국 화엄종의 대성자(大成者) 현수법장(賢首法藏) 스님이 신라의 의상(義湘) 스님께 보낸 편지는 불교 역사상 매우 귀중한 자료로 남아 있다.

이 편지는 법장 스님이 37, 8세 무렵 서기 694년경에 지은 『화엄오교장(華嚴五教章)』을 의상 스님께 보내면서 쓴 것이다.

법상과 의상 두 스님은 화엄종의 제2조 지엄(智儼) 스님 문하에서 함께 공부했는데, 의상 스님이 귀국한 후 신라에서 유학 온 승전(勝詮) 스님 편에 보낸 편지다.

이 편지는 고려 의천(義天, 1055-1101) 때까지는 한국에 있었던 듯

하다. 회창(會昌)의 폐불(廢佛)로 중국의 불교 문헌이 자취를 감추자, 오월(吳越)의 충의왕(忠懿王)은 중국의 책이 모두 화를 만나 구해 볼 수 없으니 그대 나라의 책을 좀 보내 달라고 고려에 편지를 냈다. 그리하여 의천은 신라에 있던 화엄의 문헌을 지니고 항주(杭州)로 갔다. 이때『오교장』과 법장의 편지도 가지고 갔다.

"300년 전 옛날 당신 나라에 법장이라는 위대한 인물이 있었는데, 그 사람이 우리 의상 대사께 준 편지가 있으니 한번 읽어 보시지요." 그런 생각으로 대단한 신물인 양 품고 갔었던 것 같다.

그후 어떤 경로를 거쳤는지 모르나 그 편지가 19세기 후반 북경(北京)의 유리 공장에서 발견되었다. 돌고 돌다가 일본 천리교(天理教) 교주 중산(中山)의 손에 들어갔는데 꽤 비싼 대가를 지불했을 것이라 짐작된다. 지금은 천리대학에서 국보처럼 모시고 있다고 한다.

일본의 화엄학자 가마다 시게오(鎌田茂雄) 박사는 이 편지가 대단한 명필이고 명문이었다고 술회한 바 있다.

편지(便紙 · 片紙)를 다른 말로 서간(書簡) · 서장(書狀) · 서한(書翰) · 서찰(書札) · 서함(書函 · 書械) · 서신(書信) · 찰한(札翰) · 신서(信書) · 친서(親書) · 친찰(親札)이라고도 하는데, 불가(佛家)에서는 서장(書狀)이라고 많이 사용한 것 같다.

승려의 전통적 교육 기관인 강원(講院)에서 배우는 교과목 중에『서장(書狀)』이라는 책이 있다. 이 책은 증개(曾開)라는 시랑(侍郞: 현재의 차관급의 벼슬 이름)에서 고산체 장로(鼓山逮長老)에 이르기까지 대혜(大慧) 스님께 보내온 편지에 대한 스님의 답장 62장의 편지글 모음집이다.

 ● 마음비움에 대한 사색

그 중 첫 편지 증시랑장(曾侍郎狀)은 시랑이 일찍이 입지 발원(立志發願)을 세웠으나 세연(世緣)으로 말미암아 뜻을 이루지 못했음을 한탄하고 뒤늦게나마 뜻을 펴, 육도에 윤회치 않고 바로 견성할 수 있는 공부 방법을 묻는 내용이다.

또 출가자가 필수적으로 읽어야 하는 『치문경훈(緇門警訓)』에도 8편의 편지가 수록되어 있다. 이 편지들은 다만 형식상 서간문일 뿐 한결같이 명문장(名文章)들이고, 내용 또한 후학들을 경계하는 금과옥조(金科玉條)의 법문들이다.

최근의 경봉(鏡峰) 스님도 당대 유명한 선사들과 탁마(琢磨) 교류한 서신들을 모아 두었는데, 스님의 입적 후 제자들이 책으로 엮어 발행한 일도 있다.

이렇듯 불가의 편지 중에는 문안 편지도 있지만 자신의 사상을 전달하는 수단으로 더 많이 활용된 듯하다. 서장의 경우 편지로 스승께 도(道)를 묻기도 하고, 또 편지로 가르침을 전하기도 하였다. 그야말로 편지가 도를 닦는 기구, 즉 도구(道具)로 이용된 것이다.

대부분의 사람들은 편지 쓰기를 귀찮아한다. 하지만 편지를 받아서 싫어하는 사람은 별로 없다. 또 편지는 사람의 마음을 움직이는 큰 힘을 갖고 있다.

옛 스님들과 같이 부처님의 말씀을 전하는 목적으로 편지가 널리 활용된다면 이보다 더 확실한 문서 포교는 없을 것이다. 다행히 '부처님 마을' 가족들 사이에는 지금도 끊임없이 편지로 정을 이어 가고 있다. 매우 바람직한 일이 아닐 수 없다.

◉ 『부처님 마을』 제32호(1988년 3월)

85

세상에서 가장 소중한 것은 생명이다. 한편 천하에서 가장 비참한 것은 살상이다. 불교에서는 생명의 존엄성을 존중하기 때문에 살생을 금하고 있다. 남의 생명을 빼앗는 행위는 취미가 될 수 없다.

불살생(不殺生)의 교훈

요즘 겨울철이라 수렵(狩獵) 행위가 성하다고 한다. 사냥을 레저로 생각하는 모양이다. 그것도 외국의 포수들이 한국의 산야를 누비며 사냥하기 위해 대거 입국하고 있다는 보도가 있었다. 한편 각종 잡지들에서는 계속적으로 좋은 사냥터, 좋은 낚시터를 소개함으로써 사냥과 낚시질을 더욱 충동질하고 있다.

사냥은 총으로 살아 있는 짐승들을 쏘아 죽이는 것이요, 낚시는 살아 있는 물고기를 낚아 올리는 쾌감을 즐기는 행위다. 둘 다 나의 쾌감을 위해 남의 생명을 죽여야만 하는 것이다. 이런 것을 취미 생활이라고 하니, 취미 중에서도 악취미가 아닐 수 없다.

신라의 진표(眞表) 율사는 세속에 있을 때 활을 잘 쏘았다. 어느 날 사냥하다가 논둑에서 쉬면서 개구리를 잡아 버들가지에 꿰어 물에 담가 두고 산에 가서 사냥하다가 집으로 돌아가 개구리는 잊어버렸다.

● 마음비움에 대한 사색

이듬해 봄 또 사냥하다가 개구리 우는 소리를 듣고 문득 지난해 일이 생각나서 가 보니, 개구리들이 버들가지에 꿰인 채 울고 있었다. 크게 놀라 뉘우치면서 내가 어찌 먹기 위하여 해가 넘도록 이렇게 고통을 받게 하였으랴 하고, 드디어 발심 출가하여 계법(戒法)을 구했다. 『고승전』에 나오는 얘기다.

『삼국유사(三國遺事)』에 보면 혜통(惠通) 국사도 출가 전 어느 날 동쪽 시내에서 놀다가 수달피 한 마리를 잡아서 먹고 뼈를 동산에 버렸는데, 이튿날 아침에 보니 뼈가 어디로 갔는지 없어졌다. 그래서 핏자국을 따라 찾아가니 옛 굴로 돌아가서 새끼 다섯 마리를 안고 웅크리고 있었다. 혜통이 그것을 보고 놀라 이상히 여겨 한참을 감탄하고는 속세를 버리고 출가하였다.

일찍이 중국에 허진군(許眞君)이라는 사냥꾼이 있었다. 해질 무렵 숲 속에 한 마리의 어린 사슴이 나타났다. 허진군은 크게 기뻐하며 활을 당겼다. 순식간에 어린 사슴은 쓰러지고 말았다. 이 광경을 어미 사슴이 멀리서 보고 쏜살같이 달려와 부상당한 새끼 사슴의 상처를 혀로 빨며 슬피 울었다. 그러나 새끼 사슴은 다시 살아나지 않았다. 어미 사슴도 슬피 울부짖다 그만 함께 죽고 말았다. 너무나 기이한 일이라 허진군이 어미 사슴의 배를 비수로 갈라 보니 간과 창자가 마디마디 끊어져 있었다. 새끼의 죽음을 얼마나 슬퍼하였기에 간이 부서지고 창자가 끊어졌을까. 허진군은 크게 감동하여 자기의 잘못을 뉘우치고 활과 화살을 절단하여 시냇가에 던져 버리고, 그 길로 곧장 입산 출가하였다. 그는 스승을 찾아 수행한 지 십수 년이 지나 불과(佛果)를 증득하였다. 중국의 모록단장(母鹿斷腸)의 설화다.

중국의 초왕(楚王)은 1년에 한 번씩 황궁(皇宮)을 떠나 사냥을 즐겼다. 초왕에게는 양유기(養由基)라는 대장군이 있었는데, 그는 백발백중의 명포수였다. 사냥 중 한 마리의 늙은 원숭이가 나무 위에 앉아 있었다. 초왕은 양유기에게 늙은 원숭이를 쏘아 떨어트리라고 명령했다. 늙은 원숭이는 사람의 말을 알아듣는 듯 몸을 감추지 않고 눈물을 세차게 흘리며 슬피 울었다. 이것을 본 초왕은 유기에게 사격을 중지시키고 스스로 말했다. "저 원숭이는 어찌하여 몸을 숨기지 않고 우는 것일까?" 유기가 예를 갖춰 말하길 "이 원숭이는 오래 살아 신(臣)이 쏜 화살을 피할 수 없음을 스스로 알고 몸을 감추지 않고 우는 것입니다"라고 했다. 초왕은 이 말을 듣고 탄식하며 감격했다. 초왕의 자비심이 발동한 것이다. 이후 초왕은 수렵을 중지할 것을 명령하고 다시는 수렵을 하지 않았다.

또 백제의 제29대 법왕(法王)은 개황(開皇) 10년에 즉위해서 그해 겨울에 조서를 내려, 민가에서 기르는 매나 새매 따위를 놓아주게 하고, 고기잡이나 사냥하는 기구를 불태워 일체 살생을 못 하게 하였다.

불교의 자비는 인간은 물론 곤충에 이르기까지 모든 생물계를 포용하고 있다. 절대의 자비 곧 대자대비인 것이다.

세상에서 가장 소중한 것은 생명이다. 한편 천하에서 가장 비참한 것은 살상이다. 불교에서는 생명의 존엄성을 존중하기 때문에 살생을 금하고 있다. 남의 생명을 빼앗는 행위는 취미가 될 수 없다.

◉ 『부처님 마을』 제31호(1988년 1월)

마음비움에 대한 사색

포교는 일정한 틀이 있을 수 없으며, 불자들의 일거수일투족이 곧 포교 활동 아님이 없다. 다만 불자들이 얼마만큼 이웃을 교화하겠다는 염원을 갖고 있느냐가 문제될 뿐이다.

포교의 길

포교란 아직 인연이 닿지 않아서 불교를 믿지 못하고 있는 사람에게 불법을 전해서 불자로 만드는 것을 말한다. 그리고 포교사는 어떤 특정한 신분을 가진 사람만을 지칭하기보다는 비신자를 부처님의 품으로 인도하는 사람이면 누구나 포교사라고 말할 수 있다.

이런 의미에서 본다면 포교는 승려나 특정의 포교사만이 감당할 일이 아니며, 전 불교도의 의무이자 사명이 아닐 수 없다. 따라서 불자라면 누구나 포교사가 되어야 할 것이며, 포교의 의무를 지니고 있는 것이다.

그렇다고 지금 당장 길거리로 나가 지나가는 사람을 붙들고 불교를 믿으라고 강요하라는 뜻은 아니다. 그것은 올바른 포교의 방법이라고 할 수 없다. 우리 불교는 타종교처럼 억지로 믿으라고 매달린다고 해서 당장 불자가 되는 것은 아니기 때문이다.

포교의 방법에는 여러 가지가 있을 수 있다. 글을 통해 부처님의 사상을 전달하는 방법도 있으며, 보살행을 몸소 실천해 보임으로써 부처님의 가르침을 직접 보여 주는 방법도 있을 수 있고, 또 수행을 철저히 함으로써 중생들을 감화시키는 방법도 있다.

이와 같이 포교는 일정한 틀이 있을 수 없으며, 불자들의 일거수일투족이 곧 포교 활동 아님이 없다. 다만 불자들이 얼마만큼 이웃을 교화하겠다는 염원을 갖고 있느냐가 문제될 뿐이다.

필자가 불교를 접하게 된 인연도 우연한 기회에 이루어졌다. 고등학교 1학년 때의 일이다. 생의 의문에 대해 깊이 회의(懷疑)하고 있을 무렵이었다. 가장 친하게 지내던 친구가 오늘은 토요일이니 별다른 일이 없으면 불교학생회에 나가 보지 않겠느냐는 것이었다. 마침 그날은 달리 할 일도 없고 해서 친구를 따라 절에 나가게 되었다. 나중에 알고 보니 그 친구 역시 다른 친구의 권유로 학생회에 입회한 지 1개월밖에 되지 않았다. 하지만 나에게 합장하는 법과 절하는 방법들을 자기가 배운 대로 자세히 가르쳐 주었다. 그리고 2-3주 친구가 시키는 대로 법회에 적응해 가는 동안 신심이 생기기 시작하여 그후 곧바로 출가까지 하게 되었지만, 처음 불교에 입문할 수 있도록 인도해 준 그 친구를 지금도 잊을 수가 없다. 나에게 있어서는 그때의 그 친구가 곧 인로왕보살이었던 것이다.

따라서 포교는 요란스럽게 떠든다고 되는 것이 아니라, 일상생활 속에서 가장 가까운 이웃들과의 만남 속에서 불연이 맺어지는 것이라 생각된다.

왜냐하면 전혀 반연이 없는 사람을 부처님의 품으로 끌어들이기란 참으로 어려운 일이며, 많은 시간과 노력 그리고 인내와 정성이 필요하기 때문이다. 특히 현대와 같이 극심한 개인주의와 향락주의가 팽배해져 있는 상황에서 한 사람의 불자를 새로 만든다는 것은 여간 어려운 일이 아니다.

하지만 가족은 매일같이 한집안에서 생활하니 그만큼 포교하기가 쉬울 것이다. 그러므로 굳이 다른 사람 포교하려고 애쓰지 말고, 먼저 집안 식구부터 불자로 만들어야 할 것이다.

그런 연후에 가장 친한 친구나 친척 혹은 이웃에 불교의 진리를 자연스럽게 전해 주어 불자로 만들어 나가면 될 것이다.

또 인연을 소중하게 생각하여 자신과 조금이라도 인연이 닿는 분에게는 깊은 애정과 관심으로 각종 문서 포교용 간행물들을 보내주거나, 편지할 때도 부처님의 말씀 한 구절이라도 적어 보낸다면, 상대편은 자신도 모르는 사이에 불교인이 되어 갈 것이다.

이 외에도 우리 주변에는 관심만 기울이면 포교의 길은 무진장으로 많이 있다. 필자의 이러한 포교 방법을 소극적인 포교 방법이라고 비난할지 모르나 이보다 더 확실한 포교 방법은 달리 없다고 믿는다.

우리 부처님 마을의 회원이 놀라운 속도로 증가하는 것도 회원 개개인의 인연이 하나가 된 것일 따름이다. 우리의 이러한 작은 행위가 곧 대작불사이며, 이 땅을 불국토화하는 것이다.

⊙ 『부처님 마을』 제36호(1988년 7월)

마음비움에 대한 사색

2007년 5월 30일 | 초판 1쇄 발행
2007년 6월 21일 | 초판 2쇄 발행
글쓴이 | 마성스님
펴낸이 | 윤재승
펴낸곳 | 도서출판 민족사

책임편집 | 김창현
영업관리 | 성재영 윤선미
디자인 | 김형조
등록 | 1980년 5월 9일(등록 제1-149호)
주소 | 서울시 종로구 수송동 58번지 두산위브파빌리온 1131호
전화 | 02)732-2403~4
팩스 | 02)739-7565
E-mail | minjoksa@chol.com
홈페이지 | minjoksa.org

ⓒ 2007 마성 스님
＊글쓴이와 협의하에 인지는 생략합니다.
＊잘못된 책은 바꾸어 드립니다.

값 12,000원
ISBN 978-89-7009-411-3 03220